강의코칭 이야기와 사례로 배우는 강의스킬
좋은 강사가 되고 싶은가요?

초판 1쇄 발행 2022년 6월 30일
초판 3쇄 발행 2023년 12월 20일

지은이 이수민
펴낸이 이수민
디자인 KL Design
펴낸 곳 에스엠제이북스(SM&J Books)

출판등록 제2022-000011호
주소 경기도 성남시 분당구 야탑로 28 (야탑동, 우당프라자빌딩)
전화 0507-1327-2597

이메일 smnj@smnjpartners.com
홈페이지 www.smnjpartners.com
블로그 blog.naver.com/snowlet2
페이스북 www.facebook.com/smnjpartners.com

ⓒ 2022 이수민
ISBN 979-11-978065-1-3(03370)

값 17,000원

❖ 잘못된 책은 구입하신 서점에서 바꾸어 드립니다.

❖ 이 책은 저작권법에 따라 보호받는 저작물이므로 무단 전제와 무단 복제를 금지합니다.
   책 내용의 전부 또는 일부를 이용하려면 반드시 저작권자와 에스엠제이북스의 서면동의를 받아야 합니다.

강의코칭 이야기와 사례로 배우는 강의스킬

좋은 강사가 되고 싶은가요?

이수민 지음

에스엠제이북스
SM&J Books

차 례

개정판 머리말 • 8
초판 머리말 • 10
추천글 • 14
교육생 메시지 • 18
등장인물 • 21
강사의 길로 들어서다 • 23

첫 번째 만남: 강의와 어텐션 • 27
인지 프로세스, 외부 세계를 받아들이는 과정 • 28
지각, 왜 사람마다 반응이 다를까? • 31
강사란 장기 기억를 만들어 주는 사람 • 34
모든 길은 로마로, 모든 강의 스킬은 어텐션으로 • 36
새로운 것, 중요한 것 그리고 의미있는 것 • 40
새로움은 변화이고, 변화가 새로움이다! • 44

두 번째 만남: 강의란 무엇인가? • 49
라포 형성, 말하지 않아도 알아 • 50
강의 스킬은 머리가 아니라 몸으로 익히는 것 • 52
최고의 강사와 최악의 강사 • 56
강의란 역동적인 학습 커뮤니케이션 • 59
학습은 뇌 신경망의 새로운 연결 • 62
전문가의 비밀 노트 ❶ 학습동기 낮은 교육생 강의하기 • 65

세 번째 만남: 강의의 주인은 누구인가? • 67
　강의 스킬이나 경험보다 중요한 것 • 68
　강의 비법, 배려와 자신감 • 72
　교육생의 입장에서, 집중해야 할 부분만 집중하게! • 79
　강의는 프레젠테이션이다 • 82

네 번째 만남: 강의의 성공은 기억에 달려있다 • 85
　장기기억으로 가는 길 • 86
　메시지는 짧고 간결하게! • 93
　완벽으로 가는 길 • 96
　두려움을 극복하려면 • 100
　콜브의 경험학습 vs. 시행착오학습 • 103
　전문가의 비밀 노트 ❷ 화이트보드 활용하기 • 107

다섯 번째 만남: 감정에서 강의가 시작된다 • 109
　인간은 이성의 동물일까? • 110
　삼위일체의 뇌와 변연계 • 113
　초두효과와 인지부조화 • 118
　감정에 물들지 않은 기억은 없다 • 124
　감정이 강의에 미치는 영향 • 127

여섯 번째 만남: '몸'으로 하는 강의스킬 • 131

피드백은 귀중한 선물! • 132
모노톤이 고민이라면 • 137
강사가 움직이면 이런 효과가 • 141
기본 중의 기본, 아이 컨택 • 144
손 처리의 정석 • 152
몸으로 표현하는 시각화, 제스처 • 155
앵커들이 사과하지 않은 이유 • 159
전문가의 비밀 노트 ❸ 강의 시간 배분하기 • 165

일곱 번째 만남: '말'로 하는 강의스킬 • 167

리허설, 강의 전에 강의를 끝내야 • 168
어색함은 학습의 필수 과정 • 171
말에도 여백을 주자 • 175
반드시 제거해야 할 대상, 군더더기 말 • 178
강의의 만능 키, 질문 • 180
폐쇄형과 개방형, 어떤 질문이 좋을까? • 188
소수자에게는 질문을 조심스럽게 • 190
질문은 받는 것도 중요하다 • 192
화법에 따라 달라지는 반응 • 196
편도체 달래주기 • 200
까다로운 질문을 받았을 때 • 204

여덟 번째 만남: 강의교안 작성 원리 • 209

간결성의 원리, 좋은 형태는 지각을 용이하게 • 210
근접성 원리, 거리가 관계를 결정한다. • 214
일관성 원리, 동일하게 반복 • 221
차별화 원리, 다른 것은 확실히 다르게 • 227
논리적 구조화 원리, 위는 아래를 감싸고 서로 어울려야 • 233
전문가의 비밀 노트 ❹ 강의 열정 되살리기 • 241

아홉 번째 만남: 강의 전개구조, BS^3 • 243

왜 퍼실리테이션 스킬을 알아야 할까? • 244
구조가 튼튼하면 흔들리지 않는다. ① Break, 감정의 벽 허물기 • 250
구조가 튼튼하면 흔들리지 않는다. ② Stimulate, 호기심 자극하기 • 256
구조가 튼튼하면 흔들리지 않는다. ③ Suggest, 변화 제시하기 • 258
구조가 튼튼하면 흔들리지 않는다. ④ Support, 실행 지지하기 • 265

열 번째 만남: 강의스킬을 묻고 답하다 • 269

강의 전문성을 높이는 길 • 270
토피카, 강의 보물창고 만들기 • 277
영화보듯이 강의를 듣게 하면 곤란! • 281
꼬리가 머리를 흔들게 하지 말라 • 287
지속적인 프로세스 관리가 성과를 만든다 • 291
전문가의 비밀 노트 ❺ 교육생 수준별 대응하기 • 297

책을 구입하신 분께 드리는 특별한 정보 • 299
주석 • 300

**개정판
머리말**

〈강사의 탄생〉이란 이름으로 이 책이 나온 지 거의 5년이 되었습니다. 그동안 많은 분들이 긍정적 리뷰를 블로그, 카페 등에 남겨주셨습니다. 감사하고 고맙습니다. 이번 전면 개정 작업에 큰 힘이 되었습니다.

코로나 펜데믹을 겪으며 강의 환경이 많이 달라졌습니다. 온라인 학습 플랫폼을 활용한 비대면 강의가 일상이 되기도 했지요. 하지만 어떤 강의 환경에서도 변하지 않는 것이 있습니다. 강의는 교육생들의 학습을 도와주는 것이고, 학습은 '기억'으로 완성된다는 것이죠. 따라서 좋은 강사로 성장하길 원한다면 이 변하지 않는 사실을 질문으로 바꿔보세요. '어떻게 하면 교육생들이 나의 강의를 효과적으로 기억하게 할 수 있을까?'라고 말이죠. 좋은 강사로 가는 길은 이 질문에 답을 찾아가는 과정입니다. 이 책은 뇌과학, 심리학 그리고 지난

15년 동안의 제 강의 경험을 바탕으로, 그 길을 효과적으로 가는 데 도움을 드리기 위해 제작한 책입니다.

이번 전면 개정판에서는 책 제목을 친근하게 변경하고, 강의 관련 이론의 발전과 흐름에 맞게 일부 내용을 수정 보완했습니다. 또한 더 많은 예시 그림과 컬러를 사용해 내용 이해도와 가독성을 높였습니다.

강사뿐만 아니라 자기개발에 관심 있는 모든 분들에게 단지 읽는 것 이상의 가치를 제공해 준 책으로 기억되길 바랍니다.

이 책이 세상에 새롭게 보여지는 데 큰 도움이 된 저의 영원한 파트너 백수진 박사에게 특별한 고마움과 감사를 표합니다. 그리고 언제나 그렇듯 두 딸들에게도 아빠가 사랑한다는 말 남깁니다. 어느새 불쑥 자라 예전보다 함께 보내는 시간이 줄어든 것은 참 아쉽지만요. 언젠가 이 책의 열렬한 팬이 되길 기대합니다.

2022년 6월
이수민

초판 머리말

좋은 질문은 그 답을 찾아가는 과정에서 성장을 맛보게 한다고 합니다. 저에게도 그런 질문이 하나 있습니다. '좋은 강의란 무엇일까?' 강의를 직업으로 선택한 뒤 화두(話頭)처럼 항상 붙들고 고민해왔던 질문입니다. 제가 강사로서 남들과 조금이라도 차별화된 점이 있다면 이 질문에 대한 답을 찾는 과정에서 생겨났을 것입니다.

뇌과학의 세계를 접하면서 이 질문은 기억이라는 관점에서 재구성되었습니다. '어떻게 하면 좋은 강의로 기억될까?' '기억'이 강의의 전부이기 때문입니다. 강의가 끝나고 일정 시간이 지난 뒤 강의를 들었던 사람들의 기억 속에 남는 것이 없다면 그것을 '좋은 강의'라고 할 수 있을까요? 기억되지 못한 강의는 그들의 귀중한 시간을 무의미하게 낭비한 것이니 결코 좋은 강의라고 말할 수는 없을 것입니다.

이 책은 강사를 위해, 보다 정확하게 말을 하면 '좋은' 강의를 하고

자 하는 강사를 위해 쓴 것입니다. 여기에서 좋은 강의란 강사가 아닌 교육생들의 입장에서 유익한 기억으로 남는 강의를 의미합니다. 좋은 강의를 하고자 하는 마음만 가지고 있다면 강의 경험이 많고 적음에 상관없이 이 책은 '좋은 책'으로 기억될 수 있을 것입니다. 강의를 처음 시작하는 초보 강사라면 강의스킬에 대한 큰 그림을 볼 수 있는 기회로, 반면에 강의 경험이 많은 강사라면 자신의 강의 스킬을 비교할 수 있는 자료로 활용할 수 있기 때문입니다.

자신의 성장에 관심이 있는 사람에게 강의는 참 매력적인 활동입니다. 피터 드러커의 말처럼 다른 사람을 가르치는 것만큼 자신에게 공부가 되는 것은 없을 뿐만 아니라, 다른 사람의 성장에 도움을 주면 그만큼 자신도 성장할 수 있기 때문입니다. 많은 강사들이 강의를 준비하는 과정은 비록 힘들었지만 끝내고 나니 교육생들 못지않게 자신들도 배운 것이 많다고 이구동성으로 이야기한 것과 맥락이 같은 이야기입니다. 저 역시 이 책을 쓰면서 많은 성장을 경험할 수 있었습니다. 논리적 연결을 위해 지식과 지식의 틈새를 메워야 했고, 설명의 효과성을 올리기 위해 주요 메시지를 개념화하는 능력을 키울 수 있었습니다.

이 책에서는 제가 실제로 사내강사양성과정에서 강의하는 내용들을 스토리텔링 형식으로 정리하였습니다. 독자들이 좀 더 쉽게 이해하고 기억하게 할 수 있는 최고의 방법 중 하나가 '이야기'라고 생각했기 때문입니다. 그리고 그 이야기는 강의전문가인 '그'와의 만남으로 시작합니다. 저의 모습이기도 한 '그'와 총 10번의 강의코칭 만남을 통해 등장인물들이 강사로서 성장한다는 것이 이 책의 주된 흐름입니다.

각각의 만남은 모듈로 나누어져 있어 어느 쪽부터 읽어도 상관은 없지만 스토리의 이해라는 측면에서 처음부터 찬찬히 읽어나가시길 권합니다.

이 책에서 독자들이 반드시 기억하길 바라는 지식을 여섯 가지 키워드로 정리했습니다. 저는 강의에서 이것들을 플랫폼 지식 Platform Knowledge 이라고 표현합니다. 이 말은 플랫폼이란 단어에서 알 수 있듯이 기초적이며 연결성이 높은 지식을 의미합니다. 강의 스킬은 어떠한 형태로든 이 여섯 가지 지식과 연결되어 있고 세부 내용은 본문에서 확인할 수 있습니다.

> 플랫폼 지식

1. 망각 (Forgetting)
2. 감정 (Feeling)
3. 시행착오 (Trial and Error)
4. 주의집중 (Attention)
5. 인지적 자원 (Cognitive Resource)
6. 배려와 자신감 (Consideration and Confidence)

원고를 쓰던 지난 18개월은 참 힘든 시간이었습니다. 하얀 여백을 검은 글씨로 채우는 것이 이렇게까지 고단한 작업일 줄은 예상하지 못했거든요. 그렇지만 그렇게 외롭지는 않았습니다. 글을 쓰기 위해 책이나 논문을 통해 만난 여러 거인들의 어깨 위에서 어느 순간부터인가 잊고 지냈던 과거의 '나'를 불러 마치 오랜 친구를 대하듯 많은 대화를 나눌 수 있었기 때문입니다. 그리고 그 대화의 기록들을 소중한 시간을 내어 이 책을 읽는 여러분들과 지금 공유하려고 합니다. 앞으로 강의 활동을 하는데 있어 여기에 적힌 내용들이 유익한 기억으로 남길 바랍니다.

마지막으로 언제가 이 책을 읽게 될 특별한 두 사람에게 글을 남깁니다.

"민선아! 민하야! 고맙다. 아빠 딸로 태어나줘서. 그리고 사랑해."

2017년 9월
이수민

추천글

　강의는 청중들에게 새로운 지식과 정보만 제공하는 것이 아니라 생각하는 방식, 일하는 방식, 삶을 대하는 태도와 방식 등 그들이 기존에 가지고 있던 관념과 습관을 되돌아보게 하고, 바람직한 새로운 방향으로 변화할 수 있도록 도와주는 과정이기 때문에 아주 매력적인 일이다.

　강의는 누구나 할 수 있다. 그러나 누구나 효과적으로 강의를 할 수 있는 것은 아니다. 이 책의 저자 이수민 소장은 지난 15여 년간 현대자동차그룹 교수실의 전문강사 경험과 다양한 기업교육 강사 경험을 바탕으로 뇌과학 원리를 접목하여 청중을 보다 효과적으로 변화시킬 수 있는 구체적인 원리와 방법, 그리고 자신만의 노하우를 제시하고 있다.

　이 책은 강사가 되고 싶은 분, 현재 강사이지만 좀 더 효과적인 강사가 되고 싶은 분들에게 매우 유익한 지침서가 될 것이다.

김진모 (서울대학교 산업인력개발학 전공 교수)

    기업의 지속적인 성장과 발전은 구성원들 간에 그 기업만의 핵심 가치와 역량들이 얼마나 효과적으로 공유되느냐에 달려있다고 해도 과언이 아니다. 이것을 강의라는 채널을 통해 달성하는 사람이 '사내강사'이다. 사내강사가 기업 경쟁력의 핵심인 것이다. 어려운 경영환경 속에서도 많은 글로벌 기업이 자사의 사내강사 양성에 대한 투자를 아끼지 않는 이유도 여기에 있다.

    이 책은 오랜 기간 현대자동차그룹 교수실에서 탁월한 사내강사로 활동한 이수민 대표가 자신의 경험과 노하우를 뇌과학을 활용하여 정리한 것이다. 책 속의 10주라는 강의 코칭 스토리를 따라 가다보면 자연스럽게 만나게 될 강의 스킬들도 유익하지만, 이보다 앞서 좋은 강사가 되기 위해서라면 반드시 가져야 할 강사마인드를 '배려와 자신감'으로 명쾌하게 정리한 저자의 관점도 흥미롭다.

    이 책은 사내강사, HRD 담당자, 전문강사 뿐만 아니라 커뮤니케이션을 통해 다른 사람의 긍정적 변화를 추구하는 모든 사람에게 유용한 도서로 자리매김할 것을 확신하며 일독하시길 권한다.

김춘성 (전. 기아자동차 인재개발실장)

'좋은 강사가 되고 싶은가요? 강의코칭 이야기와 사례로 배우는 강의 스킬'은 책꽂이가 아니라 책상위에 올려놓고 자주 펼쳐봐야 할 책이다. 비단 강사 등 강의를 하는 사람들뿐만 아니라 세상의 모든 부모를 포함하여, 상대방의 변화를 목적으로 이야기하는 많은 사람들이 참고할 수 있는 내용을 담고 있다.

이 책은 강의의 본질, 강사가 가져야 할 기본자세, 그리고 듣는 사람의 뇌에서 일어나는 활동, 강의장에서 활용할 수 있는 기본 팁, 강의자료 작성법 등을 담고 있다. 단순한 이론적인 내용이 아니라, 오랜 기간 강의현장에서 고민해왔던 본질적인 문제를 열 번의 만남을 통해 차례대로 알기 쉽게 풀어냈다.

청소년기의 자식이 바뀌기를 바라며 훈계를 하고 자식의 변화를 위해 많은 이야기를 했지만 어떻게 시작하고, 어떻게 도와주어야 할지 몰라 오히려 반감만 증폭시킨 경험이 있다. 이때 '말을 하지않고 15초만 기다렸더라면…, 이야기한 내용이 상대방의 머릿속에 부호화될 수 있는 시간을 주었더라면…' 하며 과거를 반성케 하는 내용들이 '뇌과학과 학습심리 이론'들을 바탕으로 자세히 설명되어 있다.

강의를 하는 사람들이 저지르기 쉬운 오류 가운데 하나가 '지식의 관료화'이다. 강의를 반복하면 시간이 흐름에 따라 전달하고자 하는 내용에 대해 자신만의 관점에 사로잡히고, 심지어 왜곡시키기까지 한다.

이들은 강의를 반복하면서 자신도 모르는 사이에 자신은 최고의 지식을 가지고 있으니 절대불변의 진리인양 믿으라고 강조한다. 강사라면 자신만의 틀에 갇혀 학습자들의 발전을 막고 있는 것은 아닌지

수시로 생각해 보아야 할 것이다. '좋은 강사가 되고 싶은가요? 강의 코칭 이야기와 사례로 배우는 강의스킬'은 지식의 관료화에 빠질 수 있는 강사들이 자신을 되돌아볼 수 있도록 도움을 준다.

강사는 자신이 추구하는 바가 무엇이고 학습자들에게 무엇을 전달하고자 하는지 인식하고 있어야 한다. 그러기 위해 학습자들의 머릿속에 어떤 활동들이 일어나고 있으며, 행동의 변화를 위하여 어떤 호기심을 불러일으키고 어떤 활동을 촉진시켜야 하는지 아는 것은 매우 중요하다.

그동안 기계화된 강의에 익숙하여 '왜, 이 강의를 해야 하지?'라는 질문을 잊고, 많은 것을 주입하려고만 했던 강사라면 학습자들의 뇌에 어떤 활동들이 일어나고 있는지를 다시 살펴보기 위해 이 책을 읽기를 권한다. 이 책은 강사가 전문가의 보다 높은 차원에서 본래의 목적을 달성할 수 있도록 도움을 준다.

'전문성의 발달단계'에서 숙련가를 넘어야 전문가 Expert 로 인정된다고 하는데, 강의 현장에서 능숙하게 말만 잘하는 것이 아니라 교육생의 실제 변화를 유도해낼 수 있는 '강사로서의 전문가'를 추구한다면 반드시 읽어봐야 할 책이다.

양기훈 (용인대 교양교육원 교수, 전. 한국산업인력공단 NCS센터 원장)

이수민 대표의 강의를
경험한 교육생 소감 메시지

효용성 높은 유익한 컨텐츠

"강사로의 새로운 여정을 시작하자마자 이런 좋은 교육을 들을 수 있어서 감사했습니다."

"사내강사로서 갖추어야 할 내용을 압축하여 교육을 해 주셔서 이해도가 우수하며 현업에 많은 도움이 된 교육이었습니다."

"유익한, 효용성 높은, 즐거운, 새로운 배움의, 호기심 자극하는, 좋은 강의였습니다."

"심화과정을 만들어, 단계별 교육으로 지속적으로 실시하면 좋겠습니다."

"현업에 적용하기 좋은 내용으로 구성되어 있어 도움이 많이 되었습니다."

"이제껏 수강한 교육 중 가장 유익했습니다."

"내용에 대한 방향성이 명확하여 큰 도움이 되었습니다."

쉽고 재미있게 핵심을 콕 집어주는 강의스킬

"열정있는, 전문성 있는, 만족스러운 강의법, 적절한 교육참여를 유도하는 강사님의 강의가 좋았습니다."

"대표님의 강의스킬과 내공에 많은 것을 배울 수 있는 소중한 시간이었습니다."

"명쾌한 설명이 인상깊었습니다."

"수강생 입장에서 강의를 진행하셔서 부담없었고, 꼭 알아야 할 것을 반복해 주셔서 기억에 남았습니다."

"핵심내용을 반복 강조하여 잘 기억할 수 있었습니다."

"지루하지 않고 쉽게 설명해 주셔서 좋았습니다."

"교육과제 구성 및 내용 전달 방법이 좋았습니다."

"사례 중심으로 쉬운 예를 들어 설명해 주어 이해가 잘 되었습니다."

"다양한 예제와 볼거리를 제공하고, 쉬운 설명이 좋았습니다."

"대표님 덕분에 이해력이 향상되었고, 알기쉽게 설명해 주어 좋았습니다."

"쉽고 재미난 교육이었습니다. 강의 시간을 더 늘려주세요!"

"쉽고, 전달력 굿이었습니다!"

다양한 실습과 상호소통으로 진행되는 교육생 중심 강의

"다양한 컨텐츠와 실습으로 도움이 많이 되어 좋았습니다."

"적절한 이론과 실습의 밸런스가 잘 맞는 유용한 과정입니다."

"강의 난이도는 적절했고, 토론 형태의 교육운영이 좋았습니다."

"다양한 교보재 활동이 좋았습니다."

"교육생들과 상호소통하면서 내용을 전달해주신 점이 인상깊었습니다."

즉각 활용할 수 있는 구체적이고 실용적인 과정구성

"현업에 도움이 되는, 현장 적용성 높은 교육입니다.
적용 가능한 스킬을 배웠습니다. 향후 업무에 적용하겠습니다."

"실용적으로 진행되어 업무에 잘 적용해 볼 수 있을 것 같습니다."

"과정구성과 내용이 구체적이고 실용적이었습니다."

"다양한 기법들을 배울 수 있는 좋은 기회였습니다."

"실무 적용시 효과적일 것으로 기대합니다."

"의사결정 때 필요한 방법론을 배워서 좋았습니다."

— H사, K사 교육생들 외

한명식 과장
주인공 '나'. 강사의 말 한마디가 사람을 변화시킬 수 있다는 것에 매료되어 강사가 되길 선택한다. 좋은 사내강사가 되기 위해 강의 코칭을 받는다.

이수민 대표
'그'. 유익하고 실용적인 강의를 하는 베테랑 강사이다. 좋은 사내강사가 되고 싶어하는 이들을 위해 아낌없이 자신의 강의스킬 노하우를 10번의 만남에서 알려주고 강의 코칭을 한다.

백민선 사원
씩씩하고 호기심 많은 신입사원. 성장하고 배우고 싶어 강의코칭 모임에 적극적으로 참가한다.

윤선홍 차장
사내강사로 활동하고 있다. 나이가 많지만 열정만큼은 뒤지지 않는다. 강의할 때 만연체 스타일로 말하거나, 말을 하다가 주제를 벗어나는 경우가 종종 있다. 이러한 약점을 개선하고 싶어한다.

김창석 사원
말수가 적지만 속이 깊고 특히 배움에 대한 열정이 높다. 사내강사로 성장하고 싶어 강의코칭 모임에 참가한다.

그 외 등장인물
남충석 부장
총무팀장. 강사의 전문성에 관심이 많다.

유수진 대리
인재육성팀. 강사가 되기 위해 준비하고 있다.

정한준 부장
효과적인 학습 촉진 방법에 관심이 있다.

인재개발팀장
교육만족도 향상에 궁금증이 있다.

성장지원팀장
사내강사 육성과 강의성과에 관심이 많다.

강사의 길로 들어서다

청량한 가을 바람이 코끝을 연신 스쳐가며 상큼함을 더해갔다. 계절의 신선함과는 또 다르게 오늘 이곳이 낯설게 느껴졌다. '이제 이곳 생활도 곧 끝이구나' 혼잣말을 나지막이 내뱉으며 '인재최고'라는 문구가 강렬하게 새겨진 건물 앞에서 잠시 머뭇거렸다.

'강사로서 새로운 도전이라니. 선택을 잘한 것일까? 후회하진 않을까? 늘 하고 싶었던 일이긴 하지만 어쩌면 모든 것을 한순간에 잃을지도…. '

설렘과 불안이 뫼비우스 띠처럼 꼬리에 꼬리를 물며 끝없이 이어지던 순간, 갑자기 '그'와 만난 기억이 떠올랐다. 운명처럼 '오늘'이 시작된 그 강의실을 배경으로.

그는 나지막하지만 분명한 어투로 교육생들의 눈을 바라보며 강의를 마무리하고 있었다.

"실패에 속지 마십시오."

의욕적으로 시작했던 프로젝트가 성과없이 끝나버려 앞으로의 진로를 고민하고 있던 나에게 이 말은 묘한 울림과 함께 다가왔다.

"실패failure란 말은 어떤 말에서 유래되었을까요? '속이다'라는 라틴어 'fallere'입니다. 실패는 속이는 것입니다. 만일 여러분이 실패로부터 얻는 것이 아무 것도 없다면 그때가 진짜 실패이지요. 실패에 완전히 속아버렸으니 말이죠.

하지만 실패로부터 교훈을 얻는다면, 실패는 실패가 아니라 귀중한 자원이 될 것입니다. 여러분의 성장과 발전의 에너지로 활용될 수 있는 자원 말입니다."

강의장 뒤편에서 별 생각없이 강의를 듣고 있던 내 머릿속은 이때부터 멍멍해지기 시작했다.

실패가 교훈이라구? 이번 프로젝트를 통해 배운 게 있을까? 많은 예산과 시간을 투입한데 비해 가시적인 성과는 하나도 이루지 못하고 용두사미가 된 프로젝트인데.

프로젝트 기억들이 물결치듯 머릿속에 흘러 들어오고 나가기를 반복됐다. 그러던 어느 한 순간 이런 생각이 문득 떠올랐다.

그래, '사람'이었어. 결국은 사람이 문제였던거야. 프로젝트에 아무리 많은 비용을 투입하고 정교한 프로세스를 밟았다고 해도, 성공을 결정하는 것은 프로젝트를 수행하는 '사람'에게 달려있었던 거야.

존 고든이 「에너지 버스」에서 말한 것처럼 일단 올바른 사람$_{right\ person}$부터 버스에 태운 뒤에, 그 버스가 어디로 어떻게 갈 것인가를 결정했어야 했는데…. 프로젝트를 빨리 시작해야 한다는 압박감에 올바른 사람 선정을 간과한 것이 실패의 결정적 요인이 아니었을까?

생각의 초점을 실패에서 교훈 얻기로 바꾸었을 뿐인데 여태 무거웠던 마음이 한결 가벼워졌다. 강사의 말 한마디가 나를 이렇게 변화시키다니. 갑자기 강의하는 그의 모습이 새롭게 다가오며 강사라는 직업이 매력적으로 보이기 시작했다.

강의가 끝난 후 교육생들의 반응과 피드백을 전했다.

"오늘 좋은 강의를 해주셔서 감사합니다. 강의가 매우 유익했고 실용적이었다는 피드백이 많았습니다. 개인적으로도 앞으로 저의 경력 목표 수립에 도움이 되는 시간이었습니다."

말을 하는 동안 약간 쑥스러워하는 나를 보며 그가 말했다.

"유익한 시간이 되셨다고 하니 저도 감사합니다. 그런데 한명식 과장님의 목표가 궁금하네요. 혹시 제가 도울 일이 있다면 편하게 말씀해 주세요."

그의 말에 용기를 얻어 마음 속에 담고 있었던 이야기를 꺼냈다.

"좋은 강의를 하는 사내 강사가 되고 싶은데, 어디부터 시작해야 할지 모르겠습니다. 혹시 대표님께 강의 코칭을 받을 수 있을까요?"

그는 조금도 망설이는 기색 없이 환한 미소로 내 부탁을 받아주었다.

"감사합니다. 대표님처럼 좋은 강사가 되기 위해서는 무엇부터 준비해야 할까요? 자신의 생각을 논리적으로 전달하는 화법이 중요하다고 말하는 사람도 있고, 그것보다는 강의 콘텐츠가 더 중요하다고 말하는 사람도 있더군요."

그는 잠시 나를 물끄러미 바라보더니 테이블 밑으로 젓가락을 툭 떨어뜨렸다.

"과장님, 제가 젓가락을 떨어뜨린 이유가 무엇일까요? 지금 바로 답을 하지 마시고 다음 주에 만날 때 과장님의 생각을 말씀해 주세요.

좋은 강의의 조건에 관한 제 생각이 여기에 있습니다. 강의코칭은 매주 1회씩 총 열 번 진행하는 것으로 하지요."

젓가락을 떨어뜨린 것이 좋은 강의와 어떤 관련이 있는 걸까? 다음 세 가지 이유 중 하나가 아닐까?

① **침착성**: 강사는 어떤 순간에도 침착해야 한다는 것을 보여주기 위해.
② **상호 교감**: 젓가락이 그 효능을 온전히 발휘하기 위해서는 두 짝이 서로 교차하며 움직여야 하듯, 좋은 강의란 강사가 교육생과 교감하면서 쌍방향으로 소통하는 커뮤니케이션이라서.
③ **매너와 신뢰**: 강의를 하기 위해 필요한 매너와 신뢰를 설명하기 위해.

좋은 강의를 위해서는 강사로서 기본 매너를 갖추고 어떤 순간에도 당황하지 않고, 교육생들과 상호 교감하는 것이 중요하지 않을까? 이렇게 정리해보니 나름 그럴듯한 것 같아 기분이 좋아졌다. 다음 주 그가 어떤 말을 해줄지, 그와의 만남이 기다려지기 시작했다.

강의와 어텐션

인지 프로세스, 외부 세계를 받아들이는 과정

　오늘도 강의장 뒤편에 앉아 그의 강의를 들었다. 강의를 듣는 느낌이 이전과는 사뭇 달랐다. 강사가 되겠다는 목표가 생겨서 그러리라. 강의가 시작된 지 얼마 지나지 않았는데도 교육생들은 그의 말과 동작 하나 하나에 깊이 빠져들고 있었다. 교육생들의 학습동기를 자극하여 몰입을 이끌어 내는 그의 탁월한 강의능력은 언제 보아도 감탄이 절로 나온다. 직원 필수 교육이라 그들이 원해서 듣는 교육도 아니고, 교육 내용도 다소 딱딱한데도 말이다.

　강의 코칭은 지난주 질문에 대한 내 생각을 말하는 것으로 시작되었다.

　"과장님 말씀을 들어보니 젓가락을 떨어뜨린 것에 저도 미처 생각하지 못했던 강사에게 필요한 여러가지 요소가 숨어 있었네요. 좋은 강의를 하기 위해서는 침착성, 상호 교감능력 그리고 기본적인 매너가 필요한 것은 분명합니다. 하지만 제가 말씀드리고 싶은 것은 그것들과는 또 다른 요소입니다. 메시지를 전달하는 강사라면 반드시 알아야 하는 것으로, 저는 그것이 강의스킬의 처음과 끝이라고 생각합니다."

'강의 스킬의 처음과 끝이라니'

그는 강의장 스크린에 Human Cognitive Process(인지 프로세스)라는 화면을 띄웠다.

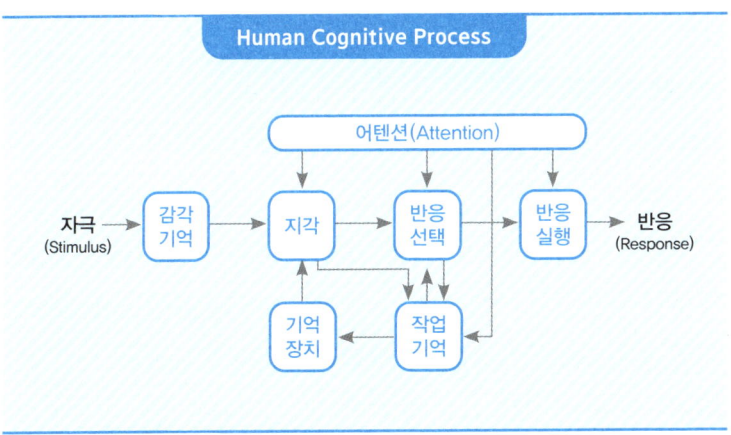

"인지 프로세스란 우리 뇌가 외부 자극을 어떻게 지각하고, 반응을 선택하고, 실행하는 지를 보여주는 프로세스를 말합니다.[2]

갑자기 인지 프로세스라니, 이것이 대체 강의스킬과 어떤 관련이 있을까?

그는 마치 나의 머리 속에 들어와 있기라도 한 듯 말을 이어나갔다.

"먼저 인지 프로세스에 대해 잠깐 말씀드리죠. 인지심리학과 뇌과학에 따르면 우리 뇌는 외부의 자극들을 먼저 감각으로 처리하고 일부만 지각합니다. 그리고 지각한 일부에 대해서만 작업기억을 작동시켜 어떻게 반응할지를 선택하고 실행합니다. 그 과정을 보여주는 것어 인지 프로세스입니다."

이때 조금 떨어진 곳에서 강의 자료를 정리하고 있던 백민선 씨가 다가왔다.

"안녕하세요, 아까부터 두 분의 대화를 듣고 있었습니다. 제 관심분야라 그런지 재미있고 흥미롭네요. 혹시, 저도 강의 코칭에 참가할 수 있을까요? 아직은 많이 서툴고 부족하지만, 배우고 성장하려는 마음만은 누구에게도 뒤지지 않는다고 생각합니다. 부탁드릴게요."

백민선 씨는 대학에서 경영학을 전공한 우리 팀 새내기 신입사원이다. 일할 때나 대화할 때 항상 밝고 당당한 모습이 장점이다. 다만, 호기심이 많아서인지 엉뚱한 질문이나 행동으로 주변 사람들을 당황시키는 경우가 가끔씩 있는데 지금이 그때인 것 같다.

"민선 씨, 갑자기 불쑥 끼어드는 것은…."

이때 그가 웃으며 부드럽게 손을 들어 내 말을 가로막았다.

"환영합니다. 강의 코칭은 소그룹으로 진행하면 효과가 더 좋습니다. 제가 감사 드릴 일이죠."

그의 말이 진심인지 아니면 민선 씨와 나를 배려해 준 말인지는 모르겠지만 고마웠다. 사실 나도 민선 씨와 함께 하면 강의 코칭을 좀 더 쉽게 받을 수 있을 것 같았다.

"그럼 하던 얘기를 계속해 보죠. 인지 프로세스에 있는 내용은 정보 처리, 자기 개발 등 다양한 분야에 활용할 수 있습니다. 하지만 오늘은 강의 스킬로 그 적용 범위를 좁혀서 얘기하겠습니다. 먼저 질문을 하나 드리려 하는데 저희 모임 가입비를 낸다 생각하고 민선 씨가 대답 해주시는 건 어떨까요?"

"예, 도전할 기회를 주셔서 감사합니다."

역시 언제나 씩씩한 민선 씨.

지각, 왜 사람마다 반응이 다를까?

"이 프로세스에서 보듯이 외부 자극에 대한 반응은 우리가 인식하지 못하는 감각기억을 제외한다면 지각에서 시작된다고 볼 수 있습니다. 이 말은 우리의 반응, 곧 행동은 외부 자극에 대해 우리가 어떻게 지각하느냐에 따라 정해진다는 의미입니다. 그렇다면 동일한 외부 자극에 대해서 사람마다 지각하는 것은 같을까요, 다를까요? 이것이 민선 씨에게 드리는 질문입니다."

민선 씨는 1초의 망설임도 없이 대답했다.

"다르다고 생각합니다."

질문의 의도가 무엇일까? 답이 너무 뻔한 것 같은데.

"제가 너무 당연한 것을 질문했나요? 그렇다면 이건 어떻게 생각하세요?"

그는 탁자 위에 있는 종이컵을 손에 쥐면서 다시 물었다.

"지금 이 종이컵 안에는 뜨거운 커피가 들어 있습니다. 제가 지금 뭐가 들어있다고 했나요?"

"뜨거운 커피요."

민선 씨와 내가 말을 하는 그 순간, 그가 갑자기 우리를 향해 종이컵을 던지는 시늉을 했다. 그의 행동에 깜짝 놀라며 몸을 뒤로 젖혔다. 민선 씨는 더 놀란 듯 눈이 동그랗게 커졌다.

"놀라셨나요? 죄송합니다. '지각'을 설명하기 위해서 한 행동이니 이해해 주세요. 사실 종이컵 안에는 아무것도 담겨 있지 않습니다. 하지만 컵 안에 뜨거운 커피가 있다고 생각한 여러분은 제가 컵을 두 분께 붓는 모습을 보고 어떤 반응을 하셨나요?"

민선 씨가 말 대신 몸으로 약간 젖히는 제스처를 취했다. 나도 고객를 끄덕였다.

"그렇지요. 뜨거운 커피라고 지각한 것이 여러분의 행동에 영향을 미친 것이지요. 그런데 만약 방금 제가 두 분께 한 행동을 두세 살 어린아이들에게 똑같이 한다면 그들의 반응은 어떨까요?"

"아마도 아빠가 주는 것이니 방긋방긋 웃으며 달려들 것 같은데요."

둘째 딸의 모습을 떠올리며 내가 대답했다. 민선 씨도 동감의 표정이다.

"여기서 잠깐 생각해 보시죠. 재미있지 않나요? 똑같은 자극에 대해 어른들과 아이들의 반응이 다르다는 것이요."

그는 말을 멈추고 우리들이 잠시 생각할 시간을 주었다.

"그렇다면 같은 자극에 대해 서로 다른 반응을 보이는 이유는 무엇일까요?"

"그건 경험 때문이 아닐까요? 어른이라면 한 번쯤은 뜨거운 커피에 덴 적이 있거나 덴 사람을 본 경험이 있잖아요."

"학창시절에 배운 지식, 예를 들어 뜨거운 것에 피부가 닿으면 위험하다는 지식도 영향을 미쳤던 것 같아요."

"그렇습니다. 두 분이 말씀하신 지식과 경험이 행동에 영향을 미친 것이겠지요. 너무 당연한 말인가요? 이제 본론을 말씀드려야겠네요. 그렇다면 지식과 경험은 우리의 뇌에 어떤 형태로 저장되어 있을까요?"

여기서 뇌 이야기가 나올 줄은.

"기억입니다. 인지 프로세스에서 보여지듯 우리가 가진 지식과 경험은 모두 '기억'이라는 형태로 뇌에 저장됩니다. 이렇게 저장된 기억이 지각에 영향을 미칩니다. 방금 제가 보여드린 뜨거운 커피컵처럼 서로 기억이 다르면 지각도 다를 수 밖에 없습니다. 여기에서 유의할 점이 있습니다. 지각에 영향을 주는 기억은 '단기기억'이 아닌 '장기기억'이라는 사실입니다."

평범한 일상 용어로만 사용하던 '기억'에 대한 또 다른 발견이 시작되고 있는 것 같다. 재미있다.

강사란 장기 기억을 만들어 주는 사람

"그래서 저는 뇌과학적으로 '강사란 교육생들의 변화를 위해 그들의 장기기억 형성에 도움을 주는 사람'이라고 정의합니다. 강의의 목적인 교육생들의 지식이나 태도가 달라지기 위해서는 먼저 그들의 지각이 바뀌어야 합니다. 이를 위해서는 학습한 내용이 그들의 뇌에 단기가 아닌 장기기억으로 저장되어 있어야 하기 때문입니다."

그가 살짝 웃으며 내게 다가왔다. 질문을 받을까 조금 불안해졌다.

"지각에 영향을 미치는 장기기억은 반드시 단기기억 과정을 거쳐야 합니다. 그것이 기억의 순서이죠. 그렇다면 어떻게 해야 단기기억이 장기기억으로 넘어갈 수 있을까요? 이번에는 과장님께서 대답해 주세요."

역시 불안한 예감은 틀린적이 없다고 하더니.

인지 프로세스 화면을 다시 한번 자세히 보았다. 단기기억은 보이지 않지만, 그 자리에 작업기억이 있네. 작업기억이 단기기억인 듯. 그렇다면 반복 Rehearsal 하는 것이 답이 아닐까.

"장기기억이 되기 위해서는 반복이 필요한 것 같습니다."

그가 웃으며 내 말에 맞장구를 쳐주었다.

"예, 맞습니다. 반복입니다. 잘 알다시피 기억, 여기서는 장기기억이 되기 위해서는 지식과 경험이 반복되어야 하지요."

이 때 민선 씨도 무엇인가 생각난 듯 고개를 까우뚱거리며 말했다.

"그런데 어떤 경험들은 반복하지 않았는데도 오랫동안 기억되는 경우도 있는 것 같습니다. 개만 보면 겁을 먹고 멀리 도망치는 친구가 있어요. 이유를 물어보니, 어릴 때 개에게 한 번 크게 물린 적이 있어서 그렇다고 하네요. 딱 한 번의 경험을 지금까지 기억하는 친구의 사례로 보면 반복 외에도 장기기억으로 가는 다른 경로가 있는 것이 아닐까요?"

"그렇습니다. 단기기억이 장기기억으로 되는 방법은 두 가지입니다. 반복하든지 또는 감정과 결합하는 것입니다. 반복하지 않더라도 두려움, 기쁨, 공포 등의 감정과 결합된 기억은 쉽게 장기기억이 될 수 있습니다. 그리고 얼마나 쉽게 장기기억이 되느냐는 그 경험과 결합된 감정의 세기가 영향을 미칩니다.

예를 들어, 방금 민선 씨의 친구 분처럼 극심한 공포와 결합된 경우라면 단 한 번의 경험이라도 바로 장기기억으로 보관되곤 하지요. 하지만 감정과 결합되지 않는 지식과 경험을 장기기억하기 위해서는 지속적인 반복이 필요합니다. 영어 단어 외우는 경우를 예로 들어보죠. 영어 단어를 감정과 결합하여 암기하신 적이 있으신가요? 외국 영화를 보며 특별히 감동을 받는 경우 등을 제외하면 감정과 결합하여 단어를 외우는 일은 드물 겁니다. 그래서 정서적 색채가 거의 없는 영어 단어 같은 것들을 외우는 방법은 반복밖에 없죠."

갑자기 머리속에 ambidextrous라는 영어 단어가 생각났다. '양손잡이'라는 뜻의 조금 어려운 단어지만 지금도 스펠링을 정확히 기억하고 있는 단어이다. 오래전 단 한번 보았을 뿐인데도 말이다.

어느 날 원장님이 전 직원이 모두 모인 자리에서 나에게 양손잡이 조직을 영어로 무엇이라 하는지 물어보셨다. 나는 잠시 머뭇거리다 'both hands organization'이라 대답했다. 원장님은 그 말에 크게 웃으시면서 앞으로 공부를 더 해야겠다고 말씀하셨다. 가벼운 지적이었음에도 당시에는 얼마나 부끄럽고 창피하던지. 그때 구글로 찾아보았던 ambidextrous라는 단어가 부끄러움이라는 감정과 결합되어 지금까지 머리속 깊이 각인된 것 같다.

모든 길은 로마로, 모든 강의 스킬은 어텐션으로

그런데 인지 프로세스와 젓가락을 떨어뜨린 행동은 어떤 관계가 있는거지?

"이제 지난주에 과장님께 드린 숙제에 대한 제 답을 말씀드릴 시간이 된 것 같네요."

그럼 그렇지. 강의 경험이 많아서인지 사람의 마음을 읽고 타이밍을 맞추는 데는 귀신이시라니까.

"장기기억의 전 단계인 단기기억의 지속 시간은 20~30초도 되지 않습니다. 지속 시간이 짧다는 것은 단기기억이 처리할 수 있는 용량이 제한적이고 쉽게 사라진다는 의미입니다. 그러므로 단기기억이 장기기억으로 되기 위해서는 단기기억을 계속 작동하게 해주는 '이것'의 도움이 절대적으로 필요합니다. 이것은 무엇일까요? 지난번 제가 젓가락을 떨어뜨린 행동은 이것을 불러오는 것과 관련이 있습니다."

무엇일까? 전혀 감을 잡을 수가 없었다.

"힌트를 드릴까요? 인지 프로세스를 보시면 이것은 단기기억인 작업기억뿐만 아니라 지각, 의사결정과 반응 실행 등 인지 프로세스의 모든 단계에 영향을 주는 것이기도 하지요."

마치 숨은 그림을 찾듯이 인지프로세스 상의 각 요소들을 다시 살펴봤다. 그때 단어 하나가 눈에 들어왔다.

"어텐션 attention 을 말씀하시는 건가요?"

"예, 그렇습니다. 어텐션, 즉 주의 집중입니다. 저는 어텐션이 강의의 시작과 끝이라고 생각합니다. 어떤 종류의 강의든지 최종 목적은 강의 내용을 장기기억시키는 것인데, 여기에 어텐션은 필수불가결한 요소입니다. 어텐션의 도움이 없다면 눈과 귀 같은 감각으로 받아들인 어떤 내용도 지각하거나 기억할 수 없기 때문입니다. 장기기억은 고사하고 단기기억도 불가능하지요."

"조금 어렵네요."

역시 솔직하고 용감한 민선 씨. 나도 아직 완전히 이해하지 못해 답답했는데.

"그럼, 민선 씨에게 질문 하나 드리죠. 그런데 질문에 앞서 한 가지 부탁이 있어요. 지금부터 절대 고개를 다른 쪽으로 돌리지 말아 주세요. 가능하시죠?"

"예."

"오늘 과장님을 몇 번 정도 보신 것 같은가요?"

"지금까지 강의장과 사무실을 오가며 열 번 이상은 뵌 것 같아요."

"그렇다면 혹시 과장님이 입은 셔츠색도 기억하시나요? 기억나는 대로 말씀해 주세요."

순간, 민선 씨의 동공이 조금 흔들리며 난감한 표정을 지었다.

"음, 정확하진 않지만… 혹시 파란색 아닌가요?"

"감사합니다. 이제 고개를 돌려 직접 확인해 보시죠."

내 셔츠를 확인한 민선 씨는 웃으며 말했다.

"하얀색이네요. 전혀 몰랐어요. 과장님 죄송해요."

"민선 씨가 미안할 일은 아니예요. 다른 사람들도 이 질문을 받으면 10명 중 7명 정도는 제대로 맞추지 못하거든요. 셔츠뿐만 아니라 심지어 겉옷 색깔도 맞추지 못하는 경우가 많습니다. 왜 그럴까요?"

"관심이 없어서 그런 것 아닐까요? 특별한 이유도 없는데 과장님의 셔츠에 관심을 가질 이유는 없으니까요."

"맞습니다. 관심을 주지 않았다는 것은 어텐션을 하지 않았다는 말과 동일합니다. 이것을 심리학에서는 무주의 맹시 inattentional blindness라고 설명합니다. 어텐션이 없으면 눈이 먼 것처럼 보이지 않는다는 뜻이지요. 그러므로 주의 집중하지 않은 대상을 기억하지 못한다는 것은 지극히 자연스러운 현상입니다. 보이지 않는 것을 기억할 수는 없으니까요."

음, 그렇구나. 본다고 모두 다 기억되는 것은 아니구나. 재미있네.

그는 우리들이 서로의 옷차림을 보며 웃는 동안 화이트보드에 고사성어를 적기 시작했다.

> 視而不見(시이불견), 聽而不聞(청이불문).

"《대학》에 나오는 구절입니다. '○○이 없으면, 보아도 보는 것이 아니고, 들어도 듣는 것이 아니다'라는 뜻이지요. 여기서 ○○은 무엇일까요?"

"관심"

민선 씨와 동시에 같은 단어가 튀어나왔다.

"예, 그렇습니다. 관심이지요. 그것을 원문에서는 이렇게 표현하고 있습니다."

그는 우리 말에 맞장구치며 心不在(심부재)라는 문구를 문장의 앞부분에 추가로 적었다.

> 心不在(심부재), 視而不見(시이불견), 聽而不聞(청이불문).

"심부재, 관심이 있지 않으면, 다시 말해 어텐션을 하지 않으면, 눈으로는 무언가를 보는 것 같아도 실제로 보는 것이 아니고, 귀로는 무언가를 듣는 것 같아도 실제로 듣는 것이 아니라는 말입니다. 여기서 보는 것(見), 듣는 것(聞)은 결국 기억이란 말과 동일한 의미입니다. 그러므로 교육생들이 강의 자료를 열심히 보고 있고 강사의 말을 열심히 듣는 것처럼 보일지라도 어텐션을 하지 않앉다면, 그들의 머릿속에 기억으로 남는 것은 거의 없습니다. 그런 강의를 좋은 강의라 할 수 없지요."

지난번 사외에서 초빙한 강사의 ESG 특강 내용이 기억나지 않는 이유를 이젠 알 것 같다. 교육담당자로써 자리는 끝까지 지켰지만 힘든 시간이었다. 뻔한 내용에 인용 사례도 고리타분하여 어텐션이 잘 되지 않았다. 틈틈이 존 덕분에 몸은 개운했지만, 시간은 아까운 강의였다.

새로운 것, 중요한 것 그리고 의미있는 것

"그렇다면 우리는 무엇에 대해 어텐션을 할까요?"

무엇에 어텐션이라니?

"질문이 조금 어려운가요? 그렇다면 바꿔서 다시 하죠. 두 분이 요즈음 관심을 두고 있는 물건이나 활동이 있나요?"

"어릴 때부터 예쁜 옷이나 엑세사리 수집을 좋아해서 지금까지도 모으고 있어요."

"전 작년부터 서예를 배우고 있습니다. 그래서 그런지 붓이나 먹 같은 서예 용품에 자꾸 시선이 가곤 합니다."

"과장님도 예쁜 옷이나 액세사리를 보면 관심이 생기나요?"

"전혀 아닙니다. 제가 제일 싫어하는 일 중 하나가 백화점에서 옷을 보는 것입니다."

옷을 쇼핑하는 장면은 상상만 해도 싫다.

"솔직한 고백 감사합니다. 그런데 흥미롭지 않나요? 누군가에게 관심이 있는 것이 왜 다른 사람에게는 전혀 그렇지 않을까요? 여기에 대한 대답이 우리는 무엇에 대해 어텐션 하는가, 다시 말해 어텐션의 요소를 묻는 질문에 대한 대답이기도 하지요. 예를 좀 더 들어보죠. 만약 제가 두 분을 대상으로 '횡단보도에서 빨간 불일 때는 건너지 마시고 파란 불일 때 건너세요' 라는 주제로 강의를 하고 있다고 해보죠. 두 분은 어텐션이 생길까요?"

만약 그런 주제의 강의를 실제로 듣는다면 정말 지루할 것 같다. 너무나도 뻔한 내용 아닌가? 우린 말없이 고개만 흔들었다. 그가 우리 쪽으로 천천히 걸어와 멈췄다. 그리고 갑자기 손에 쥐고 있던 마커펜을 빈 책상 위로 내던졌다. 펜은 꽝 소리와 함께 강의실 바닥에 떨어졌다.

그는 깜짝 놀라는 우리를 바라보며 말했다.

"이번에는 어땠나요? 어텐션이 생겼나요?"

당연한 것 아닌가? 이런 이상한 행동을 보고도 어텐션이 안되면 그 사람이 이상한 것이지.

"빨간 불일 때는 멈추고 파란 불일 때는 건너야 한다는 말에는 어텐션이 생기지 않았는데, 방금 펜을 보드에 던진 행동은 어떤 차이가 있어 어텐션이 생겼을까요? 그 차이가 어텐션의 첫 번째 요소입니다. 지난번 과장님 앞에서 젓가락을 떨어뜨린 것도 이것과 관계가 있습니다."

"많이 보거나 들은 것과 그렇지 않은 것의 차이가 아닐까요?"

"처음 본 낯선 행동이 어텐션을 부르는 것 같습니다."

민선 씨와 내가 번갈아가며 대답했다.

"그렇습니다. 방금 하신 말들을 한 단어로 정리하면 '새로움'으로 표현할 수 있습니다. 새로움이 어텐션의 첫 번째 요소입니다. 우리는 수없이 많은 외부 자극 중 새로운 것에는 본능적으로 주의 집중하면서 진화해왔습니다. 생존의 필수 조건이었으니까요.

이 말을 뇌과학 관점에서 좀 더 설명하도록 하죠. 우리 뇌가 사용할 수 있는 에너지 양은 정해져 있습니다. 그러므로 시간, 돈과 같은 모든 유한(有限)한 자원이 모두 그러하듯 뇌도 어텐션을 하는데 필요한 에너지를 '언제, 얼마나 사용해야 하는가'라는 배분의 문제가 매우 중요합니다.

그런데 만약 우리 뇌가 외부 자극들을 어떤 기준도 없이 전부 어텐션한다면 어떻게 될까요? 뇌가 사용하는 에너지 자원은 금새 고갈이 되고, 그 결과 생존이 위협받을 수도 있습니다. 위험을 회피하는 데 사용해야 할 에너지가 부족해지니까요. 무차별적 어텐션은 생존의 원리에 반하는 것이죠. 그러므로 우리 뇌는 모든 것에 어텐션하지 않습니다. 새롭거나 중요하거나 의미있는 것에만 어텐션하지요. 그 중 하나가 '새로움'입니다.

강의장에서 펜을 집어던지는 강사나 젓가락을 일부러 바닥에 떨어뜨리는 사람을 본 적이 있나요? 거의 없으시죠. 뇌의 입장에서 보면 기존과 다른 '새로운' 자극이지요. 이 새로움이 어텐션을 부른 것이고요."

누군가를 만나는 과정도 비슷한 것 아닐까. 처음에는 상대의 말과 행동 대부분이 새롭게 느껴져 주의 집중하지만 점점 익숙해지면서 그 정도가 줄어드는 것처럼. 아내와 연애할 때의 기억에 잠깐 빠져 있던 순간, 그의 말이 내 뇌의 청각피질로 파고 들었다.

"그리고 어텐션을 하는 또 다른 경우는 외부의 자극이 자신에게 '중요'하거나 '의미'가 있을 때입니다. 예를 들어 민선 씨에게는 옷이나 액세사리, 과장님에게는 서예 물품이 여기에 해당되죠. 사람마다 관심이 다른 이유도 중요하고 의미 있는 것이 각자 다르기 때문입니다. 과장님에게 옷이나 액세사리가 관심사가 아니듯 붓이나 벼루 같은 서예 물품들이 민선 씨의 관심을 끌긴 어렵죠."

"그렇지만 저도 예쁜 붓은 갖고 싶기는 해요. 물론 글 쓰는 용도가 아니라 장식용이긴 하지만요."

그는 빙긋 웃으며 말을 이어 나갔다.

"인지심리학에서 말하는 어텐션에는 두 가지 유형이 있습니다. 예상치 못한 상황에서 자동반사적으로 생기는 '자극 유도적 주의'와 본인의 욕구나 목표와 관련이 있어 중요하거나 의미가 있는 경우에 생기는 '목표 지향적 주의'로 구별됩니다.[3] 어텐션의 요소는 다음과 같이 정리할 수 있습니다.

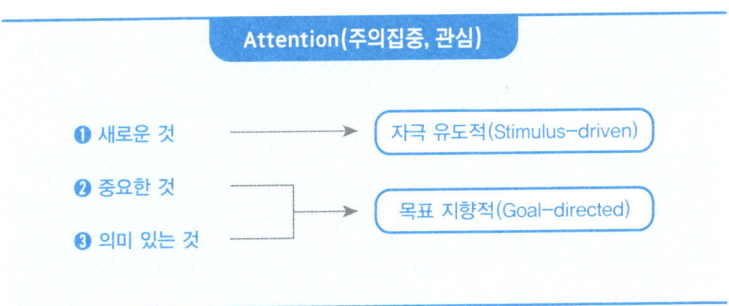

 **새로움은 변화이고, 변화가 새로움이다!**

"그럼 교육생들의 어텐션을 이끌어내기 위해서는 어떻게 강의하면 좋을까요?"

그의 다음 말을 기다리지 못하고 질문이 툭 나왔다. '어텐션에 대한 그의 설명'이 나의 목표 지향적 주의를 건드린 듯하다.

"좋은 질문입니다. 그 질문에 대한 답이 좋은 강의 방법을 말하는 것이기도 하죠. 먼저 새로움이란 말부터 강의에 맞게 재정의하는 것이 필요합니다. 저는 강의에 있어 새로움이란 '변화'라고 정의합니다. 따라서 교육생들에게 새로움을 느끼게 한다는 것은 그들에게 변화를 인식시키는 것이라 할 수 있죠. 변화가 새로움이고, 새로움이 어텐션을 부르지요.

예를 들어 강사의 목소리 톤이 일정하다면 어떨까요? 교육생들이 느끼는 청각적 신호에서는 변화를 느끼기 어렵게 됩니다. 새로움이 덜 하다는 말이기도 합니다. 이 상태가 지속되면 '시이불견, 청이불문'이 되는 것이죠. 비록 강사의 말을 듣는 것처럼 보일지라도 실제로 기억하는 것은 거의 없다는 말이예요.

교육생들이 새로움을 느끼게 하는 방법은 목소리 톤 외에도 다음과 같이 말의 속도, 말의 여백, 강사의 움직임(동선), 슬라이드 디자인, 제스처, 질문, 교육생 활동, 동영상 등 다양한 방법이 있습니다."

"그리고 강의를 할 때 교육생들에게 지금 듣는 내용이 왜 중요한지, 어떤 의미가 있는지를 수시로 인식시켜 주어야 합니다. 어

> **교육생들이 새로움을 느끼게 하는 방법**
>
> - 목소리 톤(강하게 ↔ 약하게)
> - 말의 여백
> - 슬라이드 디자인
> - 질문
> - 동영상
> - 말의 속도(빠르게 ↔ 느리게)
> - 동선動線 (좌 ↔ 우, 강단 ↔ 교육생)
> - 제스처
> - 교육생 activity (게임, 팀 토론 등)

텐션의 다른 요소, '중요한 것', '의미 있는 것'을 활용해 목표 지향적 주의를 이끌어내라는 말이죠.

"말씀하신 내용은 강의 도입부의 학습목표를 제시하는 방법과 비슷한 것 같네요."

민선 씨가 테이블 위에 있는 〈HR전문가 양성과정〉이라고 적힌 교재를 보면서 말했다. 어쩐지 요즈음 민선 씨의 기업교육에 대한 이해 수준이 부쩍 높아진 것 같더니.

"그렇습니다. 그런데 학습목표를 말하지 않거나, 말하더라도 교육생들 각자에게 어떤 의미가 있는지 그 연결고리를 명확히 보여주지 못하는 경우도 많습니다. 학습목표를 명확하게 제시해 주세요. 강의로 얻는 혜택을 생생하게 떠올릴 수 있을 정도로 말이죠. 그들의 어텐션을 최고로 높이는 길입니다.

예를 들어, '이번 시간 학습목표는 회계관리 기본을 이해하는 것입니다'라고 말하는 것으로는 어텐션을 이끌어내기 약합니다. '회계관리의 기본을 이해하는 것'이 그들에게 왜 중요하고 어떤 의미가 있는지를 명확하게 제시해야 한다는 거지요."

"그 말씀은 여기에 적혀 있는 학습동기이론에서 켈러John M. Keller가 제시한 ARCS모델과도 관련이 많은 것 같아요."

민선 씨는 다음 교육시간을 위해 가져온 교육 자료를 펼쳐보였다.

ARCS 모델의 구성요소 및 적용

구성요소	적용
주의 집중 (Attention)	지적인 호기심을 유발하여 학습 과정 동안 지속적인 관심을 유지시킨다.
관련성 (Relevance)	특정한 내용을 학습하는 이유를 제시하여 학습의 즐거움과 가치를 알게 한다.
자신감 (Confidence)	노력하면 어떤 수준의 성공을 이룰 수 있을지 스스로 인식하도록 한다.
만족감 (Satisfaction)	도전감 있는 학습 환경을 제공하여 수행에서 성취감을 느끼도록 한다.

배울 필요가 있다고 생각하는 주제에 대한 민선 씨의 학습 열의는 언제 봐도 대단하다.

"민선 씨 말씀대로 어텐션은 교육심리학에서도 중요하게 다루는 학습동기 유발 전략의 주요 요소이기도 합니다. 그리고 특히 ARCS모델의 A(Attention)와 R(Relevance)이 제가 말씀드린 뇌과학의 어텐션과 동일합니다."

"'Well begun is half done(시작이 반이다)'이라는 아리스토텔레스의 명언이 생각납니다. 강의 스킬에서 좋은 시작이란 교육생들의 어텐션을 높이는 것이고, 그렇게 교육생들의 학습동기가 높아졌다면 이미 강의 성공의 절반은 보장받은 것과 같겠죠. 이제 대표님이 왜 어텐션이 강의의 시작과 끝이라고 말씀하셨는지 알 것 같습니다."

"과장님께서 오늘의 핵심 메시지를 깔끔하게 정리해주셨네요. 저도 저희 만남을 'Well begun'하기 위해 두 분께 여쭤볼 것이 있어요. 지금 제가 보드에 적은 것들을 한 주 동안 틈틈이 생각해 보시고 다음 모임 때 함께 공유하는 시간을 갖도록 하겠습니다."

공유할 항목

❶ 본인이 경험한 강의 중 최고/최악의 강사와 그렇게 생각하는 이유
❷ '강의'를 한 문장으로 정의한다면
❸ 강의 코칭을 통해 배우거나 보완하고 싶은 단 한가지가 있다면

교육 업무를 하면서 많은 강사를 만났고 강의를 들었지만 한 번도 생각해 보지 못한 질문들이었다. 최고의 강사가 누구였지? 강의란 뭐지? 이런 질문들에 대한 답을 찾아가다 보면 좋은 강사가 될 수 있을 것 같다. 벌써 가슴이 뿌듯해진다.

"뇌과학에서 가르친다는 것은 뇌를 변화시키는 기술이며, 이것은 학습자의 뇌가 변화하도록 강의를 해야한다는 것을 의미합니다.[4]

기억의 관점에서 보면 강사는 교육생들의 장기기억 형성에 도움을 주는 사람이라고 말할 수 있습니다. 모든 변화는 결국 장기

기억으로 저장되니까요. 그렇게 하기 위해 필요한 것이 어텐션입니다.

그래서 좋은 강사들은 '교육생들을 어떻게 하면 어텐션 시키고, 그것을 지속적으로 유지할 수 있을까?'라는 질문을 늘 가슴에 두고 있죠. 두 분도 이 질문을 화두처럼 가슴에 계속 품으시길 바랍니다. 여기에 완벽한 답은 없지만 완벽으로 가는 과정에서 많은 성장과 발전을 경험하게 되지요.

오늘 두 분의 어텐션 정도라면 앞으로의 만남이 즐겁고 유익할 것 같네요. 설레고 기대됩니다. 그럼 다음 주에 뵙겠습니다."

오늘따라 강의장 안에 있는 여러 강의 도구들이 평소와 다르게 보였다. 아마 교육담당자가 아닌 강사의 어텐션으로 보아서 그런 것이 아닐까? 나란 존재는 어텐션을 하고 있는 나와 그렇지 않은 나로 나눠지는 것 같다. 내 속의 또 다른 나를 발견하는 것이 신기하고 재미있었다.

사무실로 돌아가는 민선 씨의 옆모습에도 뿌듯함이 느껴진다.

강의란 무엇인가?

라포 형성, 말하지 않아도 알아

 아침에 노트북을 켜자 사내 메신저로 쪽지 하나가 도착해 있었다. 몇 년 전까지 한 팀에서 근무하다 지금은 다른 지역에서 사내 강사를 하고 있는 선배의 안부 인사였다. 이 선배는 '10분 수면 거북이'라는 재미있는 별명을 가지고 있었다. 말이 약간 어눌한데다 행동도 느려 10분 이상 이야기하면 듣는 사람 대부분이 수면 모드에 빠지게 된다고 해서 붙여진 별명이었다.

 그래서 사내 영업부문 전임강사로 발령을 받아 이곳을 떠난다고 했을 때 그의 강의에 대해 걱정을 많이 했다. 그런데 이젠 강의를 꽤 능숙하게 잘하고 있다고 한다. 특별한 비법이라도 있었던 걸까. 어쨌든 다행이라 생각하며 코칭 장소로 서둘러 걸어갔.

 강의장 입구에서부터 민선 씨의 밝은 웃음소리가 크게 들렸다.

"안녕하세요, 대표님. 두 분이 재미있는 얘기를 하고 계셨던 모양이네요."

"과장님, 혹시 콜드 리딩cold reading[5]에 대해 들어보셨나요? 교육생들과 라포rapport[6]를 만드는 데 도움이 되는 기법이지요. 과장님을 기다리는 동안 상대를 이해하는 데 도움이 되는 콜드 리딩 방법 하나를 민선 씨께 알려드렸거든요."

"저도 알려주세요. 좋은 관계는 라포형성에서 시작된다는 이야기를 엄청 많이 들었어요."

"그러시다면 방금 민선 씨와 똑같은 질문을 드리죠. 과장님이 가장 좋아하는 동물은 무엇인가요? 그렇게 생각하시는 이유도 함께 말씀해 주세요."

생각할 것도 없는 너무 쉬운 질문이다.

"개입니다. 영리하고 주인을 잘 따르는 모습에 어릴 때부터 참 좋아하는 동물입니다."

민선 씨는 내 대답에 빙긋 웃었다. 질문과 답변의 의미를 잘 알고 있는 듯하다.

"라포는 마음을 여는 것에서 시작됩니다. 그렇다면 어떻게 마음을 열 수 있을까요? 여기에 도움이 되는 방법은 인간이라면 당연히 가지고 있는 인정받고 싶은 욕구를 활용하는 것입니다. 우리는 모두 '다른 사람이 자신을 이렇게 봐주었으면' 하는 내면의 욕구를 가지고 있고, 그것을 인정하는 사람에게 마음을 쉽게 여는 경향이 있습니다.[7] 그런데 이때 자신이 말하지 않았는데도 상대방이 알아서 인정해 준다면 어떨까요? 마음 열리는 속도는 배가 되겠지요. 이 기술이 콜드 리딩입니다. 사전정보 없이 상대의 마음을 읽는 기술이지요. 방금 과장님께 드린 질문도 콜드 리딩을 할 때 종종 사용하는 질문이예요. 좋아하는 동물 속에는 다른 사람에게 인정받고 싶은 자신의 욕구가 감춰진 경우가 많거든요.

이제 과장님의 사례를 해석해볼까요? 영리하고 충직하기 때문에 개를 좋아한다는 말 속에 과장님의 인정 욕구가 숨어있을지도 몰라요. 다른 사람이 스마트하고 믿을 수 있는 사람으로 인정해주면 좋겠다는 욕구 말이지요. 그러므로 누군가 과장님에게 '스마트하고 믿음이 가는 분이네요'라고 말한다면, 그 사람에게 마음을 열어 줄 가능성이 높습니다. 그렇지 않나요?"

얼떨결에 속마음이 다 드러난 것 같아 얼굴이 화끈거렸다.

"재미있으셨나요? 저는 이 질문을 교육생들의 집중도가 떨어질 때 사용하는 스팟기법으로 가끔 사용합니다. 효과가 좋더라고요."

콜드 리딩이라. 재미있는 방법인 것 같다. 오늘 집에 가서 아내에게도 질문해 봐야겠다. 어떤 동물을 얘기할까? 설마 호랑이?

💡 강의 스킬은 머리가 아니라 몸으로 익히는 것

"지난주 과제를 공유하기 전에 강의 코칭 진행 방식을 먼저 말씀드리겠습니다. 가장 효과적으로 강의 스킬을 향상하는 방식은 자전거 타기처럼 몸을 훈련하는 과정과 같습니다. 과장님은 자전거를 어떻게 배우셨나요?"

질문이 훅 들어왔다.

"오래전 일이라 잘 기억은 나지 않습니다만, 그냥 타다 넘어지고 또 타고 그렇게 하다 보니, 어느 순간부터 익숙해진 것 같습니다."

"그렇습니다. 그 과정을 좀 더 구체적으로 말하자면, 처음엔 서투르지만 일단 자전거 위에 올라 타고 달리다가 넘어지죠. 자신이 왜 넘어졌는지 생각하며 또 다시 타는 과정을 계속 반복하면서 배웠을 것입니다. 이것이 몸 훈련의 전형적인 과정입니다. 머리가 아닌 몸으로 먼저 시도하고, 실수가 나오면 보완해 다시 시도하는 식이죠.

강의 스킬에 능숙해지는 것도 몸 훈련 과정과 같습니다. 부족하지만 강의 시도를 먼저 한 뒤, 피드백을 받습니다. 그리고 그 피드백을 반영해 다시 강의 시도를 하는 학습과정입니다. 이것을 시행착오 학습trial and error learning이라고 합니다."

그는 시행착오 학습 과정을 간단히 보여주었다.

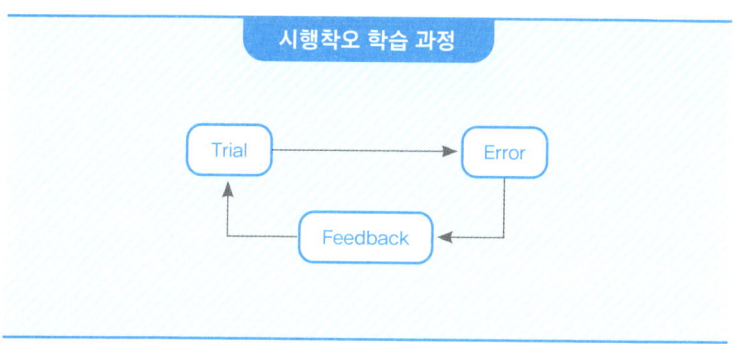

"그래서 강의 스킬을 배우는 가장 효과적인 방법은 모의 강의를 포함해서 가능한 많은 강의를 시도trial해 보고 그 과정에서 나온 실수error에 대해 피드백feedback을 받는 것입니다.

여기서 피드백은 스스로 해도 좋지만 그 분야 전문가에게 받으면 훨씬 도움되겠죠. 자전거를 배울 때도 자전거를 잘 타는 친구나 아버지에게 피드백을 받은 사람들이 훨씬 빨리 배우는 것처럼 말이죠. 또한 저는 강의를 잘하기 위해서 가장 중요한 것은 개인적 자질이 아니라 강의에 투입된 시간의 양이라 생각합니다. 강의 실력은 실제든 연습이든 강의를 많이 시도하고, 거기에서 드러난 실수에 대해 피드백 받고, 다시 시도하는 시간의 양에 비례하기 때문이죠."

아침에 메신저로 연락 온 선배 모습이 떠올랐다.

"사내 전임강사로 활동하고 있는 선배 한 분이 생각나네요. 그 선배는 말도 좀 어눌하고 교육생들과 교감하는 능력도 부족해서 처음에는 강사만족도가 매우 안 좋게 나와 고민이 많았거든요. 그런데 어느 순간부터 강의가 조금씩 나아지기 시작하더니 지금은 꽤 좋은 평가를 받고 있다고 합니다. 그 이유가 무엇일까 궁금했는데, 지금 대표님의 말씀을 듣고 보니 알 것 같습니다. 어떤 일이든 몸으로 배우는 것들은 자질이 다소 부족하더라도 많이 연습하는 것이 중요하다는 말씀이시지요?"

"그렇습니다. 그것이 몸 훈련의 특징이기 때문입니다."

그는 고개를 끄덕이며 그래프가 그려진 화면을 보여주었다.

몸 훈련에는 한 가지 특징이 있습니다. 그래프의 A, B, C처럼

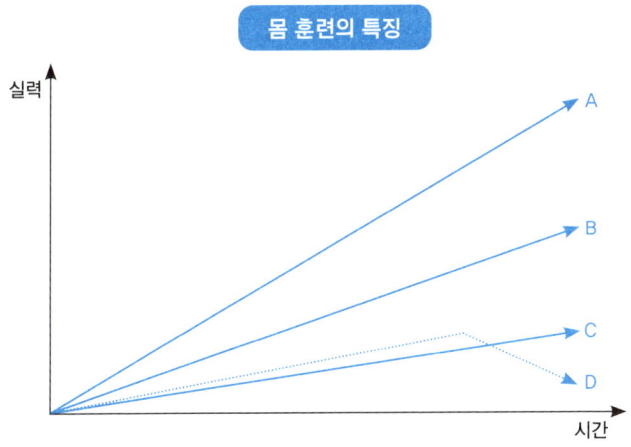

개인적 자질에 따라 기울기는 다를 수 있고, 그 결과 실력 차이가 날 수는 있습니다. 그렇지만 음의 기울기, 다시 말해 실력이 떨어지는 경우(D)는 없어요. 새로운 시도로 몸이 어색해 실력이 떨어지는 것처럼 느껴지는 순간이 간혹 있어도 전체적으로는 항상 우상향하는 것이 몸 훈련의 특징입니다."

그렇다면 나는 어떤 경우에 해당할까? A같이 재능이 많이 있는 사람은 아닌 것 같고, 아마도 B나 C사이쯤에 있지 않을까? 민선씨는 아마도 A일 것 같다. 말도 잘하고 순발력도 뛰어나니까.

"다시 한번 강조하자면 좋은 강사가 되기 위해서는 기울기(자질)보다 '시간의 양'이 더 중요하다는 점을 잊지 마세요. 이것은 투입되는 시간이 전문가를 만든다는 '1만 시간의 법칙' 과도 일치합니다. 그래서 강의를 포함한 어느 분야든지 전문가가 되기 위해서는 연습의 기회를 최대한 많이 가져야 합니다."

"Practice makes perfect(연습이 완벽해지는 길이다)이군요."

"그렇습니다. 그래서 강의 코칭도 시행착오 학습 방식으로 진행하려 합니다. 시행착오 학습의 효과가 제대로 나오기 위해서는 강의 시도trial를 최대한 많이 하는 것이 중요합니다. 과장님 말씀대로 연습이 완벽을 만드는 법이니까요. 그런 의미에서 지난 주 과제에 대한 본인의 생각을 강의하듯이 발표해 주세요. 이렇게 하면 강의 연습도 자연스럽게 되니 일석이조 효과겠지요."

 최고의 강사와 최악의 강사

민선 씨와 내가 차례로 발표하는 동안 그는 우리가 말한 내용을 요약하여 보드에 옮겨 적었다.

"두 분에게 강의란 어떤 의미이고 저에게 원하는게 무엇인지

백민선 사원

❶ – 1. 최고의 강사와 그 이유
   ① 이슬람 문화를 소개한 ○○○교수
   ② 학생들의 질문에 대해 대답하는 방식으로 강의 시간 내내 호기심을 불러일으켜 지루하지 않게 진행되어 시간가는 줄 몰랐음

❶ – 2. 최악의 강사와 그 이유
   ① 고등학교 수학선생님
   ② 수업 준비가 부족해 늘 불안해 보이고, 설명할 때 자신감이 없었음

❷ 강의란
   학생들과 '소통'이다

❸ 배우거나 보완하고 싶은 한 가지
   강의나 발표를 할 때 긴장을 푸는 데 도움이 되는 팁

> **한명식 과장**
>
> ❶-1. 최고의 강사와 그 이유
>   ① 변화관리 특강 강사, 구○○ 소장
>   ② 목소리는 낮았지만 사람을 끌어당기는 힘이 대단했고,
>   강의가 끝난 후에도 여운이 많이 남았음
>
> ❶-2. 최악의 강사와 그 이유
>   ① 학부 필수 전공수업에서 만난 老 교수님
>   ② 수업 중 어떤 질문도 받지 않고, PPT 슬라이드에 빽빽하게 적힌
>   텍스트를 앵무새처럼 읽기만 했음. 졸다가 끝난 강의
>
> ❷ 강의란
>   학습자에게 변화에 대한 동기를 부여하는 것
>
> ❸ 배우거나 보완하고 싶은 한 가지
>   교육생들을 강의에 집중하게 만드는 노하우

잘 알겠습니다. 어떤 내용으로 강의 코칭을 진행해야 두 분의 어텐션을 불러올 수 있을지도 명확해진 것 같습니다."

민선 씨도 고개를 끄덕이며 그의 말에 공감했다.

"'좋은 강사'와 '강의'의 정의에 대해 생각해 본 재미있는 시간이었습니다."

그는 '최고의 강사'라는 문구를 가르쳤다.

"먼저, 이 키워드로 시작해보죠. 최고의 강사란 어떤 의미가 있을까요? 최고의 강사를 통해 '좋은 강의'란 무엇인지, 어떻게 해야 그런 강의를 할 수 있는지 알 수 있습니다.

두 분의 말씀처럼 좋은 강사는 소통을 통해 교육생들의 호기심을 끊임없이 불러일으키고, 강의 후에도 여운을 남깁니다. 평범한 강사들은 할 수 없는 일이죠. 두 분은 어떤 강사가 되고 싶으신가

요? 당연히 좋은 강사가 되는 것이겠지요. 그렇다면 자신이 뽑은 최고의 강사를 롤 모델로 활용해 보세요. 롤 모델이라는 강사로서 목표 지향점이 생기면 성장과 발전 속도는 훨씬 빨라지거든요.

또한 최고의 강사 사례를 '좋은 강의'의 조건으로 활용할 수 있어요. 민선 씨의 경우라면 교육생들에게 '강의를 듣다 보니 시간 가는 줄 몰랐어요'라는 피드백이 좋은 강의의 조건인 셈이죠. 그런데 만일 이런 피드백은 고사하고 교육생들이 스마트폰을 자주 보면서 강의에 몰입하지 않는다면 어떨까요? 자신의 강의가 아직 좋은 강의가 되기에는 부족하다는 신호로 여기며 더욱 노력해야겠지요."

"그렇다면 저는 '강의를 들으며 생각을 많이 했습니다. 기억이 많이 날 것 같습니다'라는 피드백 듣는 것을 1단계 목표로 삼아야겠네요. 이렇게 정리하니 목표도 눈에 보이고 달성 여부도 쉽게 알 수 있고, 강사로 성장하는 데 유용한 방법인 것 같습니다."

그는 나의 말에 미소를 보이며 말을 이어나갔다.

"그렇다면 최악의 강사 사례는 어떻게 활용하면 좋을까요? 타산지석(他山之石)의 교훈으로 활용해야 합니다. 최악의 강사가 하는 행동이라 해놓고, 정작 자신이 그것을 따라하는 일은 없어야 한다는 말이예요. 예를 들어, 과장님이라면 질문을 받지 않고 슬라이드 텍스트들을 읽기만 하는 강의는 하지 말아야 합니다. 일반적으로도 나쁜 강의지만 과장님에게는 그것보다 더 나쁜, 최악의 강의니까요. 최고의 강사가 되기 전에 먼저 최악의 강사가 되지 않도록 노력해야 합니다. 최고의 강사가 되기 위해서는 많은 연습과 시간이 필요하지만, 최악의 강사가 안 되는 것은 상대적으로 쉽기 때문입니다. 강의 준비를 좀 더 열심히 하고 교육생들과 소통하려는 작은 노력으로도 최악의 강의는 피할 수 있거든요."

혹시 나도 누군가에게 최악의 강사로 기억되고 있진 않을까? 교육생보다 슬라이드 화면이나 강의 노트와 훨씬 많이 소통한 것은 아닐까. 몸이 오싹거린다.

강의란 역동적인 학습 커뮤니케이션

"강의를 민선 씨는 '소통'으로, 과장님은 '동기부여'라고 정의하셨네요. 표현은 조금 다르지만 두 분 모두 강의에는 지식 전달 이상의 의미가 있다고 생각하시는 것 같습니다. 저도 동의합니다. 콘서트를 보러 가는 것에 비유해 보죠."

그는 민선 씨를 바라보며 말했다.

"혹시 최근에 오프라인 공연장에서 진행한 콘서트를 보신 적 있으신가요?"

"예, 지난 달에 친구와 다녀왔습니다."

"티켓 가격은 얼마였나요?"

"티켓당 150,000원이었어요."

"그렇다면 이번에는 조금 생뚱맞은 질문 하나 해 보겠습니다. 콘서트를 왜 보러 가셨나요?"

콘서트 보러 가는데 다른 이유가 있나? 질문의 의도가 궁금하긴 민선 씨도 마찬가지인 듯, 의아한 표정을 지으며 대답했다.

"당연히 제가 좋아하는 가수의 노래를 듣기 위해서죠."

"노래를 듣기 위해 가셨다고요? 그렇다면 한 가지 더 여쭤볼께요. 공연장에서 듣는 노래와 MP3 같은 디지털 음원으로 듣는 노래 중 어느 쪽 음질이 더 우수할까요? 너무 뻔한 질문인가요? 당연히 디지털 음원이겠지요. 스튜디오에서 잡음을 완전히 제거한 디지털 음원의 음질을 공연장의 어떤 음향기기도 따라잡을 수 없으니까요. 그렇다면 단순히 노래를 듣는 것이 목적이라면 디지털 음원으로 듣는 게 더 낫지 않을까요? 음질도 훨씬 좋고 가격도 저렴한데 말이죠. 그럼에도 불구하고 우리는 왜 굳이 공연장에서 콘서트를 보는 걸까요?"

민선 씨는 잠시 머뭇거렸다.

"공연장에서 열정적으로 노래를 하는 가수의 모습을 보면 제가 그 가수인 것처럼 가슴이 두근거리고 신이 납니다. 이것은 이어폰으로 혼자 노래를 듣는 것과는 차원이 달라요. 또한 가수가 청중들과 대화를 하며, 거기에 따라 즉석에서 노래하는 모습은 현장에서만 볼 수 있는 또 다른 매력이예요. 그렇게 그곳에 모인 사람들과 함께 신나게 노래를 따라 부르다 보면 스트레스가 한방에 사라지곤 하죠. 정말 즐겁고 재미있어요. 이런 것들을 모두 합하면 콘서트의 비싼 입장료가 결코 아깝지 않아요."

목소리와 표정이 방금 공연장에서 빠져나온 사람 같다.

"설명 감사합니다. 방금 민선 씨의 대답 속에 강의를 강의장에서 들어야 하는 이유가 담겨 있습니다. 강의를 강의장에서 듣는 것과 공연장에서 노래를 듣는 것의 본질적인 이유는 같기 때문입니다.

만약 지식 전달만이 목적이라면 목소리 좋은 아나운서가 강의 내용을 스튜디오에서 녹화해서 디지털 자료로 배포하는 것이 훨씬 낫겠지요. 이렇게 하면 굳이 강의장에 모일 필요가 없으니 시간이나 비용도 엄청 절약될 것이고요. 그럼에도 강의장에서 라이브로 강의를 듣는 이유는 무엇일까요?"

그는 잠시 우리가 생각할 시간을 준 뒤 말을 이어나갔다.

"강의장에서만 경험할 수 있는 것들이 있기 때문입니다. 강사의 열정을 느끼고, 그와 서로 인터렉션을 하고, 동료와 경험을 공유하는 것은 라이브 강의장이 아니고는 달성하기 쉽지 않은 것들이지요. 그리고 이런 것들을 통해 강력한 학습 동기를 얻을 수 있습니다. 강의장에서 비싼 강의를 듣는 가장 큰 이유죠. 이를 위해서는 강사와 교육생 그리고 교육생들 간의 커뮤니케이션이 필요합니다. 그러한 커뮤니케이션을 저는 '강의'라고 부릅니다. 좀 더 풀어서 정리하면, 강의란 '강사와 학습자간 역동적 학습 커뮤니케이션' 이라고 말할 수 있습니다."

역동적 학습 커뮤니케이션이라…. '역동적'이라는 말이 마음에 쏙 들었다. 좋은 강의란 강사 혼자만의 일방적인 활동이 아니라 교육생들과 커뮤니케이션을 통해 양방향으로 활발하게 진행될 때 가능하다는 의미가 '역동적'이라는 키워드에 들어있는 것 같다.

학습은 뇌 신경망의 새로운 연결

강의의 의미를 곰곰이 다시 생각하고 있을 때 그의 목소리가 들려왔다.

"두 분 모두 잠시 딴 생각을 하고 계시는 것 같네요. 아마 제가 한 말을 자신의 언어로 재해석하고 추상화하는 과정이겠죠. 무언가를 학습하기 위해서는 반드시 필요한 과정이지요. 마침 학습이란 단어가 나왔으니, 좀 더 이 단어를 이야기하고 넘어가죠. 강의와 학습은 뗄레야 뗄 수 없는 관계이니까요. 학습이란 일상적으로 흔히 사용하는 말이긴 하지만, 이번에는 뇌과학 관점에서 알아보도록 하죠.

인간의 뇌는 태어날 때는 미성숙하고 불안전한 상태입니다. 시간이 지나면서, 주변의 환경에 끊임없이 자극을 받고 적응하는 과정에서 점점 더 커지고 성숙해집니다. 이렇게 우리 뇌가 주변 환경에 적응하는 것을 '학습'이라 합니다. 뇌과학에서는 학습을 신경세포인 '뉴런neuron들의 상호 관계가 바뀌어 뇌의 신경망에 변화를 만들어내는 것'이라고 정의합니다. 학습의 결과로 지식, 태도, 행동의 변화가 일어나는 것이지요.[8]

지금까지 말씀드린 학습의 개념을 강의와 결합해보면 '강의란 교육생들이 학습하도록 도와주는 것, 다른 말로는 목적성을 가지고 그들의 신경망에 변화를 주는 활동'입니다. 그런데 인지 프로세스 상에서는 신경망의 변화란 결국 장기기억의 형성으로 나타납니다. 따라서 지난번 말씀드린 강사란 '장기기억 형성에 도움을 주는 사람'이라는 정의와 같은 의미인 셈이죠."

며칠 전 인터넷에서 우연히 보았던 그림이 생각났다. 신경세포들이 서로 연결되는 모양을 묘사한 그림이었다.

그림에서는 뉴런이 사방으로 뻗어 나가다 다른 뉴런을 만나 연결되는 과정을 '학습'이라고 했다. 그때는 그림의 의미를 알 수가 없었는데 오늘 설명을 들으니 비로소 이해가 되었다. 뉴런들의 연결을 통해 신경망에 변화를 주는 것이 학습의 본질이구나.

"대표님의 강의 코칭을 받으며 제가 알고 있던 지식과 경험을 재연결하고 확장하다보니 시간이 이렇게나 빨리 지나간 줄 몰랐네요. 이런 과정 자체가 학습의 즐거움이겠지요. 점점 강의가 매력적인 일로 느껴지네요. 감사합니다."

"저 또한 강의에 대한 두 분의 호기심과 열정에 자극을 많이 받고 있습니다. 자극이란 늘 좋은 것이지요. 그에 대한 답례로 다음 시간에는 저만의 강의 비법을 공개할까 합니다. 좋은 강사가 되기를 원한다면 반드시 가져야 할 마음가짐mindset에 관한 것이지요. 다음 시간에 여기에 대한 두 분의 생각을 먼저 들은 후, 제 생각을 말씀드리겠습니다."

마음가짐이라…. 한 번도 생각해 보지 못했던 주제였다. 강사란 자신이 아는 내용을 전달만 잘하면 되는 것으로 생각하고 있었다. 그래서 아이 컨택eye contact, 자세posture, 화법 같은 강의 스킬에는 관심을 가졌지만 강사가 가져야 할 마음가짐에 대해서는….

이런 저런 생각을 하다 보니 어느새 사무실에 도착했다. 다음 주 그가 얘기해 줄 강의 비법이 정말 궁금해진다.

🔒 전문가의 비밀 노트 1

학습동기가 낮은 교육생들에게 강의하기

Q: 원하지 않았는데도 어쩔 수 없이 참석한 교육생들을 어떻게 수업에 몰입시킬 수 있을까요?

특히 기업 사내강사들에게 많이 듣는 질문입니다. 본인의 필요가 아니라 조직의 요구로 어쩔 수 없이 참석한 교육생들에게 학습동기를 기대하기란 어렵다고 말합니다. 게다가 강의 내용도 뻔하고 딱딱하다면 강의 중 잠만 자는 경우가 대부분이라고 하지요. 물론 교육시간에 자고 가면 몸이 개운해져 업무 능률이 오를 수도 있겠지요. 하지만 그럴 바에는 차라리 좀 더 편한 잠자리와 수면 음악을 제공하는 것이 낫지 않을까요? 어떤 방법이 있을까요?

목이 마르지 않은 말에게 물을 먹이는 것은 참으로 힘든 일입니다. 강의도 마찬가지입니다. 배울 생각이 없는 사람을 가르치는 것은 고단함을 넘어 의미 없는 일인지도 모릅니다. 강의 열정을 유지하기도 쉽지 않고요. 책임감이 강한 강사라면 자괴감까지 느끼는 경우도 있습니다.

말이 물을 마시게 하려면 말 스스로 물을 마시고 싶은 환경을 만들어 주는 것이 훨씬 효과적입니다. 강의 원리도 다르지 않습니다. 강의에 집중하라고 말하는 것보다 배우고 싶은 마음, 즉 학습동기가 생기기 쉬운 수업환경을 제공해야 합니다. 강사의 역할이기도 합니다.

다양한 동기 유발 전략이 있지만, 가장 중요한 원칙은 한 가지입니다. 교육생들과 '함께' 강의하라는 것이죠. 교육생들을 단순히 강의 내용을 전달할 상대로만 생각하지 말고, 적극적으로 참여시키라는 의미입니다. 여기에 도움이 되는 방법 몇 가지를 소개합니다.

- 강의 주제에 대해 교육생 스스로 의미를 찾고 공유하게 하기
- 강의 내용이 그들의 업무와 개인적 성장에 어떻게 기여하는지 보여주기
- 도입부에서 과정에 대해 큰 호기심을 불러일으키는 질문하기
- 교육생들의 경쟁 심리 자극하기(게임, 도전과제 제시 등)
- 교육생들이 다양한 신체적 움직임을 하도록 만들기
- 강의 내용의 전부 또는 일부분을 교육생들이 발표하고 상호 피드백 하게 만들기
- 조직 내외에서 크게 이슈가 되고 있는 것들(정치,경제,사회,문화 등)과 강의 내용 접목하기
- 자신이나 교육생의 경험을 바탕으로 흥미 있는 이야기하기

교육생들을 수업에 몰입하게 만들 수 있는 다양한 전략과 아이디어를 좀 더 많이 얻고 싶다면, 데이브 버제스의 〈무엇이 수업에 몰입하게 하는가〉를 읽어보세요.

강의의 주인은 누구인가?

강의 스킬이나 경험보다 중요한 것

    오늘 아침의 팀 회의는 좀 어수선했다. 똑같은 교육 콘텐츠를 가지고 강의를 했는데도 강사마다 강의 만족도가 너무 달랐기 때문이다. 원인을 파악하고 대응방안을 보고하라는 팀장님의 지시에는 짜증이 잔뜩 묻어 나왔다.

    평소에는 강의 만족도보다 콘텐츠가 중요하다는 팀장님도 경영층에 보고할 때는 어쩔 수 없는 모양이다. 교육실적을 정량적으로 보여줄 수 있는 것은 숫자로 표현된 강의 만족도뿐이니 그럴 수도 있지. 이런 생각을 하며 강의장 안으로 들어가려는데 누군가 부르는 소리가 들린다.

    "과장님, 무엇을 그리 골똘히 생각하세요? 아까부터 인사를 드렸는데 안 받아주시고."

"어, 미안. 오늘 아침에 팀장님이 지적한 것을 생각하고 있었어. 민선 씨도 들은 내용이야. 왜 똑같은 내용으로 강의를 해도 교육생들의 반응이 강사들마다 다른 걸까? 게다가 강의 스킬이 크게 차이가 나는 것 같지도 않은데 말이야."

"사실 저도 여기 오는 동안 계속 그 생각을 하고 있었어요. 혹시 지난주에 대표님이 주신 질문에 답이 있지 않을까요?"

강사마다 교육생 피드백이 다른 이유가 강사의 마음가짐과 관련이 있을 수 있다고?

이때 그가 활기차게 인사를 건네며 강의장에 들어왔다.

"안녕하세요, 과장님, 민선 씨. 무슨 이야기를 하시는데 그리 심각하시나요?"

민선 씨와 나누었던 이야기를 간략하게 말했다.

"제가 오늘 얘기할 주제와 두 분의 고민이 겹치네요. 잘 되었네요. 두 분은 좋은 강사가 되기 위해서는 어떤 것들을 갖추고 있어야 한다고 생각하시나요?"

그는 우리 생각들을 듣고 정리했다.

"두 분의 말씀은 '좋은 강사가 되려면 강의 콘텐츠에 대한 전문성과 우수한 강의 스킬을 가지고 있어야 한다'고 정리되네요. 제가 이해한 것이 맞나요?"

"예."

"물론 내용 전문성과 강의 스킬은 기본적으로 갖추어야 할 필수 요소이지요. 그런데 좋은 강사가 되기 위해서는 이것들보다 더 중요한 것들이 있습니다. 지난주에 제가 말씀드린 마음가짐에 관한 것입니다."

그는 잠시 말을 멈추고 물 한 모금을 마셨다.

"저의 옛날 이야기입니다. 누구에게나 잊혀지지 않는 기억이 있죠. 저에게는 첫 강의가 그렇습니다. 교육 기획 업무를 하고 있을 때였습니다. 어느 날 2주 뒤 신입사원 교육에서 회사의 핵심가치를 주제로 8시간동안 강의하라고 하더군요. 그전까지는 강의를 한 번도 해본 적 없는 저에게 말이죠. 비록 강의 콘텐츠와 강사매뉴얼은 인재개발원에서 제공해 주었습니다만, 강의를 준비하는 데 2주는 턱없이 부족했습니다. 어쨌든 시간이 흘러 강의를 했고, 우여곡절은 있었지만 무사히 끝냈습니다. 걱정했던 것보다 재미있었고요."

그의 입가에 엷은 미소가 번졌다.

"그때 저의 첫 강의에 대해 교육생들은 어떻게 평가했을까요? 점수로 얘기해보죠. 강의 만족도 5.0 만점에 몇 점 정도 받았을까요?"

회사가 콘텐츠를 제공하고 강사는 전달만 하는 방식이 오늘 팀 회의에서 나온 내용과 유사한 것 같다.

"지금과 달리 강의가 처음이고 준비 시간도 부족했다고 하시니 4.0정도 받으셨을 것 같은데요. 그 정도면 사내강사로서는 나름 괜찮은 점수이죠."

민선 씨는 좀 더 분석적이었다.

"그런데 강의 주제가 회사의 핵심가치라는 조금 딱딱한 내용이니, 저는 과장님이 주신 점수에 약간 감점을 해서 3.8정도 받으셨을 것 같아요."

그는 우리를 향해 살짝 웃음 지은 후, 화이트보드에 5와 0이라는 숫자를 적었다.

"5.0 입니다. 제가 처음으로 강의했을 때 받은 평가 점수입니다."

와우, 정말일까? 강의 자질이 있어 높은 평가를 받았으리라 짐작은 했지만 첫 강의부터 만점을 받았다니.

"혹시라도 오해는 하지 말아주세요. 제 자랑할 생각은 없습니다. 실제로도 첫 강의 이후 평가 점수는 계속 떨어졌으니까요. 쑥스럽지만 그럼에도 제 경험을 공유한 이유가 있습니다. 제가 생각하는 강의 비법이 이 경험에 담겨 있기 때문입니다.

2주라는 시간은 업무도 하면서 틈틈이 강의를 준비해야 하는 사내강사로서는 너무도 부족한 시간이었습니다. 두 분이 좋은 강사의 조건으로 말씀하신 강의 콘텐츠를 완벽하게 이해하거나 능수능란한 강의 스킬들은 꿈도 못 꿀 정도였죠. 만약 '강의 콘텐츠'와 '강의 스킬' 두 가지로만 본다면 아무리 후하게 평가한다고 해도 그 당시의 저는 평범한 강사 수준에 불과했을 것입니다. 그렇다면 무엇이 신입사원들로 하여금 저를 만점으로 평가하게 만들었을까요?"

민선 씨가 손에 턱을 괴고 골똘히 생각한 후 말을 꺼냈다.

"신입사원들을 교육생이 아니라 후배처럼 편하게 대해 주었기 때문이 아닐까요? 제가 신입사원 교육을 받을 때도 비슷한 경험이 있었거든요."

"예, 그렇습니다. 그 당시 저는 신입사원의 눈높이와 관심 사항에 맞춰, 선배가 후배에게 대화하듯이 강의했습니다. 그렇게 하니 교육생들이 강의에 재미를 느끼고 몰입하더군요. 저 역시 그런 그들의 모습에 처음의 긴장은 사라지고 자신감이 생겼습니다. 그 자신감으로 강의하니 8시간이란 시간이 금방 지나갔습니다. 강의가 끝나는 게 오히려 아쉬울 정도로 말이죠.

이제 눈치채셨나요? 제가 생각하는 강의 비법은 강사의 마음가짐입니다. 좋은 강의의 결정적인 요소이지요. 강의 내용 전문성과 강의 스킬은 올바른 마음가짐 위에서 온전히 그 힘을 발휘할 수 있습니다. 그렇지 않으면 마치 모래 위에 집을 짓는 것과 같습니다. 올바른 마음가짐 없는 강의 스킬은 그저 잔기술에 불과할 뿐이죠."

그의 목소리는 점점 높아지고, 우리는 그의 말에 빠져들어갔다.

 강의 비법, 배려와 자신감

"그렇다면 어떤 마음가짐이 필요할까요? 먼저 질문 하나 드리죠. 기업의 주인은 누구인가요?"

그의 질문의 의도가 무엇인지 헷갈렸다. 주주, 종업원, 고객 모두 주인이 될 수 있을 것 같은데.

그는 대답을 망설이는 우리를 보면서 설명을 덧붙였다.

"이 말은 기업 경영의 최우선 가치를 어디에 두어야 할지를 묻는 질문이기도 합니다."

이제 답이 명확하게 떠올랐다. 기업이 제공할 가치의 지향점은 당연히 고객이지. 그래서 경영학의 아버지라고 불리는 피터 드러커도 '고객 없는 사업은 없다 No business without a customer'라고 하지 않았던가.

"당연히 고객 아닌가요?"

"너무 뻔한 질문을 드렸나요? 그렇다면 질문을 바꿔보죠. 강의의 주인은 누구라고 생각하시나요?"

순간 망치로 맞은 듯 멍해졌다.

"교육생입니다. 기업경영의 주인이 고객이듯 강의에서는 교육생이 주인입니다. 어떤 강의든지, 강의의 성공여부는 교육생의 변화에 달려있으니까요. 그렇다면 강사는 강의의 주인인 교육생을 어떤 마음가짐으로 대해야 할까요?"

그는 아주 큰 글씨로 단어 두 개를 적었다. 배려와 자신감.

"강의 비법은 두 가지입니다. 하나는 교육생을 강의의 주인으로 배려하는 마음이고, 다른 하나는 시행착오 학습으로 생기는 자신감입니다. 그럼, 배려부터 말씀드리지요.

첫 강의 이후의 강의들에 대한 평가가 좋지 않았던 이유는 배려로 설명할 수 있습니다. 강사로서 경험도 없고 강의 스킬도 부족했던 첫 강의 때는 교육생 입장에서 강의를 했습니다. 아니, 정확하게 말하면 할 수 밖에 없었죠. 아는 게 많지 않았으니까요. 그런데 강의에 익숙해진 뒤부터는 이것을 잊어버리고, 제가 강의의 주인인 것처럼 강의를 했던 것이죠. 교육생들이 알고 싶고 배우고 싶은 것이 아니라 제가 하고 싶은 강의를 했다는 말이죠. 결과는 어땠을까요? 처음보다 점점 나빠졌습니다.

그런데 조금 이상하지 않나요? 분명히 처음보다는 두 번째, 두 번째보다는 세 번째 강의 때, 강의 내용을 더 잘 파악하고 있고 강의 스킬도 더 나았을 텐데 결과는 좋지 않았다는 것이요. 이유를 짐작하시겠죠? 교육생들을 대하는 마음가짐의 차이 때문입니다. 그래서 강의 내용에 대한 전문성과 능숙한 강의 스킬도 배려와 자신감이라는 올바른 마음가짐 위에 있을때 그 효과를 제대로 발휘한다고 말씀드린 것입니다."

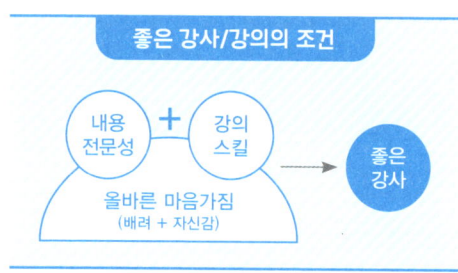

"제가 최악의 강사로 뽑았던 교수님도 '배려'가 부족하셨던 것 같아요. 학생들이 이해하든 못하든 전혀 신경쓰지 않고 본인이 준비한 것만 말씀하셨거든요. 학생들 입장에서는 배려는 고사하고 무시당했다는 느낌이었어요."

"수업시간 내내 불안해 하셨던 수학선생님의 경우는 '자신감' 부족에 해당되는 것이고요."

이렇게 지난주에 우리가 발표한 내용과도 연결이 되는구나. 먼저 어떤 주제에 대한 지식과 경험을 드러내도록 하고 그것들을 또 다른 지식과 경험에 연결하여 통합시켜주는 그의 능력이 참 부러웠다. 그런데 배려의 중요성은 충분히 알겠지만, 너무 추상적이고 감성적인 단어가 아닐까.

그가 마치 내 마음을 읽고 있듯이 말을 했다.

"배려를 강의에 활용하려면 좀 더 구체적으로 정의할 필요가 있습니다. 저는 강의를 할 때 교육생을 배려한다는 말은

> ① 교육생의 입장에서
> ② 집중해야 할 부분만 집중하게 해주는 것

이라고 생각합니다. 먼저 '교육생의 입장에서'라는 말의 의미를 살펴보죠. 한 분만 잠시 앞으로 나와 저를 도와주시겠습니까?"

민선 씨가 씩씩하게 자원하여 강단 앞쪽으로 나가는 동안 그는 테이블에 놓여져 있던 마커펜을 10개 정도 집었다.

"제가 무엇을 하면 되나요?"

"그냥 지금부터 제가 던지는 이 펜들을 잘 받아주시면 됩니다."

그는 말이 끝나기 무섭게 손에 쥐고 있던 펜들을 모두 한꺼번에 민선 씨에게 던졌다.

"몇 개 받으셨나요?"

"다섯 개 받았습니다."

민선 씨가 손으로 잡은 펜의 개수를 세며 어리둥절한 표정으로 말했다.

"한 번만 더 해 보죠. 이번에도 잘 받아주세요."

그는 이번에는 한 번에 한 개의 펜만, 총 7개를 던졌고 민선 씨는 실수 없이 잘 받았다.

"이번엔 몇 개 받으셨나요?"

"일곱 개 받았습니다."

"도와주셔서 감사합니다. 강사 입장에서 하는 강의와 교육생 입장에서 하는 강의의 차이를 보여드리는 퍼포먼스였습니다. 무슨 말일까요? 방금 민선 씨에게 던진 마커펜을 강의 내용이라고 비유해보죠. 펜이 10개라는 것은 강사가 준비한 강의 내용도 10개라는 것을 의미합니다. 그런데 받는 사람 입장을 생각하지 않고 펜들을 한꺼번에 던진다면 어떻게 될까요? 아마 민선 씨처럼 대부분 놓치는 경우가 많을 것입니다.

그렇다면 방금 제가 펜을 던진 활동은 성공한 것일까요? 아니면 실패한 것일까요? 누구의 관점에서 보느냐에 따라 판단이 달라질 수 있습니다. 강사의 입장, 즉 던진 사람의 입장에서는 던지기로 준비한 10개를 모두 던졌으니 성공했다고 판단할 수 있습니다. 반면에 받는 사람, 즉 교육생의 입장에서 보면 어떨까요? 받은 개수가 5개에 불과하니 실패라고 말할 수 있습니다.

그런데 강의의 주인은 누구라고 했나요? 교육생입니다. 강의는 철저히 주인인 교육생의 입장에서 진행해야 합니다. 따라서 강사가 10개를 준비했더라도 교육생이 준비한 10개 모두를 소화시킬 수 없다면 그들의 수준에 맞게 조정해야 합니다."

그래도 10개를 전달해야 한다면 10개 모두 말해야 하는 것 아닐까?

아직 머리 속에 물음표가 남아 있었다. 민선 씨도 나처럼 뚱한 표정이다.

"이해를 돕기 위해 간단한 수학문제 하나를 풀어보죠."

그는 보드에 다음과 같이 적었다.

"A, B 중에 어느 쪽이 효율적일까요?"

효율성이라면 output대비 input이 아닌가? 그렇다면 5/10은 1/2이고 7/7은 1이니 당연히 B가 효율적이지. 50% 대 100%인데. 정답은 B라고 나와 민선 씨가 동시에 대답했다.

	A	B
준비	10	10
input	10	7
output	5	7

"이 정도 계산은 초등학생 수준의 아주 간단한 수학 문제이죠. 이렇게 수학 문제로 내면 누구나 당연하게 B가 효율적이라고 합니다. 또한 A와 B 중 어느 쪽을 선택하겠냐고 물으면 조금의 망설임도 없습니다. 자신은 B를 선택한다고 말하죠.

그런데 흥미로운 것이 있습니다. 실제 강의현장에서는 어떤 경우가 많을까요? A일까요, B일까요?"

"그건…"

"아이러니하지만, 제가 사내강사들을 대상으로 오랫동안 모니터링한 경험으로 보면 A의 경우가 월등히 많았습니다. 여기서 input은 강의 내용, output은 교육생들의 이해로 본다면 A는 강사가 교육생들의 이해 정도는 고려하지 않고, 정해진 시간 내에 자신이 준비한 것 모두를 전달하는 경우라 할 수 있습니다. 제가 손에 들고 있던 마커펜을 한 번에 전부 던진 경우처럼 말이죠. 반면에 B는 교육생들의 이해도를 고려해 적당한 양으로 나누어 전달한 것이죠. 펜을 하나씩 던지듯이 말이죠. 이 경우 강의 시간이 정해져 있어 비록 준비한 것 중 7개 밖에 전달하지 못했지만 효율성으로 보면 B가 A보다 월등히 낫지요. 이렇게 수학문제로 보면 분명히 B가 효율적인데, 실제로는 왜 A방식으로 강의하는 경우가 많을까요?"

"대표님 말씀대로 강사가 교육생들의 지식 습득 수준을 배려하지 않았기 때문이 아닐까요?"

"그렇습니다. 강의의 주인을 자신이라고 생각하면 A 방식으로 강의하게 됩니다. 이 경우 교육생들의 이해 output 여부는 관심 밖의 일이예요. 자신이 준비한 것을 '진도 뺀다'라면서 모두 이야기하는 것이 훨씬 중요한 일이거든요. input만을 기준으로 놓고 보면 10개 준비해서 10개를 다 전달했으니 본인에게 중요한 진도 달성률이 100%인 셈이죠. 효율성은 비록 50%에 그치지만 말이죠. 이런 강의는 교육생 입장에서 보면 절대 좋은 강의가 될 수 없습니다. 다섯 개밖에 받지 못했으니까요.

반면에 전달하고 싶은 내용은 많지만 교육생들이 그것들 모두 다 가져갈 수 있는 상태가 아니라면 어떻게 해야 할까요? 교육생들의 입장에서 일부는 과감하게 버릴 수 있는 용기가 필요합니다. 그런 용기를 보이는 사람이 좋은 강사입니다.

그런 의미에서 EBS의 〈최고의 교수〉라는 다큐멘터리에서 소개된 '교수라는 직업은 자신이 아는 것을 가르치는 게 아니라, 학생들이 알 수 있도록 가르치는 것이다'[9]라는 도날드 골드스타인 Donald Goldstein 교수의 말에 저도 공감합니다."

같은 강의 콘텐츠와 비슷한 강의 스킬의 강의인데도 강사마다 교육생들의 반응이 달랐던 이유를 알 것 같다. 교육생을 바라보는 시각의 차이가 행동의 차이를 만들었고, 그 결과가 강사에 대한 평가로 드러났던 것이다.

물건을 팔 때 고객이 주인이라고 생각하면 판매하는 행위 하나하나에 정성이 들어가지 않겠는가? 거기에 만족한 고객들은 다시 가게에 찾아오게 되는 법이다. 마찬가지로 '강의의 주인은 교육생이다'라는 마인드를 가질 때, 강사는 교육생들이 보다 쉽게 학습할 수 있는 방법을 고민하게 된다. 좋은 강의로 평가받을 가능성이 높아진다.

얼마 전에 읽었던 로마의 철학자 키케로_{Marcus Cicero}의 말이 떠올랐다. 로마시대 최고의 웅변과 설득의 달인으로 알려진 그는 자신의 설득 비결을 이렇게 말했다고 한다. '당신이 나를 설득하고자 한다면 반드시 나의 생각을 생각하고 나의 느낌을 느끼고, 나의 말을 말해야 한다'[10] 강의도 이와 마찬가지일 것이다. 좋은 강의를 하고 싶다면 반드시 교육생의 생각을 생각하고, 교육생의 느낌을 느끼고, 교육생 말을 말해야 한다.

 교육생의 입장에서, 집중해야 할 부분만 집중하게!

"강사에게 배려의 또 다른 의미는 '집중해야 할 부분만 집중하게 해주는 것'입니다. 교육생들 뇌의 인지적 에너지를 강의 이해에 필요한 부분에만 집중적으로 사용하도록 해야 하며 불필요하게 낭비시켜서는 안된다는 의미입니다.

예를 들어 강의 슬라이드를 보여줄 때는 그 슬라이드에만, 강사가 말을 할 때는 자신의 말에만 교육생들이 집중하게 해야 합니다. 그런데 만약 강사가 말을 하면서 손을 불필요하게 자꾸 움직이면 어떨까요? 그들의 주의는 강사의 말과 손의 움직임으로 분산됩니다. 그 결과 강의 이해에 필요한 주의력은 떨어지고 강의효과는 반감되지요. 주의력에 사용해야 할 인지적 에너지가 낭비되었으니까요."

"'강사는 교육생들이 뇌 에너지를 불필요하게 낭비하지 않도록 해야 한다'는 말을 좀 더 설명해 주세요."

뇌과학 이야기에 민선 씨의 눈빛은 더욱 반짝거렸다.

"예, 그 말을 좀 더 명확하게 이해하려면 우리의 뇌가 어떤 기관organ인지 알 필요가 있습니다. 두개골 안에 있는 뇌의 무게는 성인 남자 기준으로 1.4kg로 전체 몸무게의 2% 정도에 불과합니다. 그러나 우리가 하루에 활동하는 데 필요한 에너지의 20% 이상을 사용한다고 합니다. 에너지 사용도가 굉장히 높은 기관이지요. 약 1,000억개 이상의 신경세포를 작동시키기 위해서는 다른 신체기관보다 훨씬 더 많은 에너지가 필요하기 때문입니다.

이렇게 에너지를 많이 사용해야 하는 뇌의 특징에서 뇌의 중요한 작동원리 하나가 나옵니다. 무엇일까요? 힌트는 뇌가 사용할 수 있는 에너지는 한정되어 있다는 것입니다. 사용할 수 있는 총량이 정해져 있다는 뜻이죠. 이런 제약조건이 있기 때문에 에너지를 대량으로 소비하는 곳인 우리 뇌는 필연적으로 에너지를 ○○○으로 사용하려고 노력할 수 밖에 없다고 합니다. ○○○은 무엇일까요?"

힌트까지 있으니 너무 쉬웠다. 인지적 에너지를 얼마 사용하지도 않았다.

"'효율적'이 아닐까요?"

"그렇습니다. 뇌는 인지 활동에 사용하는 에너지를 최대한 '효율적'으로 절약해서 사용하려는 특성을 가지고 있습니다. 이런 뇌의 특징을 뇌과학에서는 '인지적 구두쇠 cognitive miser'라고도 말합니다. 구두쇠처럼 에너지 사용을 가능한 적게 하려는 것을 강조한 표현입니다. 뇌가 사용할 수 있는 에너지의 양이 정해져 있기 때문에 생겨난 작동원리입니다.

이러한 뇌의 작동원리를 고려하여 강사는 교육생들이 강의와 관련 없는 부분에 그들의 귀중한 에너지를 소모하지 않게 해줘야 합니다. 그것이 강사의 배려입니다. 의미가 없는 곳에 에너지를 소비해버리면 정작 다른 중요한 곳에 에너지를 투입할 여유가 없어지기 때문입니다."

"지난번 기업교육 특강 때 들은 '인지부하(認知負荷, cognitive load) 이론과 비슷한 것 같아요."

"관련이 있습니다. '인지부하'란 너무 많은 정보 처리를 뇌에게 요구하면 아예 뇌가 작동을 하지 않는 상태를 말합니다. 이것 또한 뇌가 사용할 수 있는 인지적 자원에 한계가 있기 때문에 생겨나는 상태입니다.

그래서 강사가 강의와 무관한 자극과 정보를 계속 제공하면 어떻게 될까요? 교육생들은 인지부하에 빠져 정작 필요한 정보를 처리해야 할 때 그들의 뇌가 작동하지 못할 수도 있습니다. 그러므로 이 이론의 결론도 강사는 교육생이 그들의 인지적 에너지를 효율적으로 사용하게 해야 한다는 것이죠."

그는 말을 멈추고 장난기 가득한 표정을 지었다.

"혹시 두 분이 지금 인지부하 상태에 있는 건 아니죠? 저는 좋은 강사가 되고 싶습니다만…."

이런 유머를 할 줄이야. 민선 씨와 나는 피식 웃음이 나왔다. 잠깐이지만 웃고 나니 에너지가 뇌의 구석구석에 다시 채워진 느낌이 들었다.

"강의 코칭의 목적 중 하나가 '배려'와 '자신감' 향상입니다. 교육생들이 집중해야 할 부분에 보다 더 잘 집중하게, 즉 배려하기 위해서는 유머, 아이컨택, 손 처리, 동선(動線) 같은 다양한 강의 스킬이 필요합니다. 이것들을 반복 연습하여 충분한 자신감을 가지는 것이 좋은 강사가 되는 길입니다.

 강의는 프레젠테이션이다

민선 씨가 고개를 살짝 갸우뚱거리며 조심스럽게 질문했다.

"이전부터 궁금했던 것이 있습니다. 강의와 프레젠테이션의 관계는 어떻게 되나요? 방금 말씀하신 강의 스킬들 대부분은 프레젠테이션 스킬로도 알려져 있잖아요."

"좋은 질문입니다. 넓은 의미에서 프레젠테이션이란 청중의 지식, 태도 등을 변화시키기 위해 어떤 주제를 발표하는 것을 말합니다. 발표하는 형식에 따라 제품 설명, 강의, 연설 등으로 부르는 이름은 다릅니다. 하지만 그 활동 모두가 궁극적으로는 청중의 변화를 목적으로 하고 있다는 점에서 동일하지요. 다시 말해 상대의 변화를 목적으로 하는 행위라면 그 명칭에 상관없이 모두 프레젠테이션이라는 말이죠. 이런 관점에서 저는 강의도 프레젠테이션의 일종이라 생각합니다."

생각해보니 그런 것 같다. 물론 성인학습원리, 학습동기, 학습목표 등과 같이 강의에 특화된 지식도 있다. 그렇지만 몸으로 배우는 스킬들은 강의와 프레젠테이션이 서로 다르지 않은 것 같다. 앞으로 강의 스킬을 배우면 프레젠테이션 실력도 높아진다는 말이니 이거야말로 일거양득이네!

"오늘 모임을 마무리하기 전에 두 분의 생각 하나를 알아보죠. '나는 다른 사람들 앞에서 프레젠테이션 하는 것이 두렵지 않고 편하다'라고 생각하시는 분은 손을 한번 들어주시겠습니까? 여기서 프레젠테이션은 당연히 강의를 포함하는 넓은 의미의 프레젠테이션입니다."

다른 사람들 앞에서 나를 향한 수많은 눈동자를 보면서 얘기하는 것이 편하다고? 절대로 아니지!

"손을 드시는 분이 없네요. 사실 예상한 결과입니다. 프레젠테이션에 대한 두려움은 두 분만 아니라 우리들 대부분이 가지고 있기 때문이죠. 그런데 이것은 은둔의 미학을 강조하는 우리나라 같은 동양에서만 볼 수 있는 현상일까요? 아닙니다. 비교적 자기 의사표현에 능하다고 알려진 미국이나 유럽 사람들도 대중 앞에서 발표하는 것에 두려움을 많이 느낀다고 합니다. 우리와 별반 차이가 없죠. 미국 성인 가운데 54%가 대중 앞에서 말하는 것에 대한 공포를 죽음에 대한 공포보다 심하게 느낀다는 조사결과도 있습니다.[11] 결국 프레젠테이션을 두려워하는 것은 인간의 보편적인 특성 중 하나란 말이지요.

진짜 드리고 싶은 질문이 있습니다. 우리는 왜 프레젠테이션을 두려워할까요? 이것이 이번 주 드리는 과제입니다. 한 주 동안 틈틈이 생각해보시고 다음 시간에 서로의 생각을 공유해 보죠."

오늘도 어김없이 생각할 거리를 주시는구나. 근데 이건 어찌 보면 너무도 당연한 것 아닐까? 공개적으로 실수하고 창피를 느낄 수 있는 자리에 서고 싶은 사람이 있을까?

나 역시 신입사원일 때는 남들 앞에서 얘기해야 한다는 생각만 해도 식은땀을 흘리곤 했다. 그래서 어떻게든 그런 자리들은 피하려 노력했는데….

오늘 배운 것을 잘 활용하면 팀장님 지시를 수행하는 데 도움이 될 것 같다. 기분이 한결 가벼워졌다. 사내강사들이 강사로서 올바른 마음가짐이 무엇인지 서로의 생각을 공유하고 교감하는 자리를 만들어야겠다. 고은씨와 내가 한 것처럼.

강의의 성공은
기억에 달려있다.

장기기억으로 가는 길

지난주 사내강사 워크숍은 급하게 계획하여 진행되었지만 참가자들의 반응은 기대 이상이었다. 단지 몇 가지 질문들을 활용해 각자의 경험과 생각을 드러내게 했을 뿐인데도, 앞으로의 강의 활동에 도움이 될 시간이었다고 한다.

특히, 참가자 중 나이가 가장 많고 열정이 넘쳤던 윤선홍 차장님은 워크숍이 끝난 후에도 강의장에 남았다. 그리고 사내강사제도의 개선점과 아이디어에 대해 1시간 넘게 열변을 토했다. 사내강사의 고충을 현장의 목소리로 생생하게 들을 수 있어 유익했다. 다만, 대화 중 차장님의 말을 온전히 이해하기 어려운 경우가 많았다.

한 번 말을 시작하면 계속 가지를 치며 끊어지지 않는 만연체

스타일이라 집중하기 어려웠다. 게다가 말을 하다가 주제를 벗어나는 경우도 많았다. '강의할 때 이런 식으로 말하면 교육생들이 힘들텐데…' 걱정이 되었다. 그날 이후 '어떻게 하면 도울 수 있을까?'라는 생각이 머릿속에 계속 맴돌았지만 답이 떠오르지 않았다. 아무래도 강의 코칭 시간에 도움을 받아야 할 것 같다.

강의 코칭이 시작되자마자 윤 차장님 이야기를 드리며 조언을 부탁드렸다. 민선 씨도 관심 있는 주제라며 내 부탁에 힘을 실어 주었다. 말을 하다 보니 윤 차장님과 만나게 된 배경부터 내 의견까지 모든 것이 섞여 뒤죽박죽이 되었다. 오늘따라 왜 이리 말이 꼬이는지.

그는 내 말이 완전히 끝난 뒤 비로소 자신의 말을 시작했다.

"과장님, 지금까지 말씀하신 것을 한 문장으로 짧고 간결하게 요약해 말씀해 주세요."

"예?"

장황하게 말하는 사람에 대한 조언을 구했는데 뜬금없이 내가 한 말을 한 문장으로 요약하라니. 의문은 들었지만 답을 하기 위해 전두엽 작업기억의 모터가 바쁘게 돌아갔다.

"그러니까 제 말은 '말이 너무 장황해서 메시지 전달이 어려운 사람에게 도움이 되는 방법은 무엇인가요?'라는 것입니다."

"과장님께서 방금 하신 이 작업을 윤 차장님에게도 권해보세요. 그것이 만연체로 말하는 습관을 가진 분에게 도움되는 메시지 전달 방법입니다."

"한 문장으로 요약하라는 것은 말을 짧고 간결하게 하라는 말씀이시군요."

민선 씨가 그의 말에 아하! 하며 맞장구쳤다.

"그렇습니다. 메시지 전달 효과를 높이기 위해서는 메시지는 짧고 간결해야 합니다. 마침 과장님께서 요청하시니 오늘은 강사가 자신의 메시지, 즉 강의 내용을 보다 효과적으로 전달하는 방법을 먼저 얘기해보죠. 이 방법은 말을 할 때나 슬라이드를 작성할 때 모두 적용됩니다. 여기서 메시지 전달이란 교육생들이 그들의 눈이나 귀 같은 감각기관으로 단순히 보거나 듣는 수준을 넘어 '기억'하는 것을 의미합니다. 모든 메시지는 '기억'이 목적이기 때문입니다."

또 '기억'이라는 단어가 나왔다. 그가 이 키워드를 메시지 전달과 어떻게 연결시킬지 점점 궁금해졌다.

"그런데 방금 제가 언급한 '기억'은 어떤 기억을 말할까요?"

지난번 그가 얘기한 강사의 정의가 떠올랐다.

"장기기억 아닌가요? 지난번 인지 프로세스를 말씀하실 때 교육생들을 실질적으로 변화시키기 위해서는 강의내용이 그들 뇌에 장기기억으로 저장되어야 한다고 하셨습니다."

"2주전에 말씀 드린 것을 정확히 기억하시네요. 이 정도면 인지 프로세스의 의미는 과장님의 장기기억 속에 확실히 저장된 것 같습니다. 맞습니다. 장기기억을 의미합니다. 그래서 '어떻게 메시지를 전달할 것인가'는 '어떻게 하면 메시지를 장기기억으로 저장되게 할 것인가'와 동일한 질문입니다. 이 질문에 대한 답을 찾기 위해서는 '기억'에 대해 좀 더 말씀드릴 필요가 있습니다.

기억을 크게 분류하면 단기기억과 장기기억으로 구분할 수 있습니다. 단기기억은 다시 감각기억과 작업기억으로 나누어집니다.[12] 그런데 메시지 전달과 관련해서 주목해야 할 것은 이 세 가지 기억들의 처리 용량입니다. 각 기억들의 처리 용량은 어느 정도일까요? 메시지 전달 효과를 높이고 싶다면 이것들의 차이를 인식하는 것이 중요합니다."

그는 잠시 말을 멈추고 '감각기억에서 장기기억으로'라는 제목으로 그림을 그렸다. 모래시계처럼 보였다.

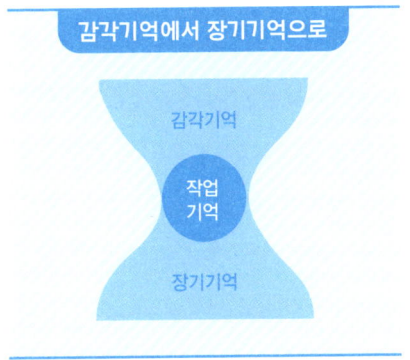

"뇌과학자들의 연구에 따르면 외부의 자극이 일차로 저장되는 감각기억과 대뇌피질의 장기기억은 그 용량에 제한이 없다고 합니다. 즉, 무한정 저장할 수 있다는 것이지요.

그런데 작업기억은 좀 다릅니다. 작업기억은 감각기억 중 우리가 주의 집중하여 지각한 기억을 뜻합니다. 우리가 흔히 '생각한다'라고 하는데 생각을 뇌과학적 용어로 말하면 작업기억이라 할 수 있습니다.

작업기억은 감각기억이나 장기기억과는 달리 한 번에 처리할 수 있는 용량에 한계가 있습니다. 하버드대 심리학과의 스테판 코슬린Stephen M. Kosslyn 교수는 이것을 '용량제한의 원리'로 표현하고 있습니다. 단기기억 중에서도 작업기억의 처리 용량에는 한계가 있어 너무 많은 것을 한 번에 전달하면 이해하지 못한다는 것입니다.[13] 저도 여기에 100% 공감합니다. 코슬린 교수는 슬라이드 작성 원리로 말했지만 강의를 할 때도 이 원리는 동일하게 적용됩니다.

작업기억의 처리 용량은 프린스턴대 조지 밀러George A. Miller 교수의 매직넘버 7으로 잘 알려져 있습니다.[14] 사람들이 단기간에 기억할 수 있는 정보는 7±2개라는 거죠. 이후 진행된 미주리대 심리학과 넬슨 코완Nelson Cowan 교수의 후속연구에 따르면 기억의 개수는 정보유형에 따라 달라진다고 합니다. 예를 들어 새로운 정보인 경우에는 서너 개가 한계라고 합니다. 새로운 정보는 익숙한 정보보다 작업기억이 처리해야 할 양이 훨씬 많기 때문입니다. 교육생들의 장기기억 속으로 자신의 메시지를 효과적으로 전달하고 싶다면 이 작업기억의 한계를 항상 인식해야 합니다."

"그렇다면 아까 말씀하신 '말을 짧고 간결하게 하라'는 것은 교육생들의 작업기억 용량과 관련이 있겠네요."

"그렇습니다. 교육생의 뇌 속에 기억의 통로가 있고 그 통로에는 순서대로 감각기억, 작업기억, 장기기억의 방이 있다고 가정해보죠. 강사의 메시지는 먼저 감각기억의 방을 거쳐야 합니다. 이 방은 사방이 뚫려 있어 어떤 정보라도 들어오기 쉬운 반면에 사라지기도 쉽습니다. 대부분의 정보는 이 방에서 더 나아가지 못하고 사라집니다. 그런데 어텐션이라고 적힌 손이 들어와 감각기억 방에 있던 정보를 한 웅큼 쥐더니 바로 옆 작업기억 방으로 옮깁니다. 참고로 수많은 감각기억 중 어텐션한 기억을 작업기억이라 말합니다.

그런데 작업기억은 감각기억에 비해 턱없이 작은 방이라 한 번에 많은 것들을 담을 수 없습니다. 고작 3~9개 정도가 그 한계이지요. 또한 이 작업기억의 방은 이상한 습성이 있습니다. 자신의 방에 들어온 정보의 양이 수용 한계를 넘어버리면 방문을 잠가버립니다.

그러면 어떻게 될까요? 장기기억으로 가는 필수 통로가 막혀버린 셈이죠. 그렇다고 작업기억의 방을 그냥 지나칠 수도 없어요. 작업기억의 방문이 스스로 열릴 때까지 기다릴 수 밖에 없습니다.

어떻게 하면 작업기억이 방문을 닫는 일 없이 잘 작동하게 할 수 있을까요? 그렇습니다. 메시지 전달을 가능한 짧고 간결하게 하여, 한 번에 처리해야 하는 작업기억의 양을 줄여줘야 합니다. 작업기억의 방이 포화되어 그 기능을 잃어버리지 않게 말이죠."

"짧고 간결하게 말하라는 것은 이해가 되는데 강의 슬라이드를 작성할 때는 이 원칙을 어떻게 적용할 수 있나요? 특히, 슬라이드 한 장에 담아야 할 정보가 여러 개 있다면요."

민선 씨의 눈은 호기심으로 가득 차 있었다.

"애니메이션이나 색의 대비효과 활용 등 여러가지 방법이 있습니다. 이번에는 작업기억의 특성을 활용하는 방법을 알려드리겠습니다. 작업기억의 처리에 영향을 미치는 것은 정보의 크기가 아니라 한 번에 처리가능한 정보의 아이템item 개수입니다. 그러므로 한 슬라이드 안에 많은 정보를 담아야 한다면 정보를 묶어 아이템의 수를 줄여야 합니다. 이럴 때 청킹chunking이 도움이 됩니다.

청킹이란 유사한 정보들끼리 의미 있게 연결시키거나 묶어 주는 것을 말합니다. 새로운 정보들을 가능한 네 개 이내의 덩어리로 묶게 되면 한 번에 기억할 개수가 줄어들고, 작업 기억에 저장되기 쉬워집니다. 덩어리 내의 정보가 많다면 그것을 또 네 개의 하위 그룹으로 다시 청킹할 수도 있습니다.

청킹하기 전후를 비교한 그림을 보시죠. 어느 것이 기억하기 쉬울까요? 당연히 포유류, 어류, 조류, 곤충의 네 가지 그룹으로 청킹한 슬라이드가 기억하기 용이합니다."

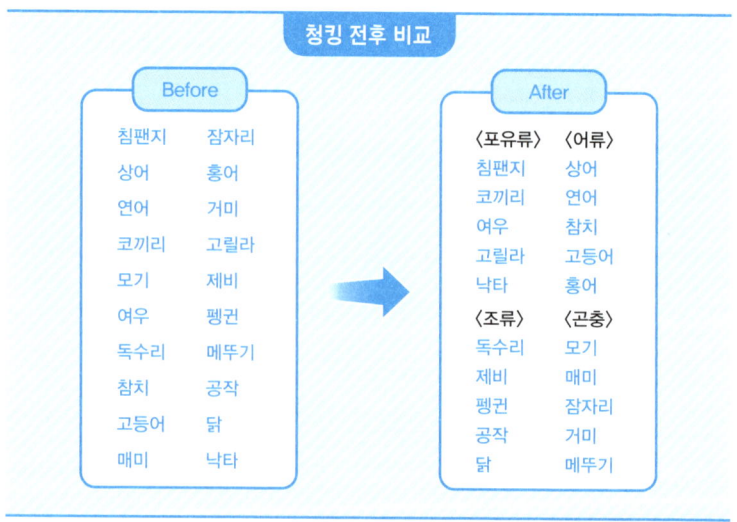

 메시지는 짧고 간결하게!

민선 씨가 고개를 끄덕여 공감을 표시하는 것을 보고 그는 또 다른 슬라이드로 화면을 전환했다.

변경 전	말의 여백 효과 • 교육생들에게 강사가 다음에 말할 메시지가 중요하다는 것을 암시하여 주의집중력을 강화시킨다. • 말을 끊어서 하면 문장이 간결해지고 이를 통해 메시지 전달력도 향상된다. • 교육생에게는 강사의 말을 재해석하여 자신이 기억하고 있는 사전지식과 연계하여 새롭게 기억체계를 만들 수 있는 시간이 필요하다. 말을 잠깐 멈추는 시간을 여기에 활용할 수 있다.

"지금 보시는 강의 슬라이드는 텍스트로 가득 차 있습니다. 이런 슬라이드를 보고 있으면 교육생들의 머리 속에는 어떤 현상이 발생할까요? 감각입력 채널의 측면에서 살펴보죠.

우리들은 시각, 청각, 촉각, 미각, 후각과 같은 감각 중에 어떤 감각이 가장 발달했을까요? 시각입니다. 뇌과학적으로 보더라도 우리 뇌의 대뇌피질 중 50%가 시각피질이고, 정보의 90%가 시각과 관련되어 있다고 합니다. 이 말은 우리는 시각으로 정보를 처리하는 것이 능숙할 뿐만 아니라 다른 감각 사용보다 우선시한다는 것을 의미하죠.

시각을 우선하는 뇌의 특성에 따라 교육생들은 슬라이드를 보면 먼저 텍스트를 읽습니다. 거의 무의식적으로 자동화된 반응이지요. 이때 사용하는 감각입력 채널은 시각 채널입니다. 그러는 동안 강사의 말이 귀에 들어옵니다. 이렇게 되면 교육생들의 뇌 속에서는 시각 채널 외에 청각채널도 동시에 가동하게 됩니다.

그런데 여기서 문제가 발생합니다. 강사가 슬라이드의 상단을 이야기할 때 교육생들의 눈은 이미 아래쪽을 읽게 된다는 것이지요. 정보를 처리하는 속도는 청각보다 시각이 훨씬 빠릅니다. 강사가 말하는 지점과 교육생이 실제 읽고 있는 지점이 일치하지 않게 되는 것입니다.

그로 인해 시각정보와 청각정보 간에 간섭이 생기게 됩니다. 이것을 해소하려면 의식적으로 작업기억을 사용해야 하지요. 그러면 가뜩이나 부족한 작업기억 용량이 더 줄어들어 쉽게 부하가 됩니다. 지난주에 말씀드린 인지부하 말이죠. 그렇다면 이러한 간섭이 일어나지 않게 하려면 어떻게 해야 할까요?"

변경 후	말의 여백 효과 • 주의 집중 강화 • 전달력 향상 • 새로운 기억 체계 형성

그는 '변경 후'라고 적힌 슬라이드로 화면을 전환했다.

"이것 역시 '짧고 간결하게' 입니다. 슬라이드를 가능한 단순화시켜야 한다는 것이죠. 텍스트들은 키워드 중심으로 간략하게 기술하세요. 이렇게 해야 교육생들이 받아들이는 시각과 청각의 정보가 일치하게 되어, 인지적으로 불필요한 간섭이 생기지 않게 됩니다."

그는 잠시 말을 멈추고 보드에 빈 사각형을 그렸다.

"여기 빈 슬라이드(#1)가 있습니다. 여기에 '나무'라는 메시지를 강조하고 싶다면 어떻게 해야 할까요? 나무만 그려야 하지 않을까요?(#2) 그런데 슬라이드에 나무 이외의 다른 것들, 예를 들어 꽃, 구름, 도로 등을 함께 그리면 어떻게 될까요?(#3) 나무의 모습은 상대적으로 눈에 잘 띄지 않게 됩니다. 다른 것들에 가려 나무라는 메시지는 약해져 버린 것이지요. 그래서 강조해야 할 메시지가 있다면 그것을 제외한 나머지는 모두 버려야 합니다. 사실 말처럼 쉬운 일은 아닙니다만…."

그는 고개를 돌려 강의장에 걸려있는 어린왕자 그림을 쳐다보았다.

 완벽으로 가는 길

"두 분은 생텍쥐페리의 소설 《어린왕자》를 좋아하시나요? 제 둘째 딸은 이 소설을 얼마나 좋아하는지 내용을 달달 외우고 다닐 정도입니다. 생텍쥐페리는 '완벽함'을 이렇게 정의했다고 합니다.

'완벽함이란 더 이상 보탤 것이 없는 상태가 아니다. 더 이상 뺄 것이 없는 상태이다'

그렇습니다. 완벽하다는 것은 메시지가 가장 짧고 간결하게 기술되어 더 이상 줄일 수 없는 상태를 의미합니다. 그리고 완벽함에 이르렀을 때 메시지 전달 효과는 극대화됩니다. 물론 쉽지 않은 길입니다. 중요하지 않은 것은 과감하게 버리는 용기가 필요하지요. 힘든 길이지만 완벽을 추구해 보세요. 분명 투자한 시간과 노력 이상의 가치를 가져다 줄 것입니다."

"짧고 간결하게, 그리고 완벽함…."

신입사원 시절 멘토 역할을 해주셨던 과장님이 생각났다. 그는 '보고의 신'이라 불릴 정도로 보고나 발표는 타의 추종을 불허할 정도로 탁월하였다.

어느 날이었다. 그는 보고서 작성에 낑낑대며 힘들어 하고 있던 나에게 다가왔다. 그리고 '완벽한 보고서 작성은 더하기가 아니라 빼기로 해야한다'는 말을 툭 던졌다. 처음에는 그 말이 무슨 뜻인지 몰랐다. 하지만 보고서 작성 경험이 쌓이면서 그 말이 가슴에 와닿았다.

보고서는 보고 받는 사람들의 주의력을 쓸데없이 낭비하지 않게 하는 것이 중요했다. 수시로 다양한 의사결정을 해야 하는 그들에게 주의력은 대체불가능한 귀중한 인지적 자원이었다. 이런 사실을 깨달은 후, 난 그들의 입장에서 보고서를 작성하기 시작했다.

그들의 주의력이 반드시 필요한 자료들을 우선적으로 보고서에 활용했다. 나머지들은 시간과 노력을 많이 투입했어도 과감하게 줄이거나 제거했다. 결과는 만족스러웠다. 좋은 보고서도 결국 빼기에 달려 있었다. 이것이 보고의 완벽함을 추구하여 보고의 신이라 불리던 과장님의 비법이었다.

"메시지 전달을 '짧고, 간결하게' 하라는 원칙은 강사가 말할 때뿐만 아니라, 강의 슬라이드를 작성할 때도 동일하게 적용됩니다. 그런데 실제 사내강사들의 강의 슬라이드를 보면 텍스트로 빽빽이 채워진 경우가 많습니다. 이유가 뭘까요? 분명히 텍스트가 적으면 적을수록 메시지 전달 효과는 높아지는 데 말이죠."

"그건 사내강사들의 경우는 강의가 주업무가 아니니, 자신의 강의교안을 간결하고 깔끔하게 작성할 시간이 부족해서가 아닐까요?"

민선 씨의 말에 동감한다. 사내강사들을 대상으로 조사할 때마다 늘 나오는 그들의 고민 중 하나이다.

"물론 사내강사들이 강의 슬라이드 작성에 많은 시간을 투입하는 것이 현실적으로는 쉽지 않겠지요. 저도 잘 알고 있습니다. 그러나 텍스트로 가득 찬 슬라이드에는 다른 의도가 숨겨져 있는 경우가 많습니다. 강의 슬라이드를 커닝페이퍼로 쓰려는 의도 말이죠. 특히 강의 준비를 충분히 하지 못한 채 허겁지겁 강의를 해야 하는 경우에 자주 사용하는 방법이기도 합니다. 강의 내용에 대한 이해와 자신감이 부족하니 어쩔 수 없이 슬라이드를 보고 읽는 것이죠. 물론 이렇게 해도 강의는 어떻게든 끝낼 수 있습니다. 다만, 교육생들이 아니라 강의 슬라이드하고만 소통하다가는 좋은 강의가 되기는 어렵겠지요."

그의 말에 반박할 수 없었다. 나 역시 예정되어 있던 강사를 대신해 갑작스럽게 강의를 맡은 적이 있었다. 급하게 준비하느라 강의 시작 전까지도 강의할 내용을 충분히 이해하지 못했다. 결국 강의 시간 대부분을 교육생들보다 빔 프로젝터 화면만 바라보며 강의할 수 밖에 없었다. 지금도 그때를 생각하면 아찔하기만 하다.

"상점에 있는 상품으로 비유해보죠. 상점의 상품은 누구를 위한 것일까요?"

"고객입니다."

민선 씨와 내가 동시에 대답했다.

"그런데 점원이 고객을 보지 않고 상품만 쳐다보며 설명한다면 어떻게 될까요? 고객이 그 점원이나 상품을 신뢰하기 어려울 것입니다. 교육생들도 자신보다 슬라이드와 훨씬 더 자주 눈을 마주치는 강사와 강의 내용을 신뢰할 가능성은 낮습니다. 슬라이드는 강사가 아니라 교육생들을 위해 존재한다는 것을 잊지 마시기 바랍니다."

강의를 할 때나 슬라이드를 작성할 때 짧고 간결하게 해야 할 이유는 명확히 이해되었다. 그런데 다음 주 강의를 해야 하는 윤차장님에게 지금 당장 도움이 되는 팁은 없을까?

"제가 한 것처럼 한 문장으로 요약해서 말하는 연습이 짧고 간결하게 말하는 데 도움이 될 것 같습니다. 그런데 다음 주에 강의하는 분이 당장 활용할 수 있는 팁 같은 것은 없을까요?"

내 말의 의미를 짐작한 듯 살짝 웃으며 말했다.

"요령이 있습니다. 접속사 사용을 의도적으로 최소화해 보세요. 문장을 ~고, ~나, ~데 같은 접속사로 이어나가지 말고 가능한 단문으로 끝내는 것이죠. 예를 들어, '오늘 제가 정보를 전달하는 것뿐만 아니고 서로의 생각을 공유하고 확장시키는 기회이기도 한데…' 이렇게 말을 이어나가지 말고 '강의란 정보를 전달하는 것뿐만이 아닙니다. (잠시 멈추고) 서로의 생각을 공유하고 확장시키는 기회입니다'와 같이 문장을 끊어서 말하는 것입니다. 이렇게 접속사 사용을 줄이면 문장이 간결해지게 되지요. 교육생들이 처리해야 할 작업기억의 양이 자연스럽게 줄어들어 메시지 전달력이 올라갑니다."

접속사 사용을 줄여라! 이 방법은 강의 때뿐만 아니라 보고하거나 대화할 때도 유용한 팁인 것 같다. 팀원들과도 이 내용을 공유해야겠다!

 **두려움을 극복하려면**

"자, 그러면 '사람들은 프레젠테이션을 왜 두려워할까?'라는 질문에 대한 두 분의 생각을 들어볼까요?"

"실수하면 창피를 당할지 모른다는 생각을 너무 많이 하기 때문이 아닐까요?"

"제 경우에는 청중들의 모든 눈이 저에게 집중되는 것이 부담스러워서 그런 것 같습니다."

민선 씨와 내가 순서대로 자신들의 경험을 되새기며 말했다. 그는 우리 얘기가 끝나자 내 앞으로 걸어왔다. 그리고 테이블 한 귀퉁이를 살짝 잡으며 말을 건넸다.

"과장님, 혹시 군대 다녀오셨나요?"

갑자기 웬 군대? 의도가 궁금했지만 일단 대답부터 했다.

"예, 병장으로 만기 제대했습니다."

"그럼 좀 오래 된 일이지만 훈련소에 들어갈 때 두렵지 않으셨나요?"

"물론입니다. 아직도 논산 훈련소에 입대할 때의 일들이 생생히 기억납니다. 연병장에서 부모님과 작별인사를 하고 조교들 앞에 섰을 때 느꼈던 두려움은 지금도 잊을 수 없습니다. 그땐 모든 것이 낯설었고 힘들었거든요."

"예, 저도 충분히 공감합니다. 그러면 제대를 앞둔 말년 병장 때는 어땠나요? 그때도 두려우셨나요?

내무반에서 빈둥거리며 제대 날짜만 세던 그 시절이 머릿속에 스크린처럼 펼쳐졌다.

"아닙니다. 빨리 제대하고 싶긴 했지만 군대에서 지내는 것 자체는 두렵지 않았습니다."

"그렇다면 그때는 무엇이 두려우셨나요?"

"사회로 복귀하는 것에 대한 두려움이 있었습니다. 모든 것을 다시 어떻게 시작해야 하는지 막막했거든요."

"민선 씨, 과장님 말씀에 혹시 뭔가 흥미로운 점이 있지 않나요?"

"예, 입대할 때는 그곳에서의 생활이 두렵다고 하셨는데, 제대를 앞두고는 사회에 복귀하는 것이 두렵다고 하시네요. 두려움의 대상이 바뀐 것 같습니다."

"잘 보셨습니다. 그렇다면 처음에 두려웠던 군대 생활이 나중에는 왜 두렵지 않게 되었을까요?"

"그건 군대 생활이 익숙해졌기 때문입니다."

그는 내 대답에 큰 미소를 지으며 고개를 끄덕였다.

"바로 그것입니다. 우리는 익숙하지 않은 것, 다시 말해 낯선 것에는 본능적으로 두려움을 느낍니다. 진화심리학에서는 이러한 습성이 원시시대 인간의 생존방식에서 비롯되었다고 설명합니다. 그 당시 우리 조상들은 생태계 먹이사슬에서 약자였습니다. 그래서 익숙하지 않은 환경이나 낯선 존재를 만났을 때는 두려움을 느끼고 일단 피했습니다. 생존이 달린 문제였기 때문입니다. 어두운 숲 속을 지나갈 때 낯선 소리를 들었다고 가정해 보죠. 이때 아무 두려움 없이 그 소리에 다가간 조상들은 어떻게 되었을까요? 만약 그 소리가 나무에서 열매가 떨어지는 소리였다면 그냥 한번 웃고 말았겠지요. 그러나 만에 하나라도 그 소리의 주인이 맹수였다면 어떨까요? 소리의 주인을 확인한 사람들은 생존하기 힘들었을 것입니다. 두려움이 찰나에 생존을 결정한 것이죠. 이런 과정이 수없이 반복되면서 낯선 것들에 대한 두려움이 우리의 무의식 속에 자리잡게 된 것입니다.

과장님의 군대 경험도 같은 원리입니다. 처음에는 군대의 낯선 환경이 과장님을 두렵게 만들었겠지요. 하지만 시간이 지나 새로운 환경에 익숙해지고 난 후부터는 두려움도 사라졌습니다. 반면에 제대를 앞두고는 사회가 자신에게 낯선 곳이 되었습니다. 두려움의 대상이 바뀐 것이죠."

그는 천천히 그렇지만 또렷이 말 하나 하나에 액센트를 주며 말하기 시작했다.

"우리가 프레젠테이션을 두려워하는 이유도 같습니다. 익숙하지 않기 때문입니다. 혹시 평소 회의를 할 때 팀원들과 1미터 정도 떨어져, 혼자만 자리에서 일어난 상태로 일일이 눈을 마주치며 말씀하시는 분 계신가요? 어쩌다 가끔이 아니라 글자 그대로 '평소'에 말입니다."

영화도 아닌데 실제로 그렇게 말하는 사람이 어디 있겠어? 피식 웃음이 나왔다.

"아마도 평상시에 그렇게 하다가는 이상한 사람으로 취급당할 겁니다. 이처럼 평소에는 거의 하지 않는 행동이기 때문에 프리젠테이션이 항상 낯설게 느껴지는 것입니다. 그 낯설음이 프레젠테이션을 두렵게 만드는 이유이자 원인입니다.

이렇게 원인이 분명해졌다면 해답은 간단합니다. 두려움을 극복하는 방법은 낯설지 않게, 다시 말해 '익숙해지는 것'입니다. 가능한 프레젠테이션과 비슷한 환경에서 반복적으로 연습하는 것이 답입니다. 좀 더 효과적으로 연습하고 싶다면 지난번 말씀드린 시행착오 학습법을 적극 활용해 보세요. 불완전하더라도 일단 먼저 시도하고, 드러난 실수를 피드백하고, 그 결과를 가지고 다시 시도해 보는 겁니다."

그는 가방에서 종이를 꺼내 우리에게 나누어주었다.

"독일의 대문호이자 철학자인 괴테의 고소 공포증 치료과정을 적은 글입니다. 저는 이 책에서 해결책으로 언급한 '노출 요법'도 본질적으로는 시행착오 학습법과 같다고 생각합니다.

> (중략) … 공황 발작 치료에 가장 효과가 좋은 방법은 이른바 노출 요법이다. 불안에 몸을 내맡기는 것이다. 일부러 자기가 두려워하는 상황에서 처음에는 치료사와 함께, 나중에는 혼자 처해 보면서, 이를 통해 불안을 배우고 또 잊는 것이다. 노출 요법에 대한 최초의 보고서 중 하나는 요한 볼프강 폰 괴테가 썼다. 괴테는 당시 세계에서 가장 높은 교회 탑이었던 스트라스부르 노트르담 대성당 꼭대기에 반복해서 올라감으로써 고소 공포증을 치료했다.[15]
>
> – 브레인 오딧세이 중에서 –

 ## 콜브의 경험학습 vs. 시행착오학습

그의 말이 끝나자 민선 씨가 기다렸다는 듯이 말을 꺼냈다.

"그런데 대표님, 시행착오 학습과 콜브David A. Kolb의 경험학습이론[16]과의 관계는 어떤가요? 시행착오학습이라는 것도 결국은 경험을 중심으로 한다는 점에서는 서로 비슷한 것 같아요."

요즈음 HRD 공부에 푹 빠져 있다더니 경험학습이론까지 꺼낼 줄이야.

그는 노트북을 잠시 뒤적거린 후 스크린에 둘의 관계를 보여주는 슬라이드를 띄웠다.

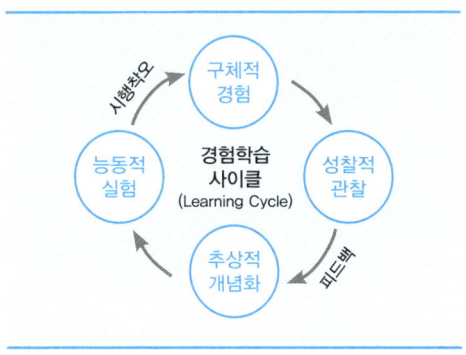

"예, 딱 맞아 떨어지는 것은 아니지만 비슷합니다. 실험과 경험을 통해 구체적으로 자극을 받는 것은 시행착오학습의 '시행착오'로, 결과에 대해 성찰과 반성을 해보는 것은 '피드백'이라 할 수 있지요. 또한 뇌과학기반 학습전문가인 제임스 줄James E. Zul 교수에 의하면 콜브의 경험학습은 우리 뇌가 외부 자극을 학습하는 과정과 유사하다고 합니다.[17] 외부 세계의 정보를 자신만의 것으로 해석하고 수용하는 과정 자체가 경험학습 프로세스라는 것이지요."

민선 씨는 연신 고개를 끄덕였다. 그의 말에 점점 더 몰입되어

가는 것 같다.

"결국 시행착오학습이나 콜브의 경험학습이 전하는 메시지는 '경험이 학습사이클 learning cycle의 시작'이라는 것입니다. 이러한 경험과 학습사이클이 반복되면 낯선 것들에 익숙해지고 두려움을 극복할 수 있는 것이죠. 그래서 강의나 프레젠테이션에 대한 두려움을 이겨내려면 많은 경험을 통해 익숙해지는 것이 가장 중요합니다."

오늘의 강의 코칭은 '짧고 간결하게'와 '경험' 두 가지로 정리되는 것 같다. 그런데 오늘은 과제가 없나? 있으면 부담스럽고 없으면 허전하고.

"강의할 대상은 누구일까요? 신입사원, 팀장, 임원, 영업사원, 엔지니어 등 다양합니다. 수없이 많아 특정하기 어려울 정도로 말이죠. 그렇지만 공통점도 있습니다. 모두가 인간이라는 것이지요. '지피지기(知彼知己)면 백전불패(百戰不敗)'라 합니다. 그런 의미에서 좋은 강의를 위해서는 인간이 어떤 존재인지 이해할 필요가 있습니다. 두 분은 인간은 어떤 동물이라 생각하시나요? 조금 철학적으로 들릴 수도 있습니다. 하지만 좋은 강의를 위해서는 생각할 가치가 있는 질문입니다.

이 질문에 대한 두 분의 생각은 다음 주에 공유하도록 하죠. 경험학습으로 보면 이렇게 질문을 받는 것이 '구체적 경험'에 해당합니다. 그 다음에는 어떤 과정을 밟아야 할까요? 맞습니다. '성찰적 관찰'이지요. 두 분도 질문에 대해 신중히 숙고해 보세요. 그럼 다음 주에 뵙겠습니다."

그럼 그렇지. 오늘도 어김없이 숙제를 주시는구나. 그런데 인간은 무슨 동물이지? 사회적 동물 아닌가? 이런 뻔한 대답을 바라는 것은 아닌 것 같은데. 그럼 도구의 동물? 언어의 동물? 이런 저런 생각을 하며 강의장 문을 나서는 데 마침 옆 강의장에서 윤 차장님이 강의를 준비하는 모습이 눈에 들어왔다. 어서 가서 오늘 배운 내용을 전달해 드려야지. 좋아하실 것 같다!

🔒 **전문가의 비밀 노트 2**

상호작용 도구로 화이트보드 활용하기

Q: 얼마 전 회사에서 사내강사로 임명되었습니다. 말 주변도 없지만 가장 큰 걱정은 파워포인트로 교안을 작성하는 것입니다. 어떻게 하면 좋을까요?

사내강사들이 강의 교안을 작성하는 경우는 두 가지입니다. 하나는 교육부서나 전임자가 만든 교안에 강사 소개나 일부 내용만 보완해서 작성하는 경우와, 또 하나는 처음부터 본인이 작성하는 경우입니다. 파워포인트에 익숙하지 못한 강사들은 후자의 경우를 더 어려워하지요. 이런 분들에게 어떤 방법이 도움이 될까요?

강의 코칭을 할 때 이런 분들을 만나면, 이렇게 말씀드립니다. "파워포인트를 포기하세요." 그러면 대부분은 어리둥절하면서 반문합니다. "그럼 강의를 어떻게 하죠?"

분명하게 짚고 넘어가야 할 것이 있습니다. 강의는 반드시 파워포인트로 작성된 교안으로 해야 할까요? 아닙니다. 파워포인트는 단지 강의를 효과적으로 지원하는 도구일 뿐입니다. 그런데 도구 사용에 가장 효과적인 환경은 도구마다 다른 법입니다. 망치는 못을 박을 때 효과적이고, 가위는 종이를 자를 때 좋은 도구인 것처럼 말이죠.

파워포인트는 깨끗한 글씨체, 선명한 그림, 시선을 사로잡는 애니메이션 등 시각적 전달력을 높이는 데 최적화된 디지털 도구입니다. 반면에 교육생들과 상호작용하는 데에는 그다지 도움되지 않습니다. 예를 들어 강의 중에 교육생의 질문을 반영하여 파워포인트를 만든다고 생각해보세요. 대체적으로 쉽지 않습니다. 요즈음 많이 활용하는 디지털 펜으로 입력하는 경우를 제외하면 말이죠.

눈을 돌려보세요. 다행히 강의장에는 파워포인트를 대체할 수 있는 멋진 도구가 있습니다. 화이트보드이지요. 많은 사람들이 이것의 장점을 간과하고 있는 것 같습니다.

화이트보드는 한 가지 분명한 장점이 있습니다. 아날로그의 '즉시성'이지요. 교육생들과 소통한 결과를 즉각 반영하여 보여줄 수 있다는 의미로 말이죠. 이 부분은 파워포인트가 아직은 따라올 수 없습니다. 파워포인트 작성이 익숙하지 않거나 교육생들과 상호작용 수준을 더욱 높이고 싶다면 화이트보드를 꼭 사용해보세요. 기대 이상의 효과를 얻게 되실 겁니다. 장담하지요.

화이트보드 사용의 장점에 대해서는 사이먼 모턴의 〈프레젠테이션 랩〉을 참고하세요.

감정에서
강의가 시작된다

 인간은 이성의 동물일까?

  아침부터 집안이 조금 시끄러웠다. 요즈음 부쩍 외모에 관심이 많아진 큰딸아이가 아내와 옷차림을 가지고 실랑이를 벌였다. 아내는 감기에 걸린다며 좀 더 두꺼운 옷을 입으라고 했다. 하지만 아이는 엄마 말은 건성으로 듣고 얇은 옷들만 계속 뒤적거렸다. 그 모습에 아내는 짜증을 냈고 아이도 신경질적으로 맞대응하면서 서로 언성이 높아졌다.

  별 일도 아닌 것 같은데 왜 저렇게 서로 목소리를 높이며 짜증을 내는 걸까? 혹시 인간은 짜증의 동물인가? 한 주 동안 아무리 생각해도 마음에 드는 답이 떠오르지 않았다. 오답이라도 일단 말하고 부딪치는 게 시행착오학습의 시작이니 무엇이라도 대답은 해야겠는데….

오늘은 약속시간보다 조금 일찍 사무실을 나섰다. 강의장에는 창문 틈새로 스며드는 벚꽃 내음이 가득했다. 콧노래가 절로 나왔다.

"과장님의 콧노래를 들으니 정말 봄이 오긴 온 것 같네요."

돌아보니 그가 내 등 뒤에서 활짝 웃고 있었다. 봄 향기에 취해 다가온 줄도 몰랐다. 지난 주의 질문과 함께 강의 코칭이 시작되었다.

"한 주 동안 '인간'에 대해 생각해보셨나요?"

"틈날 때마다 생각하긴 했습니다. 그런데도 아직 마음에 드는 답은 찾지 못했습니다."

"그럼 좀 더 쉽게 대답하실 수 있게 질문의 형식을 바꾸어보죠. '인간은 ○○의 동물이다' 이 동그라미 안에 어떤 단어가 들어갈 수 있을까요?"

"혹시 아리스토텔레스가 말한 '인간은 사회적 동물이다'가 답이 아닐까요? 인간이란 다른 사람과의 관계 속에서만 존재하므로, 강사도 자신의 존재가치를 높이려면 교육생과 끊임없는 관계 형성이 중요하다는 의미에서 말이죠."

사회적 동물이란 말은 장기기억에 각인되어 있는 것이라 쉽게 끄집어 낼 수 있었다. 막상 말하고 보니 그럴 듯 한 것 같기도 했다.

민선 씨의 생각도 궁금했다. 민선 씨는 오는 도중 팀장님의 호출을 받고 사무실로 돌아간 뒤 아직 도착하지 않았다.

"사회적 동물이라는 인간의 특성을 그렇게 강사의 존재가치와 연결할 수도 있겠네요. 하지만 이번에 제가 원하는 답은 아닙니다. 힌트로 드린 동그라미도 2개이고요. 정답은 두 글자라는 것이지요."

이때 민선 씨가 숨을 가쁘게 내쉬며 들어왔다. 손에는《방법서설》이라고 쓰여진 책을 들고 있었다. 무슨 책이지?

"죄송합니다. 조금 늦었습니다."

"어서 오세요. '인간은 어떤 동물인가'에 대한 과장님의 생각을 듣고 있었습니다. 과장님은 사회적 동물이라 하셨는데 민선 씨 생각은 어떤가요?"

민선 씨는 머뭇거리지 않고 빠르게 대답했다.

"이성(理性)이라 생각합니다. 데카르트는 인간을 다른 동물이나 기계와 구별하는 기준으로 이성을 강조합니다. 이 책에서 그는 이성이 있어서 인간은 언어를 사용하고 환경변화에 적절히 대처하게 되었다고 하네요."

그녀는 책을 손에 쥔 채로 자신감 가득한 목소리로 말했다. 한 주 동안 고전 철학서까지 참조하며 생각을 많이 한 것 같다. 역시 우등생다웠다.

"역시 민선 씨군요. 인간이 다른 동물과 구분되는 중요한 속성으로서 이성을 가지고 있다는 것은 누구도 부인할 수 없겠죠. 그런데 행동기준에서는 달리 말할 수 있습니다. 다시 말해 우리가 외부 자극에 대해 판단하고 행동할 때 주로 사용하는 기준은 무엇일까요? '이성'일까요, 아니면 '감정'일까요?"

평소 생각해 보지 않았던 재미있는 질문이었다. 전두엽의 도움을 받아 아침부터 지금까지 내가 한 행동들을 곰곰이 되새김해보았다. 이성을 사용하여 의식적으로 행동한 것들이 생각보다 많이 회상되지 않았다. 그렇다면 대부분 무의식적으로 행동했다는 말인데….

 ## 삼위일체의 뇌와 변연계

그는 대답을 기다리면서 뇌 그림을 화면에 띄웠다.

"이것은 1960년대 미국의 뇌과학자 폴 맥클린Paul D. Maclean이 제시한 삼위일체의 뇌triune brain를 나타내는 그림입니다. 그의 이론에 따르면 인간의 뇌는 진화 과

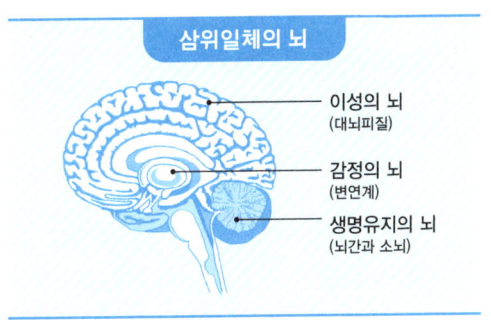

정에서 서로 다른 세 가지 종류의 뇌가 순서대로 형성되었고, 각각의 부위는 명확하게 구분된다고 합니다.

여기서 세 가지 뇌란 뇌간과 소뇌의 영역인 '생명유지의 뇌', 시상, 해마, 편도체가 포함된 변연계 영역의 '감정의 뇌' 그리고 마지막으로는 대뇌 피질 영역의 '이성의 뇌'를 말합니다.

이 세 가지 뇌의 개념은 지금도 많은 뇌과학자들의 지지를 받고 있습니다. 그런데 뇌과학자들은 세 가지 뇌가 맡고 있는 기능들

을 연구하다가 흥미로운 현상 하나를 발견했습니다. 행동을 결정할 때는 대뇌피질의 이성보다 변연계의 감정 기능을 사용하는 경우가 대부분이라는 것입니다. 이성을 사용하여 행동을 결정하는 것은 아주 제한적이라는 말이죠. 그렇다면 행동을 할 때 이성보다 감정을 주로 활용하는 이유는 무엇일까요? 그 이유는 뇌의 작동원리로 설명할 수 있습니다. 기억하시나요? 에너지를 많이 소비하는 뇌는 한정된 에너지를 어떻게 사용한다고 말씀드렸나요?"

"효율적으로요."

민선 씨가 대답하는 동안 코칭 노트를 찾아보았다. '뇌는 에너지를 효율적으로 사용 → 인지적 구두쇠 cognitive miser'라고 적은 메모가 눈에 들어왔다. 그래, 우리 뇌는 인지적 구두쇠라는 소리를 들을 만큼 에너지를 최대한 아끼려 한다고 했지.

그는 화이트보드에 뇌 그림 하나를 크게 그렸다.

"그렇습니다. 행동을 감정의 뇌 영역에서 주로 처리하는 이유 역시 같습니다. 뇌의 에너지 효율성 추구 원리 때문이죠. 이성을 사용한다는 것은 대상을 의식적으로 생각한다는 것입니다. 그렇다면 뇌의 영역 중 의식적인 생각을 만드는 곳은 어디일까요? 이마 주변에 있는 전두엽입니다. 의식이란 전두엽에서 행하는 구체적 활동, 즉 작업기억을 뜻합니다.[18] 물론 작업기억이 작동하지 않는 의식상태도 있지만, 여기서는 제외하겠습니다. 뇌과학자들도 '의식이 구체적으로 무엇이냐' 물었을 때 '작업기억'이라 해도 크게 틀리지 않는다고 말합니다.[19]

우리 뇌에서 외부 세계에서 받아들인 감각 정보들이 통합되는 곳은 측두엽 안쪽에 있는 다중감각 연합 영역(MA: multisensory association area)입니다. MA에 모인 정보는 두 개의 경로 중 하나로 처리됩니다.

정보들을 의식적으로 처리한다는 것은 MA에 모인

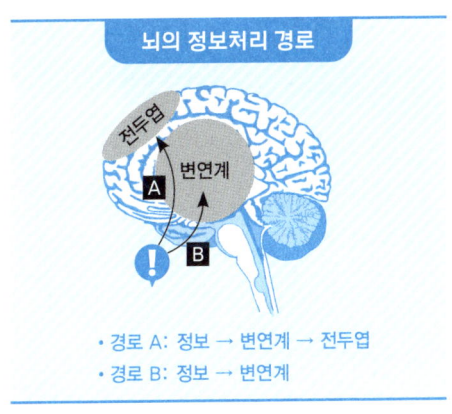

정보들을 변연계를 걸쳐 전두엽으로 이동시킨다는 의미입니다. 작업기억이 있는 곳이 그곳이니까요. 이것이 뇌과학에서 말하는 이성적으로 판단한다는 것의 메커니즘이지요. 그림의 경로 A입니다. 정보를 전두엽까지 보내지 않고 변연계에서 처리하는 경로가 경로 B입니다.

하나는 짧고 다른 하나는 상대적으로 긴 경로입니다. 그렇지만 두 가지 모두 '이동' 경로라는 것은 분명합니다. 신경세포 안에서 이동은 활동전위action potential라는 전기적 신호로 합니다. 반면에 신경세포 간에는 도파민, 아세틸콜린, 아드레날린 같은 신경전달물질로 이동하지요. 그런데 전기적 신호이든 신경전달물질이든, '이동'하기 위해서 반드시 필요한 것이 있습니다. 그것이 무엇일까요?"

"에너지입니다."

거의 무의식적으로 대답이 나왔다.

"그렇습니다. 에너지가 필요하죠. 그리고 뇌의 작동원리 중 하나는 에너지를 효율적으로 사용하는 것이지요. 따라서 뇌는 주의할 필요가 없는 정보까지 대뇌피질 특히, 전두엽으로 이동시켜 의식적으로 처리하지 않습니다. 에너지를 낭비하지 않으려는 것이지요. 그래서 주의할 필요가 없는 정보는 변연계라는 감정의 뇌에서 무의식적으로 처리합니다. 측두엽과 가까이 있어 이동에 필요한 에너지의 소모가 적으니까요. 우리가 의식적으로 하는 행동의 비율은 어느 정도일까요? 연구에 따르면 그 비율은 굉장히 낮다고 합니다. 여기서 의식적이라는 말은 이성적이란 말과 같다고 봐도 무방합니다."

이성적으로 판단하고 행동하는 비율이라. 오늘만 하더라도 머리를 많이 사용한 것 같은데.

"그래도 한 20% 정도는 되지 않을까요?"

"요즈음 과장님께서 생각이 많으신 것 같군요. 아닙니다. 그보다 훨씬 낮은 수치입니다. 하버드대 제럴드 잘트만 Gerald Zaltman 석좌교수는 행동을 할 때 95%는 무의식적으로 결정한다고 합니다.[20] 의식적으로 행동을 결정하는 비율은 단 5%에 불과하단 말이죠.

이 말은 인간의 행동 대부분은 무의식적으로 습관화된 반응에 불과하다는 의미입니다. 걸을 때 자신의 팔 다리를 의식하면서 걸으시나요? 글을 쓸 때 자신의 손을 의식하면서 글을 쓰나요? 특별히 주의가 필요한 경우가 아니라면 대부분 무의식적으로 행동하실 겁니다. 그런데 무의식적인 행동을 결정하는 변연계는 감정의 뇌이기도 합니다. 따라서 우리의 행동이 감정의 울타리를 벗어나긴 매우 힘듭니다. 인간은 감정에서 자유로울 수 없는 존재이지요. 이제 지난주 질문에 대한 답을 짐작하시나요? 행동의 기준이라는 측면에서 인간은 무슨 동물일까요?"

"감정의 동물이군요. 그리고 강사나 우리들은 인간이고요…."

민선 씨가 무엇인가를 깨달았는지 얼굴이 조금 빨갛게 상기된 채 말했다.

"그렇습니다. 강의의 대상은 인간입니다. 그리고 감정의 동물인 인간은 이성보다 감정의 영향을 더 많이 받는 존재입니다. 그러므로 좋은 강사들은 교육생들에게 이성적 설득보다 감정적 공감대, 즉 라포rapport를 먼저 형성하려고 합니다. 라포란 프랑스어로 '다리를 놓는다'라는 뜻입니다. 상대와 자신의 마음에 마치 다리가 놓인 것처럼 서로 신뢰하는 감정 상태를 말하지요. 라포 형성이 강의에 미치는 영향은 매우 큽니다. 강의 내용이 아무리 좋더라도 강사를 신뢰하지 못한다면 강의 효과는 반감되기 때문입니다."

"그래서 교육생들은 강사의 말을 받아들이기 전에 강사를 먼저 받아 들인다는 것이군요."

"그렇습니다. 강의에서는 '무엇'보다 '누가' 전달하느냐가 훨씬 중요합니다. 과장님 말씀처럼 교육생들은 강사를 먼저 감정적으로 받아들인 뒤 강사가 전달하는 내용을 받아들입니다. 우리는 어떤 대상의 객관적 실재를 보기 전에 주관적 판단을 먼저 하기 때문입니다. 그리고 주관적 판단은 그 정의에 이미 내포되어 있듯이 이성이 아닌 감정에 기반을 두고 있지요."

 **초두효과와 인지부조화**

"판단을 할 때 감정이 먼저라는 것에 대해 조금 더 알아보죠. A교수님을 소개하겠습니다. 이 분은 교육계에서는 아주 유명하신 분입니다. 특히 교육 윤리와 철학 분야의 세계적 권위자이시죠. 관련 논문은 물론 책도 여러 권 내셨습니다. 어려운 사람들을 위한 봉사활동도 꾸준히 하시죠. 선후배와 학생들에게 많은 존경과 사랑을 받고 계시는 분입니다."

그는 잠시 말을 멈추고 우리 눈을 쳐다보았다.

"그런데 어느 날 우연히 A교수님이 어느 여학생을 성희롱하는 듯한 모습을 보았다고 가정해보죠. 두 분은 어떤 생각이 들까요? 교수님에게 어떤 이유가 있을 것 같다고 생각할까요, 아니면 나쁜 짓이니 학교나 경찰에 신고해야겠다는 생각이 들까요?"

"이유가 있을 것 같은데요."

교육 윤리와 철학의 대가이고 마음도 따뜻하신 분 같은데 그럴 만한 이유가 있지 않았을까? 민선 씨도 동의했다.

"두 분 다 교수님에게 어떤 사정이 있을 것 같다고 생각하시네요. 그럼 다른 사례도 얘기해보죠. B라는 대학생이 있습니다. 그는 동료 학생들과 잘 어울리지 못하고 이기적인 사람으로 알려져 있습니다. 평소 수업태도도 아주 불량하고요. 그런데 이번에는 B학생이 동료 여학생을 성희롱하는 듯한 모습을 보았다고 해보죠. 이때 두 분은 어떻게 생각할까요? 이번에는 객관식입니다. 손가락을 들어주세요. 손가락 한 개는 'B학생에게도 이유가 있을 것이다', 두 개는 '역시 나쁜 놈이다. 바로 학교나 경찰에 신고하겠다'는 의미입니다."

'당연히 나쁜 놈이지' 손가락 두 개를 들었다. 이번에도 민선 씨는 나와 같은 생각이었다.

"이상하지 않나요? A와 B 두 사람의 행동은 똑같은데 그 행동에 대한 판단이 전혀 다르다는 게 말이죠. 성희롱으로 볼 수도 있는 행동을 보고, A에게는 그럴만한 이유가 있을지 모른다고 A에게 유리한 판단을 했습니다. 하지만 똑같은 행동을 한 B는 경찰에 신고해야 한다고 하셨죠. B 입장에서 보면 불리한 판단이지요. 이런 현상은 왜 생기는 것일까요?"

"그건…."

"심리학에서 이야기하는 '초두효과 primacy effect' 때문입니다. 처음에 기억된 정보가 나중에 들어오는 정보보다 더 큰 영향력을 발휘하는 효과를 말합니다. 광고나 마케팅에서는 이 효과를 활용하여 제품을 포지셔닝하는 경우가 많습니다. 강의에서는 감정적 판단에 영향을 미치는 첫인상과 관련하여 기억해야 할 효과입니다.

예를 들어 A라는 사람을 다음 두 가지 방식으로 소개받았다고 해보죠.

> ① 열정적이고 의지가 강하지만 고집이 세며 질투심이 많은 사람
> ② 고집이 세고 질투심이 많지만 열정적이며 의지가 강한 사람

이때, 어떤 정보를 먼저 접했는지에 따라 A에 대해 느끼는 감

정, 즉 첫인상은 달라집니다. 이렇게 초두효과는 호감을 결정하는 첫인상의 중요성에 대해 언급할 때 자주 인용됩니다."

"첫인상이 호감에 어떻게 영향을 줄 수 있는지 좀 더 말씀해 주세요. 저 같은 신입 사원에게 도움이 많이 될 것 같습니다."

나도 추가 설명을 부탁했다. 사회 생활을 한다면 누구나 관심을 가질 수 밖에 없는 주제가 아닐까.

"첫인상이 호감에 작용하는 방식을 알기 위해서는 인지부조화 cognitive dissonance라는 말을 먼저 이해할 필요가 있습니다. 인지부조화란 생각과 생각 또는 생각과 행동이 일치되지 않아 심리적으로 불편한 상태를 말합니다. 이 상태에 빠지면 내적 스트레스를 많이 받게 됩니다. 따라서 어떻게든 다시 일치시키려고 하죠. A교수의 사례로 다시 돌아가보죠."

그는 보드에 A교수에 대한 생각의 흐름이라고 적었다.

A교수에 대한 생각의 흐름

시간		생각 1	생각 2	비고
	첫 번째 정보가 들어왔을 때	○	—	
	두 번째 정보가 들어왔을 때	○	X	인지부조화
	최종적인 상태	○	○	인지부조화 해소

"지금부터 A교수에 대한 두 분의 생각이 시간이 지나갈수록 어

떻게 변했는지 살펴보겠습니다. 두 분은 A교수에게 긍정적 첫인상, 즉 호감을 가졌을 가능성이 높습니다. 그런 감정을 갖도록 제가 의도적인 작업을 했거든요. '교육 윤리와 철학의 권위자이다', '선후배에게 존경받고 있다', '봉사활동도 자주 한다' 라는 긍정적인 정보를 계속 제공하면서 말이죠. 그렇게 만들어진 생각의 결과는 A교수에게 유리한 것이니 동그라미(○)로 표시하였습니다. 이것이 첫 번째 정보가 들어온 직후, 두 분의 마음 상태입니다. 이렇게 만들어진 첫인상은 초두효과에 의해 그 이후의 정보에 영향을 줍니다. 확인해 볼까요? 두 번째로 드린 정보는 무엇이었죠?"

"A교수가 여학생에게 성희롱하는 것 같다는 내용이었습니다."

"그렇습니다. A교수에게 부정적인 정보이지요. 두 분은 이 정보를 들은 직후에는 A교수에 대해 부정적인 생각이 들었을 겁니다. '나쁜 사람'이라던가 '경찰에 신고해야지' 같은 생각 말이죠. 그 당시의 마음 상태는 A교수에게 불리한 쪽이니 엑스(X)로 표시하였습니다. 그런데 이때 심리적 문제가 발생합니다. 처음에 들어와 자리잡고 있던 생각(생각 1)과 그 뒤에 들어온 생각(생각 2)이 일치하지 않는 인지부조화 상태가 된 것이죠. 심적 불편함을 느끼는 불안정한 상태입니다. 우리 뇌는 어떻게든 이 불편함을 해소하여 다시 안정된 상태로 돌아가려 하죠.

그럼 어떻게 안정시킬 수 있을까요? 생각들을 일치시켜야 하지요. 그러기 위해서는 처음 생각이든 두 번째 생각이든 둘 중 하나를 바꿔야 합니다. 어떤 생각을 바꿀까요? 초두효과가 작용하여 대부분은 두 번째 생각을 바꿉니다. 두 번째 정보로 생긴 부정적 생각을 처음의 긍정적 생각과 일치시키는 쪽으로 재해석을 하는 거죠. 예를 들어, '나쁜 놈'이라는 부정적 생각은 '이유가 있을 거야'라는 긍정적 생각으로 변하게 됩니다. 그 결과로 생각과 생각이 일치하고 심적 안정감을 다시 얻게 되는 것이지요."

그는 화이트보드 다른 여백에 B학생의 사례를 적어나갔다.

B학생에 대한 생각의 흐름

시간		생각 1	생각 2	비고
↓	첫 번째 정보가 들어왔을 때	X	—	
	두 번째 정보가 들어왔을 때	X	X	인지부조화 없음
	최종적인 상태	X	X	인지부조화 없음

"그런데 B학생의 경우는 어떤가요? A교수와 반대이지요. B학생이 '수업태도도 불량'하고 '이기적'이라는 말을 듣고, 어떤 인상이 만들어졌을까요? 정도의 차이는 있겠지만 그다지 긍정적이진 않았을 것입니다. 첫 번째 정보가 들어왔을 때 두 분의 마음 상태는 엑스(X)로 표시하겠습니다.

그 다음의 정보 역시 성희롱과 관련된 부정적인 것이었죠. 그러므로 이 단계에서도 B학생에 대한 생각은 X로 표시할 수 있습니다. 생각들이 충돌하나요? 아니죠. 처음 생각과 두 번째 생각이 모두 '부정적'이라는 쪽으로 일치하고 있습니다. 인지부조화가 생기지 않았고 재해석을 통해 생각을 바꿀 필요도 없었죠. 그 결과 자연스럽게 '경찰에 신고한다'는 반응이 나온 것입니다. 그것이 생각과 일치되는 행동이니까요.

이제 A교수와 B학생에 대한 두 분의 반응이 왜 달랐는지 이해하셨나요? 상대방에게 느끼는 감정에 따라 그 사람의 행동에 대한 주관적 해석이 달라지기 때문입니다."

흥미로웠다. 나 역시 사람에 따라 반응이 다른 경우가 꽤 많았던 것 같다. 평소 마음에 들지 않은 후배의 잘못에 대해서는 쉽게 짜증을 내지만, 반대로 호감이 있던 후배가 똑같은 잘못을 하면 그냥 별일 아닌 듯 웃어 넘기곤 하지 않았던가.

"그러므로 교육생의 호감을 얻는 것은 강사에게 매우 중요합니다. 빠르면 빠를수록 좋지요. 호감 정도에 따라 교육생들의 반응이 달라지거든요."

그는 갑자기 손에 든 마커펜을 화이트보드로 던졌다. 펜은 짧지만 요란한 소리를 내며 바닥에 나뒹굴었다. 이게 뭐지?

"지금 저의 행동을 어떻게 생각하시나요? 1번, 이유가 있을 것이다. 2번, 이상한 사람이니 피하는 게 좋겠다!"

웃음이 절로 터져 나왔다. 당연히 1번이지. 웃고 나니 기분이 상쾌해지고 집중력이 다시 높아졌다.

"손은 들지 않았지만 1번이었겠죠? 아닌가요? 방금 저의 행동을 통해 강사가 교육생들의 호감을 얻어야 하는 이유를 잘 알 수 있습니다. 강사에게 호감을 느끼면 설령 강사가 실수하더라도 그것을 긍정적으로 해석하기 때문입니다. 인지부조화가 작동하니까요. 물론 그 반대의 경우도 마찬가지입니다. 사실 이 경우가 더 심각합니다. 강사에게 부정적 감정을 가지고 있으면 아무리 좋은 강의 내용도 잘 받아들이지 않습니다. 아무리 올바른 이야기라도 신뢰하지 못하는 사람이 말하면 그 말을 믿지 않는 것처럼 말이죠.

호감(好感)이란 문자 그대로 '좋은 감정'을 말합니다. 좋은 강의를 하고 싶다면 이 '감정'이란 단어를 항상 기억하셔야 합니다. 인간은 감정의 동물이고 교육생도 인간이니까요."

오늘 아침 아내와 아이가 말다툼하던 모습이 떠올랐다. 그리고 이제 아내의 말이 큰 애에게 왜 그다지 효과가 없었는지 이해가 되었다. 이성적으로는 '따뜻한 옷을 입어라'라는 말은 옳은 말이었다. 하지만 엄마에게 감정이 상한 아이는 옳고 그름과 상관없이 그 말을 받아들일 수 없었던 것이다. 역시 감정이 우선이네!

감정에 물들지 않은 기억은 없다

이때 민선 씨가 고개를 갸우뚱거리며 질문을 했다.

"지금까지 뇌과학이나 심리학 관점에서 감정에 대해 말씀하신 것들을 강의에는 어떻게 활용할 수 있을까요?"

그는 빔 프로젝터를 다시 켰다.

"민선 씨 질문에 대한 대답은 슬라이드를 보면서 이야기 하죠.

인간은 누구에게나 '감정의 벽'이 있습니다. 어떤 내용을 전달하고자 한다면 이 벽을 반드시 통과해야 합니다. 그렇지 않고 상

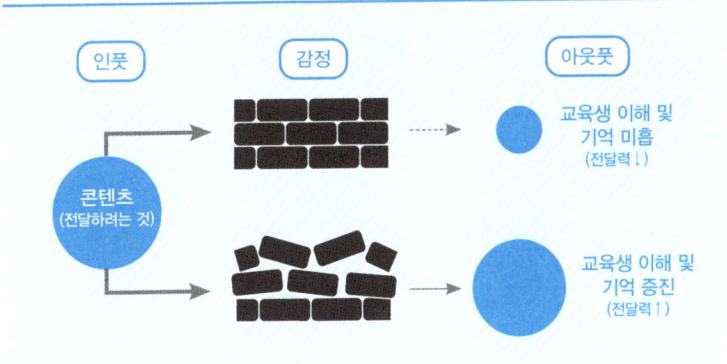

대의 기억 속으로 도달할 수 없습니다.

그런데 교육생들의 마음에 감정의 벽이 있다는 사실을 잊어버리는 강사들이 많습니다. 강의 경험이 많아도 기계적으로만 강의를 했다면 마찬가지죠. 이런 분들의 특징은 급하게 본론으로 바로 들어가려고 합니다. 교육생들의 감정의 벽을 허무는 노력은 하지 않고 준비한 내용을 전달하는 데만 주력하지요.

그런데 감정의 벽이 굳게 닫혀 있다면 전달효과는 낮아집니다. 흘러가는 강물을 댐이 막고 있는 것과 같아요. 강물이 다음 단계로 가기 위해서는 댐의 수문이 열려야 하듯이, 강의 내용도 감정의 벽이 허물어져야 그들의 기억 창고로 온전히 흘러 들어갈 수 있습니다.

우리 뇌의 구조도 이와 똑같습니다. 외부에서 감각기관으로 들어오는 정보는 변연계의 해마와 편도체에서 각각 기억과 감정으로 만들어집니다. 그리고 그 결과들이 대뇌의 수문장 역할을 담당하는 시상을 걸쳐 대뇌피질 중 신피질에 저장되는 것이지요.

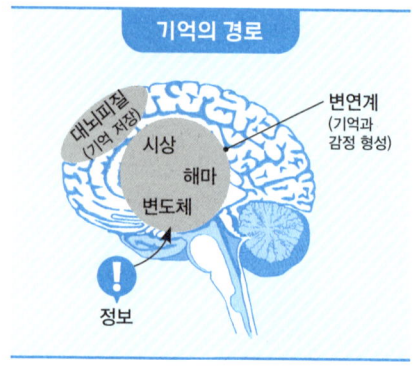

기억과 감정은 변연계 내에서 구조적으로 서로 연결되어 있습니다. 변연계 내 중요한 신경회로인 파페츠 회로Papez circuit는 기억의 회로인 동시에 감정의 회로이거든요. 그래서 뇌과학에서는 '본질적으로 감정에 물들지 않은 기억은 없다'고 합니다.[21] 대뇌피질에 기억되기 위해서는 반드시 변연계라는 감정의 영역을 통과해야 하기 때문이죠.

순간 얼굴이 빨갛게 달아올랐다. 지난번 HR담당자들을 대상으로 했던 강의가 생각났기 때문이다. '채용면접 프로세스와 실제'라는 주제로 4시간 동안 진행한 강의였다. 강의 주제가 그들에게 꼭 필요한 것이라는 생각에 정성을 다해 강의 교안을 만들었다.

사내외 다양한 면접 자료와 검증된 이론들을 준비한 것까지는 좋았다. 하지만 전달하고 싶은 내용이 너무 많아 마음이 조급해진 것이 패착이었다. 정말 말 그대로 물을 붓는 것처럼 일방적으로 강의를 진행했다. 교육생들과 라포 형성은 고사하고 한마디 유머나 질문 없이 강의를 끝냈다.

나중에 그 과정을 운영했던 후배가 조심스럽게 피드백해 준 말이 지금도 또렷이 기억난다. '교육생들이 강의 준비는 많이 해 오신 것 같은데, 내용을 이해하기가 어려웠다고 합니다. 그리고 강의가 너무 딱딱했다고 하네요'

그 말을 들을 때는 '교육생들이 수준이 낮아서 내 강의를 이해 못하는 거야'라며 애써 자기합리화를 했다. 그런데 오늘 그의 말을 듣고 보니, 잘못은 감정의 벽을 고려하지 않고 강의 내용 전달에만 신경 쓴 나에게 있었다. 감정이 움직여야 기억이 잘되고, 기억이 잘되는 강의가 좋은 강의인데….

 감정이 강의에 미치는 영향

"강의의 성공 여부는 강의 종료 후 교육생들이 강의 내용을 얼마나 기억하느냐에 달려있습니다. 기억의 관점에서 표현한 말이 '강사는 장기기억을 만들어주는 사람'입니다. 첫 번째 강의 코칭 시간에 말씀드린 것이죠. 그런데 그때 함께 언급한 단기기억을 장기기억으로 만드는 방법을 기억하시나요?"

"반복하거나 감정과 결합하는 것이라고 말씀하셨습니다."

"그렇습니다. 바로 감정입니다. 지난번 짧게 말씀드린 것을 좀 더 부연해서 말씀드리죠. 이것 또한 반복이니까요. 일반적인 기억은 시간이 흘러갈수록 사라집니다. 반면에 뇌과학자들의 연구에 의하면 감정과 결합된 기억은 같은 상태로 유지되거나 강화된다고 합니다. 심지어 작은 감정을 주고받는 것만으로도 기억력을 향상시킬 수 있다고 하지요. 긍정적이든 부정적이든 감정을 불러오는 정보가 기억이 잘 된다는 말입니다.[22]

정서적 강도가 셀수록 사건이나 경험이 더 잘 기억되는 것을 심리학에서는 기억증진효과memory enhancement effect라고 합니다. 여러 감정 중 공포가 가장 오래 기억되는 것도 이 효과 때문입니다. 생존에 직접적인 영향을 미치는 공포는 우리 정서에 가장 강한 자극을 주는 감정이지요. 그래서 민선 씨의 친구분이 어릴 때 단 한 번 개에게 물린 사건을 지금까지 기억하는 것입니다."

민선 씨 얼굴이 환해졌다.

"감정의 자극이 강할수록 잘 기억이 된다는 말이 참 재미있네요. 강의에서 감정의 활용이 중요한 이유를 이제 좀 더 명확히 알 것 같습니다."

"민선 씨에게 칭찬을 받으니 기분이 좋네요. 기분도 감정이니 아마 이 순간이 저에게 오랫동안 기억될 것 같습니다. 지금까지 말씀드린 '감정'이 강의에 미치는 영향을 세 가지로 정리하면 다음과 같습니다."

그는 슬라이드 화면을 다시 띄웠다.

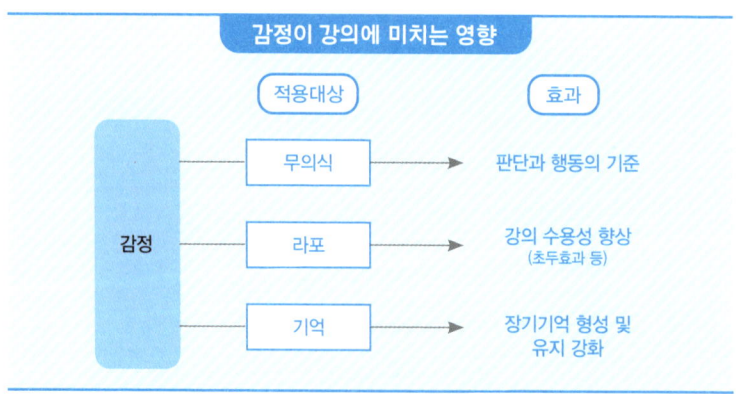

"첫째, 감정은 무의식 영역에서 작용하는 판단과 행동의 기준입니다. 이성에 앞서 작용하고, 영향력도 훨씬 크지요. 교육생들도 강의 내용을 이성적으로 판단하기에 앞서 강사에 대한 감정적 판단을 먼저 합니다.

둘째, 감정은 라포 형성의 결정적 요인입니다. 초두효과와 인지부조화에 따라 교육생들의 강의 수용성을 높여줍니다.

셋째, 감정은 기억에 영향을 줍니다. 감정과 결합된 기억이 장기기억이 되고 오랫동안 유지될 가능성이 높습니다. 강의의 성과를 결정하는 장기기억 말이지요."

감정이 강의에 이렇게 많은 영향을 주는 줄 몰랐다. 오늘 배운 것은 강의뿐만 아니라 협상, 영업 등 사람을 통해 성과를 내는 곳이라면 꼭 기억하고 활용할 가치가 있어 보인다.

올해 초 임원과정에서 협상 강의를 해주신 국제협상 전문가의 말이 생각났다.

'성공적인 협상은 상대를 논리적으로 굴복시키는 것이 아니라 상대의 감정을 어떻게 다루느냐에 따라 좌우됩니다. 그래서 최고의 협상전문가들은 '당신이 맞을 수도 있어요, 내가 틀렸을지도 몰라요(you may be right, I may be wrong)'라는 말로 시작한다고 합니다. 상대에 대한 존중과 배려가 담겨 있는 말이죠.[23] 협상 테이블에 앉은 상대는 우리와 입장이 다른 것뿐이지, 같은 인간입니다. 인간은 자신이 존중받거나 배려 받는 느낌이 들 때 가장 너그러워집니다. 협상에서 상대가 이러한 느낌을 가능한 빨리 가지게 만드는 것, 이것이 협상을 성공시키기 위한 첫 번째 조건이지요'

이성적이고 논리적인 협상도 감정이 성공의 비결이라는 말이 가슴에 와닿았다. 협상이든 강의이든 인간 행동의 밑바닥에는 감정이 자리잡고 있다는 것을 알게 된 의미있는 시간이었다.

"오늘 강의 코칭도 유익하셨나요? 아니지, 감정의 자극을 많이 받았는지 여쭤봐야죠. 다음 주에는 강의 스킬 중 몇 가지를 실습하는 시간을 가지려 합니다. 실습은 지난번 말씀드린 시행착오 학습법으로 진행하겠습니다. 그때 이 학습법에서 가장 중요한 것을 제가 뭐라 했는지 기억하시나요? 시도trial하는 것입니다. 시도가 없으면 실수error도 피드백도 없기 때문이지요.

그래서 완벽하지 않더라도 강의를 일단 시도하시는 게 중요합니다. 다음 주에 각자 10분 정도 강의해 주세요. 강의 교안 없이 주어진 시간동안 말로만 강의하면 됩니다. 강의 내용은 어떤 것이든 상관없습니다. 강의 내용을 평가하는 시간은 아니기 때문이지요. 강의 내용을 구조화하는 방법은 별도의 시간을 내어 말씀드리겠습니다.

또한 실제와 비슷한 환경에서 연습할 때 효과가 배가 되는 것 아시죠? 그런 의미에서 다음 모임에 오실 때는 교육생 역할을 해 주실 동료 한 분과 함께 오세요."

벌써 발표에 대한 두려움이 밀려오는 것 같다. 주제를 무엇으로 해야 할까. 10분의 시간은 어떻게 채우지? 두려움을 극복하는 방법은 익숙해지는 것이라 했으니, 이제부터 틈날 때마다 연습 또 연습해야겠다. 그런데 다음 강의 코칭 시간에 누굴 데리고 가야할까?

'몸'으로 하는 강의스킬

피드백은 귀중한 선물!

 오늘은 강의장에 조금 일찍 도착했다. 파트너로 윤 차장님을 모시고 왔다. 윤 차장님은 지난번 강의 메시지 전달 원리를 듣고 난 후부터 이 모임에 부쩍 관심을 보였다. 그래서인지 교육생 역할로 참석해달라는 부탁도 흔쾌히 들어 주셨다.

 아직 민선 씨가 도착하지 않아 잠시 기다리기로 하였다. 오늘따라 강의장이 좀 낯설게 느껴졌다. 찬찬히 강의장을 이리저리 살펴보았다. 이동식 강의교탁의 위치가 바뀌어 있었다. 평소에는 창문 옆에 있던 것이 지금은 반대편 출입문 쪽으로 옮겨져 있었다.

 '교탁 위치 하나가 바뀌었을 뿐인데 강의장이 새롭게 느껴지다니…'

 "과장님, 무슨 생각을 그리 골똘히 하고 계세요?"

민선 씨였다. 그리고 옆에는 김창석 씨가 있었다. 민선 씨를 돕기 위해 온 모양이다.

"들어온 줄 몰랐네. 오늘따라 강의장이 새롭게 느껴져서 왜 그럴까 생각했어. 여기 이 강의교탁의 위치가 바뀌었더라고."

내 대답을 듣고 그가 웃으며 말했다.

"재미있는 경험을 하고 계셨군요. 마침 오늘 제가 말씀드릴 주제와 관련도 있고요. 먼저 새로 오신 분들과 인사를 나누겠습니다."

그는 윤 차장님, 김창석 씨와 짧은 인사를 끝낸 후 나를 바라보았다.

"과장님, 오늘 코칭은 과장님이 방금 경험한 것에서 시작해 보죠. 무엇이 과장님에게 새로움을 느끼게 해주었을까요? 그것을 한 단어로 표현해 주신다면?"

순간 살짝 당황했다. 교탁의 위치가 바뀐 것이 이유인데 그것을 어떻게 한 단어로 표현하지?

"그건 변화가 아닐까요? 강의 교탁의 위치가 바뀌었고, 그 변화에 과장님은 새로움을 느꼈다고 생각합니다."

언제나 나의 고마운 우군, 민선 씨였다.

"그렇습니다. 변화입니다. 변화가 새로움으로 인식되었고, 그 새로움이 과장님의 주의를 끌게 된 것이지요. 교육생들의 어텐션을 끄는 과정도 동일합니다. 그들을 강의에 주의 집중시키기 위해서는 변화를 통해 새로움을 느끼게 해주어야 하지요.

이 말을 다시 해석하면, 교육생들이 어텐션하지 않아야 할 부분에는 변화를 만들지 말아야 한다는 의미이기도 합니다. 모든 기억은 어텐션으로부터 시작하니까요. 그래서 강의 스킬이란 '교육생들을 어텐션하게 만들어 전달 내용을 장기 기억시키는 기술'이라고 정의할 수 있습니다."

윤 차장님이나 창석 씨가 호기심이 가득한 눈으로 그의 말에 집중했다.

"자, 그럼 강의 스킬 실습을 시작하겠습니다. 먼저 10분 분량의 강의를 하세요. 강의가 끝난 후, 실수한 부분에 대해 저를 포함한 동료 분들의 피드백을 받는 방식으로 진행하겠습니다. 실제와 비슷한 환경에서 진행될수록 시행착오 학습법의 효과가 높아집니다. 그런 의미에서 강의를 하시는 분을 제외한 다른 분들은 교육생 역할을 부탁드립니다. 자리 배치도 다시 하겠습니다."

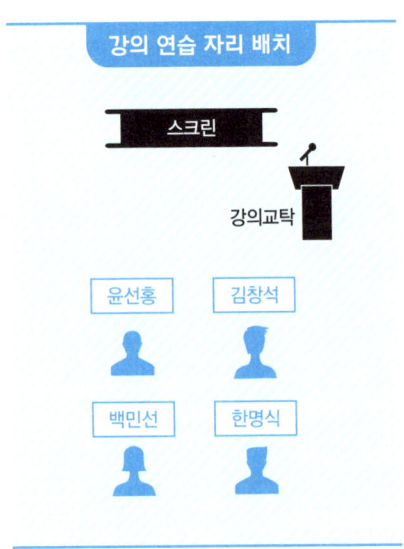

자리 배치가 되고 보니 사람들도 넓게 펼쳐져 있고 실제 강의 현장 같았다.

"그럼, 어느 분부터 먼저 하시겠습니까?"

민선 씨가 먼저 손을 들었다.

"오늘 진행 규칙과 피드백 항목들을 전지에 적은 후 시작하겠습니다."

그는 전지를 강의장 벽면에 부착했다.

"민선 씨, 앞으로 나와주세요."

강의장 앞에 선 민선 씨는 긴장한 탓인지 눈이 더 커진 것 같다. 게다가 입도 마른지 계속 물을 마신다. 이런 그녀를 보며 그가 웃으며 말을 꺼냈다.

"민선 씨가 조금 긴장하신 것 같으니 잠깐 다른 이야기 하나 먼저 하죠. 왜 긴장하면 땀이 나고 침이 마를까요? 눈, 정확히 말해서는 동공도 커지고 말이죠."

> 진행 규칙
>
> - 발표자는 스크린 앞으로 나와서 실제 강의하듯이 진행
> - 발표(강의) 시간은 10분, 시간 엄수
> - 피드백이 모두 끝난 후 자리에 복귀
>
> 피드백 항목
>
> - 아이 컨택
> - 손처리, 제스처
> - 동선(動線)
> - 얼굴 표정
> - 화법(말의 속도, 고저, 강약, 여백, 어벽 등)
> - 질문 및 답변 태도

"교감신경 때문이라고 들은 것 같습니다만…."

민선 씨는 물을 마시다가 대답했다.

"맞습니다. 외부 위험이 느껴질 때 우리 몸은 먼저 교감신경계를 움직입니다. 싸우거나 달아날 준비를 하는 곳이거든요. 준비를 위해서는 뇌와 근육에 혈액이 신속하게 공급되어야 합니다. 심장이 빠르게 뛰고 혈압이 높아지는 이유이죠. 시각 정보를 더 많이 얻기 위해 동공도 커집니다. 또한 에너지를 태울 때 생긴 열을 식히기 위해 땀이 분비됩니다. 반면에 당장 필요하지 않은 침 생산은 중단 됩니다. 몸 안의 물을 혈액 공급과 땀에 먼저 사용해야 하니까요. 그래서 긴장할 때는 침이 마르게 되는 것입니다.[24] 교감신경계가 폭주할 때 생기는 일들이죠."

"그럼, 어떻게 하면 교감신경계가 빨리 안정될 수 있을까요?"

민선 씨는 다소 심각한 표정을 지으며 그에게 물었다.

"가장 좋은 방법은 그 상황에 스트레스를 받지 않는 것입니다. 이것이 힘들다면, 호흡법이 도움이 됩니다. 다음 비율로 호흡해 보세요. 숨을 들이마시면서 하나를 세고, 참으면서 넷을 세고, 내쉬면서 둘을 세는 것입니다.[25] 교감신경계가 지나치게 활성되었다고 느낄 때는 이렇게 10번 정도 호흡해 보세요. 긴장이 한결 풀릴 겁니다. 한번 모두 같이 호흡해 볼까요?"

그의 신호에 따라 호흡했다. 몸의 탁한 독소들과 함께 긴장감도 빠져나가는 것 같았다. 이어서 한결 편안한 표정으로 민선 씨가 발표를 시작했다.

"안녕하세요. 조직문화팀 백민선 사원입니다. 오늘 제가 말씀드릴 내용은 '취업 성공하기'입니다."

민선 씨는 본인 경험을 바탕으로 면접 요령과 유의 사항 등을 차분히 발표했다. 강의가 완전히 마무리 되지 않았지만, 그는 10분이 조금 지났을 무렵 발표를 종료시켰다.

"수고하셨습니다. 강의 구조나 내용을 알고자 하는 시간은 아니어서 약속된 10분에 종료시켰습니다. 강의 스킬을 보는 것이 목적입니다. 이제 피드백 시간이네요. 그런데 이에 앞서 민선 씨에게 한 가지 여쭤볼게요. 평소 강의나 발표 후 동료에게 피드백을 잘 부탁하시는 편인가요?"

"아니요."

"왜 하지 않으시죠?"

"다들 바쁘신데 제 일을 부탁하는 것이 죄송해서요."

"그러시겠죠. 그래서 피드백을 소중하게 생각하셔야 합니다. 이런 시간이 아니고는 바쁜 동료들에게 피드백을 받기 힘들기 때문이지요. 그런 의미에서 민선 씨와 과장님은 오늘 동료들에게서 받는 피드백을 고마운 '선물'이라고 생각하셔야 합니다."

선물이라. 참 좋은 표현이다. 어차피 받는 것이라면 많이 받았으면 좋겠다. 받을 때는 조금 아프겠지만, 이 또한 강사로 성장하기 위한 필수 과정이겠지.

"그럼 지금부터 민선 씨에게 선물을 드리는 시간입니다. 어느 분이 먼저 드리시겠습니까?"

 모노톤이 고민이라면

윤 차장님이 손을 들었다.

"민선 씨는 목소리나 표정이 참 좋아서 교육생들이 편안하게 강의를 들을 수 있을 것 같아요. 반면에 목소리 톤이 너무 일정해서 강의에 계속 집중하긴 어려웠습니다. 실제 강의에서도 이런 톤이라면 교육생들이 쉽게 졸 것 같다는 생각이 들었습니다."

민선 씨는 약간 상기된 표정으로 고개를 끄덕였다.

"예, 감사합니다. 사실 저도 제 목소리가 모노톤monotone이라는 게 걱정이에요. 말의 높낮이가 없고 일정하다보니 교육생들이 지루해 하는 것 같습니다. 게다가 강의에서 강조될 부분이 잘 드러나지 않아 메시지 전달력이 떨어지는 것도 문제라고 생각합니다."

"차장님, 좋은 피드백 감사합니다. 다른 분들의 선물은 조금 있다 받기로 하고, 모노톤에 대해 먼저 얘기해 보죠. 모노톤은 말에 고저, 다시 말해 인토네이션intonation이 없다는 말입니다. 그렇다면 강의할 때 적당한 인토네이션으로 말하는 것이 왜 중요할까요?

'새로운 자극'에 반사적으로 어텐션하는 뇌의 특성 때문입니다. 예를 들어, 지금 제가 여기서 아름다운 노래를 들려드리면 어떻게 될까요? 처음에는 그 소리에 어텐션을 하겠지요. 새로움이니까요. 그리고 그 결과로 노래가 들리게 됩니다. 하지만 똑같은 노래를 계속 반복해서 들려드린다면 어떨까요? 이번에는 얘기가 달라지지요. 어느 순간부터 그 소리가 들리지 않게 될 겁니다. 더 이상 새로운 자극으로 인식하지 않아 어텐션되지 않기 때문입니다.

뇌과학 관점에서 말하면, 익숙한 소리에 '습관화' 되었기 때문입니다. 우리 뇌는 익숙해진 것, 다시 말해 습관화된 것에는 에너지를 많이 쓰지 않습니다. 실제로 똑같은 소리를 계속 들으면 뇌 신경세포의 활동인 시냅스가 감소한다고 합니다. 그렇기 때문에 고속도로 주변과 같이 소음이 심한 지역에 사시는 분들이라도 어느 정도는 견딜 수 있는 것이죠. 소리가 습관화되면 뇌는 더 이상 그 소리에 어텐션하지 않고, 어텐션하지 않으면 소리가 잘 인식되지 않기 때문이지요.

인토네이션이 일정하여 교육생들 뇌에서 습관화가 생기는 것을 조심해야 합니다. 강의 집중도가 떨어지니까요. 이때 나타나는 대표적인 증상이 졸음이겠죠. 그렇다면 어떻게 해야 할까요?"

"목소리에 변화를 주면 되지 않나요? 크게 말할 부분은 크게, 작게 말할 부분은 작게 말하면…."

오늘 윤 차장님이 적극적인 것 같다. 평소의 조용한 이미지와 달랐다.

"발성법 자체를 바꾸는 것이 이상적이겠죠. 하지만 많은 시간과 노력이 필요합니다. 장기적으로는 발성법을 연습해야겠지만 오늘은 다른 방법을 얘기하려 합니다. 강의가 주업무가 아닌 사내강사 분들에게 특히 유용한 방법입니다. 강의 준비 시간도 부족하신 분들이 목소리를 바꾸는데 시간을 투입하는 것은 매우 비효율적이거든요. 그렇다면 목소리 톤 자체를 바꾸는 방법 외에 어떤 방법이 있을까요?"

순간 강의장에 적막이 흘렀다. 모두 다 머릿속에는 엄청난 뉴런의 활동전위가 발생하고 있는 듯한데….

"여기서 무엇이 문제일까요? 모노톤일까요? 그렇게 생각하면 아주 오랫동안 발성법을 연습하셔야 합니다. 근본적 해결책이지만 사내강사에게는 아주 비효율적인 방법이라고 했습니다. 진짜 문제는 강사가 말하는 톤이 일정하여, 귀로 느끼는 자극에 변화가 없어 교육생들의 어텐션이 떨어지는 것입니다. 이렇게 보니 문제해결 방향이 분명해졌네요. 강사의 말이 그들 귀에 변화를 인식할 정도의 자극을 주어야 합니다."

'변화를 인식할 정도의 자극'이라. 완전히 이해되는 것은 아니었지만 점점 몰입되었다.

"여러분들 표정을 보니 좀 더 말씀드려야 할 듯 하네요. 모노톤의 문제발생영역을 그려 보죠. 문제를 찾기 어려울 때는 이렇게 문제발생영역을 그려보면 도움이 됩니다.

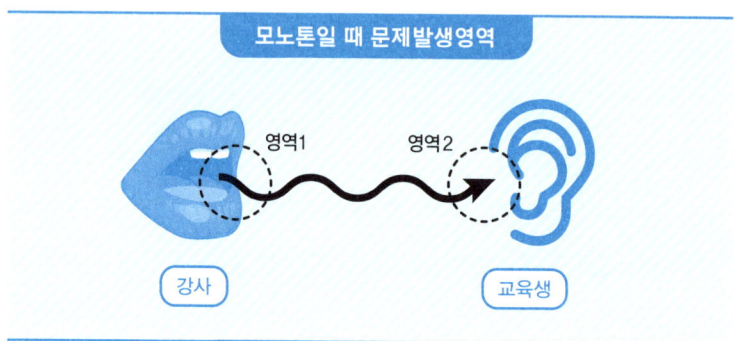

그림에서 알 수 있듯이, 모노톤일 때 문제가 발생하는 영역은 두 군데입니다. 말하는 사람의 입(영역 1)과 듣는 사람의 귀(영역 2)입니다. 둘 중 어느 쪽을 해결하더라도 교육생들에게 변화를 인식시켜 줄 수 있습니다.

먼저 〈영역 1〉에서 변화를 주는 방법이 있습니다. 앞서 말씀드린대로 이것이 근본적인 해결방법이기는 합니다. 하지만 발성 습관을 바꾸기 위해서는 많은 노력과 시간이 필요합니다. 사내강사에게 권하는 방법은 아닙니다."

그는 내 쪽으로 걸어오면서 질문을 했다.

"그렇다면 어떤 방법이 또 있을까요?"

"〈영역 2〉에서 해결책을 찾으면 되겠네요."

얼떨결에 대답을 했다.

"그렇습니다. 영역 2, 즉 교육생들의 귀로 들어오는 자극에 변화를 주는 것입니다. 그렇다면 어떻게 이 문제를 해결할 수 있을까요? 힌트는 방금 전 저의 행동입니다."

"움직이면 되겠네요. 물리법칙에 의해 가까운 곳의 소리는 크게 들리고, 멀리 있는 곳의 소리는 작게 들리게 되니까요."

민선 씨가 무언가를 깨달은 듯 환하게 웃으며 대답했다.

강사가 움직이면 이런 효과가

"그렇습니다. 동선(動線)을 만들어 움직이는 것이지요. 강사의 동선은 크게 두 가지로 나눌 수 있습니다. 좌우로 그리고 앞뒤로 이동하는 것이지요.

강의 주제를 전환하거나, 교육생들의 관심을 슬라이드에서 발표자로 바꾸고자 할 때는 스크린 좌우로 이동하세요. 반면에 교육생들의 어텐션을 높이고자 한다면 강의장 앞뒤로 자연스럽게 이동하세요. 교육생 입장에

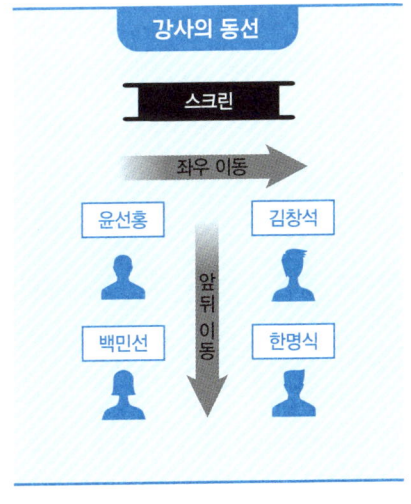

서는 강사가 다가가면 긴장을 하게 되지요. 어텐션이 생긴다는 말이죠.

두 가지 방법 모두 강의 몰입도를 높이는 데 유용하지만, 특히 목소리가 작거나 모노톤을 가진 분들은 앞뒤 동선을 적극적으로 활용해보세요. 한 시간에 한 번 이상 교육생들에게 다가가고 멀어져 가며 강의하시는 겁니다. 물론 이것 또한 처음에는 쉽지 않을 거예요. 그렇지만 발성 자체를 바꾸는 것에 비하면 훨씬 쉬운 일입니다. 조금만 의식하고 노력하면 되니까요.

이렇게 동선을 활용하면 강사의 입으로 나오는 소리의 크기는 그대로이지만, 교육생들이 귀로 듣는 강사의 소리에는 자연스럽게 변화, 즉 새로움이 생깁니다. 그렇게 만들어진 새로움이 그들의 집중력을 다시 올리게 되지요."

"대표님의 말씀을 듣고 자신감이 많이 생기는 것 같아요. 어릴 때부터 목소리가 작다는 이야기를 많이 들었습니다. 그래서 프레젠테이션을 할 때면 목소리를 키우는 것이 가장 큰 고민이었죠. 그런데 목소리 키우는 것에 너무 신경을 쓰다 보니 프레젠테이션이 부자연스러워지고, 결국은 준비한 것을 다 보여주지 못하고 망친 경우도 여러 번 있었습니다. 하지만 이제부터는 목소리를 키운다는 생각보다 교육생들과 어떻게 물리적 거리를 좁히고 넓힐까만 생각하면 되겠네요. 이건 말씀하신 대로 상대적으로 쉽게 할 수 있을 것 같아요. 좋은 선물 감사합니다."

"그 말씀을 들으니 저 역시 기분이 좋네요. 역시 선물은 받는 사람뿐만 아니라 주는 사람에게도 좋은 것 같아요. 특히, '자신감이 생겼다'는 말에 강의 코치로써 보람을 느낍니다. 좋은 강의를 하기 위해 필요한 강사의 마음가짐 두 가지 중 하나가 자신감이라는 것을 기억하시죠? 자신감은 자신이 할 수 없는 부분이 아니라 할 수 있는 부분에 집중할 때 자연스럽게 발휘됩니다. 그래서 인토네이션을 만들기보다 동선을 활용하라는 것이죠. 그럼, 나머지 하나는 무엇이었죠?"

이번엔 내가 대답할 차례인 것 같다. 이 정도야 이젠 내 대뇌피질 안쪽 깊숙한 곳에 안전하게 보관하고 있는 기억이지.

"배려입니다. 배려는 교육생들이 집중할 수 있는 부분만 집중하게 하는 것을 말합니다. 강사가 말할 때는 강사의 말에만, 슬라이드를 보여줄 때는 슬라이드에만 집중하게 하며, 그 이외의 불필요한 요소에 그들의 주의력이 낭비되지 않게 하는 것입니다."

"그렇습니다. 동선을 통해 교육생들을 강사의 말에 보다 더 집중시키는 것도 강사의 '배려' 중 하나입니다."

그는 말을 하면서 강의장 뒤쪽까지 갔다가 돌아왔다.

"이렇게 강사가 움직이면 교육생들은 변화를 느낍니다. 변화는 익숙했던 패턴을 벗어나 새로움novelty을 인식할 때 생겨나는 것이죠.

패턴을 벗어나는 정도가 클수록 새로움으로 인식하는 정도도 커져 더 많은 주의집중을 하게 됩니다. 장기기억으로 가는 첫 번째 관문이 넓어지는 셈이죠. 그러므로 좋은 강의를 하고 싶다면 변화를 만들 줄 알아야 합니다. 교육생들의 집중도를 올리는 길이니까요. 강사가 좌우로 움직이거나 앞뒤로 움직이는 것도 패턴의 변화, 새로움을 만들기 위한 행동 중 하나이지요."

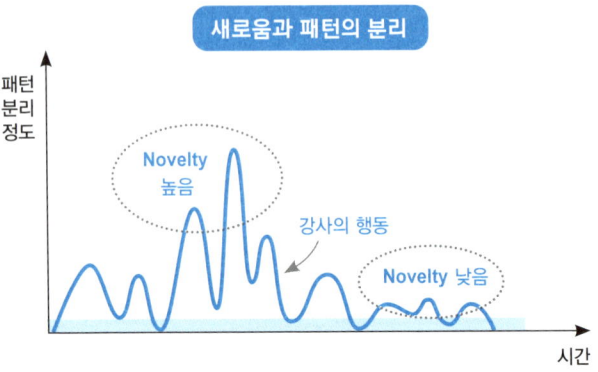

"결국 변화란 강의에 새로움을 만드는 것이고, 새로움의 크기에 따라 교육생들의 강의 집중도가 달라진다는 말씀이시죠?"

오늘 처음으로 김창석 씨가 말문을 열었다. 말수가 적어 돌하루방이라는 별명을 가지고 있지만, 속이 깊고 특히 배움에 대한 열정이 대단한 친구이다.

"그렇습니다. 창석 씨가 정리를 잘해주셨네요. 그리고 어차피 말씀하셨으니 민선 씨께 피드백 선물도 주시죠."

기본 중의 기본, 아이 컨택

"저는 민선 씨 강의가 부럽기만 했습니다. 하지만 굳이 선물을 드려야 한다면 아이 컨택eye contact을 말씀드리고 싶습니다. 아이 컨택은 프레젠테이션에서 기본 중의 기본이라고 알고 있는데, 저

와는 아이 컨택을 거의 하지 않았어요."

"어머, 제가 그랬나요? 몰랐어요. 정신이 없어서…. 좋은 선물 감사합니다."

민선 씨는 전혀 의식하지 못했던 듯 얼굴이 약간 붉어졌다.

"아이 컨택 이야기가 나왔네요. 저 역시 아이 컨택이 가장 중요하고 기본적인 강의 스킬이라고 생각합니다. 화법이나 제스처 같은 강의 스킬들은 다소 서툴더라도 좋은 강의를 할 수 있습니다. 사실 우리가 알고 있는 명강사들 중에는 말이 빠르거나 제스처가 서툰 사람들도 의외로 많죠. 심지어 주머니에 손을 넣으며 강의하는 사람도 있어요. 그런데 아이 컨택은 얘기가 다릅니다. 눈을 마주치지 않고서 교육생들의 기억에 남는 좋은 강의를 하기란 상당히 어렵습니다. 아이 컨택은 왜 필요할까요?"

"교육생들이 강의 내용을 잘 이해하고 있는지 확인해 보기 위해서가 아닐까요?"

"아이 컨택은 강사의 자신감을 보여주는 신호라고 생각합니다. 자신감이 부족하면 교육생들의 눈을 쳐다보기 힘들거든요."

우리 모임의 젊은 피, 창석 씨와 민선 씨가 차례로 대답했다.

그는 고개를 가볍게 끄덕였다.

"강의는 아무리 많은 교육생을 대상으로 하더라도 마치 1:1로 대화하듯, 상호 교감을 나누며 진행하는 것이 효과적입니다. 왜냐하면 우리들은 외부 정보를 접할 때, 그것이 '모두'에게가 아니라 '자신'에게 어떤 의미가 있는지를 먼저 판단하기 때문입니다. 그런 뒤에 새로운 정보를 기존 지식들과 연결합니다. 이러한 연결과정을 '학습'이라고 하지요.

그래서 '모두'가 아니라 '교육생 각자'를 만족시킬 수 있는 강의를 해야 합니다. 아이 컨택을 통해 교육생들의 학습욕구와 이해 정도를 인터렉티브_interactive_하게 확인하는 것, 이것이 아이 컨택을 하는 첫 번째 이유입니다.

그리고 두 번째 이유는 지난주에 말씀드린 '감정'과 관련이 있습니다. 인간은 다른 사람을 판단할 때 이성적, 논리적으로 따지기 전에 감정적, 직관적으로 호불호를 먼저 결정합니다. 이런 감정은 얼굴을 인식할 때 가장 먼저 생깁니다.

우리가 얼굴을 인식하는 속도는 상상 이상으로 빠릅니다. 그래서 동그라미 두 개만 있더라도, 그것을 사람의 얼굴로 인식하는 경우도 많지요. 이는 원시 시대 이후, 상대 얼굴에 드러난 감정으로 그가 적인지 아군인지 재빠르게 파악하고 반응하는 능력이 생존의 필수 조건이었기 때문입니다.

얼굴에서 감정 표현에 가장 중요한 창구 역할을 하는 것이 '눈'입니다. 그래서 교육생들은 본능적으로 강사의 눈을 통해 감정 상태를 파악합니다. 이것은 의지와 상관없이 무의식적으로 이루어지는 과정입니다. 이 과정을 통해 강사의 자신감을 느끼면, 강사에 대해 신뢰_rapport_라는 긍정적인 감정이 생깁니다. 강의 성과를 높이는 데 필수 요소이죠. 이것이 아이 컨택을 해야 하는 두 번째 이유입니다.

그는 화이트보드에 지그재그_Zigzag_ 법이라 적고 간단한 그림을 그렸다.

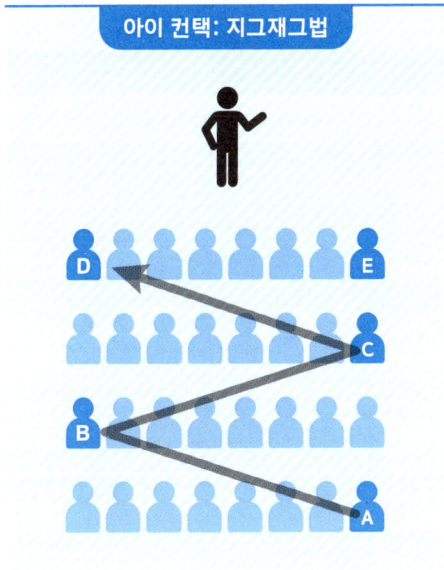

"그렇다면 아이 컨택은 어떻게 하는 것이 효과적일까요? 가장 흔하게 알려진 방식은 A→B→C→D 순서로 지그재그를 그리며 시선을 처리하는 것입니다. 이렇게 하면 대부분의 교육생과 시선을 자연스럽게 마주칠 수 있습니다. 몇 분을 제외하곤 말이지요.

저는 그 몇 분을 '어둠의 자식들'이라고 비유하곤 합니다. 강사가 노력하지 않으면 물리적으로는 강사의 아이 컨택을 받지 못하는 자리에 있는 사람들을 말합니다. 이 자리가 어디일까요?"

"강의장의 양끝 자리가 아닐까요? 그림으로는 D와 E의 자리입니다. 딱 제자리이네요."

"그렇습니다. 저희 같은 경우에는 창석 씨의 자리(E)가 여기에 해당하지요. 강사가 의도적으로 하지 않으면 아이 컨택이 쉽지 않은 자리입니다. 강의장을 넓게 사용하지 않고 한 자리에서만 강의하는 경우에는 이 점을 특히 유의하셔야 합니다. 몸을 움직이지 않는다면, D와 E 같은 사각 지대에 계신 분들과 눈을 마주치는 것은 불가능하니까요.

어쩔 수 없는 일이라고요? 그런데 불행히도 교육생들은 강사의 이런 사정을 이해해 주지 않습니다. 그냥 소외받았다는 느낌만 갖게 돼요. 좋은 강의를 위해서는 교육생을 주인처럼 배려하라고 했는데, 배려는 고사하고 소외감을 느끼게 했다면 사각에 계신 분들에게는 시작부터 잘못된 것이겠지요."

그동안 한자리에서 나무처럼 움직이지 않고 앞만 쳐다보며 강의한 것 같다. 얼마나 많은 이들이 나의 무관심을 원망했을까? 얼굴이 또 화끈거렸다.

"또한 프레젠테이션이나 강의를 할 때는 '핵심인물'과 자주 아이 컨택하세요."

핵심인물? 누구를 말하는 것일까? 그는 내 궁금증을 아이 컨택을 통해 확인한 듯 질문했다.

"그런데 핵심인물이란 누구를 말하는 걸까요?"

"가장 높은 지위를 가지고 있거나 영향력을 줄 수 있는 사람이 아닐까요?"

윤 차장님이 조심스럽게 말을 꺼냈다.

"프레젠테이션에서는 그렇지요. 참석자의 지위나 역할이 다른 경우가 많으니까요. 차장님이 말씀하신 사람들이 핵심인물이지요. 그런데 팀단위 교육이 아니라면, 교육생들 간의 위계가 명확한 경우는 거의 없습니다. 게다가 교육생 입장에서는 직급 간 영향력 차이도 별로 없지요. 그럼 이 경우에는 누구를 핵심 인물로 볼 수 있을까요?"

"……"

"정답은 강사에게 긍정적 신호를 보내주는 사람입니다. 그 사람이 프레젠테이션이나 강의의 핵심 인물입니다. 긍정적 신호는 쉽게 눈치챌 수 있습니다. 예를 들어, 강사의 말에 고개를 잘 끄덕이거나, 미소를 자주 짓거나, 대답을 잘 하는 것들이죠. 저희 중에서는…."

그는 잠시 말을 멈추고 민선 씨를 바라보았다.

"민선 씨 같은 분이죠. 물론 다른 분들도 괜찮은 편이세요. 하지만 긍정적 신호의 여왕은 민선 씨라고 생각합니다."

그렇구나. 그러고 보면 민선 씨는 그가 말을 할 때마다 고개를 끄덕이거나, 웃으며 리액션을 잘해주었다. 또한 그의 말 토씨 하나라도 놓치지 않겠다는 듯 몸을 조금 앞으로 내밀며, 귀를 쫑긋 세우는 듯한 모습도 자주 보여주었다. 긍정적 신호여왕 맞네.

"그런데 강의를 할 때, 긍정적 신호를 보내주는 핵심 인물들과 눈을 자주 마주치는 것이 왜 필요할까요?"

"긴장감이 줄어들기 때문 아닐까요?"

역시 우리들 중의 핵심 인물은 민선 씨.

"예, 그렇습니다. 그리고 또 자신감을 얻을 수 있습니다. 자신의 강의에 대한 자신감 말이죠. 반면에 반응도 없고, 자세도 바르지 않고, 딴 짓만 하는 사람과 눈을 자주 마주치면 어떻게 될까요?"

"화가 날 것 같아요. 사실 제가 경험한 적이 있거든요."

이번에는 윤 차장님이 본인의 경험을 떠올리며 말을 했다.

"화가 난 후에 강의는 어떻게 되었나요?"

"엉망이 됐죠. 그 사람이 계속 신경 쓰여 준비한 것들도 잘 기억나지 않았거든요. 화를 낸 제 모습이 창피해서 시간이 빨리 지나가기만 바랬습니다."

"여러 번 말씀드렸듯이 우리 뇌가 사용할 수 있는 에너지 총량은 정해져 있습니다. 그런데 부정적 신호를 보내는 사람에게 계속 신경 쓰면 어떤 일이 생길까요? 정작 다른 교육생이나 강의에 사용해야 할 에너지가 부족해 질 수 있습니다. 신경 쓴다는 것은 에너지를 사용한다는 것이니까요. 그래서 부정적 반응을 보이는 교육생과의 아이 컨택은 처음에는 의도적으로 피하시는 것이 좋습니다."

윤 차장님이 고개를 약간 갸우뚱했다.

"그럼, 그런 사람들은 어떻게 대해야 하나요? 강의가 끝날 때까지 그대로 방치하는 건 '교육생에 대한 배려'가 아닌 것 같은데…."

"물론입니다. 방치해서는 안되죠. 다만 강의 초반에는 아이 컨택을 의도적으로 하지 않는 편이 좋습니다. 비록 선의로 하는 행동일지라도, 강사의 아이컨택을 자신을 공격하는 신호로 받아들여 부정적 감정이 더욱 커질 수 있기 때문입니다.

대신 시간의 힘을 믿고 라포 형성이 될 때까지 기다리세요. 아이 컨택을 그때까지 잠시 미뤄 두라는 겁니다. 교육생들을 배려하면서 자신감을 갖고 강의한다면 라포 형성은 대부분 시간문제입니다. 서로 신뢰 감정이 생긴 이후부터는 맘껏 시선을 맞추며 강의하세요."

"강의가 끝날 때까지 라포 형성이 안된다면 어떻게 하나요?"

그는 윤 차장님의 질문에 어깨를 들썩이며 양손을 들었다 놓는 제스처를 취했다.

"노력을 했는데도 계속 부정적 신호를 보낸다면 그냥 손을 놓아버리세요. 천재지변처럼 강사가 노력해도 통제할 수 없는 상황이라고 마음 편히 생각하세요."

강사가 가진 에너지를 선택과 집중 원리에 따라 효율적으로 사용하라는 말이구나. 그런데 아이 컨택을 편하게 하는 방법이 있을까? 아내와 눈을 마주치며 이야기하는 것도 쉽지 않은데.

"아이 컨택을 어떻게 연습할 수 있을까요?"

"거울을 활용하여 연습하면 되지 않을까요?"

역시 핵심 인물답게 민선 씨가 긍정적 신호를 가득 보이며 그의 질문에 답을 했다.

"그렇습니다. 거울을 활용하여 연습하는 것은 아이 컨택의 대표적인 연습방법입니다. 양치질을 하거나 머리를 말리면서 거울 속에 있는 자신의 눈을 보면서 이야기해 보세요. 주제는 어떤 것이라도 상관없습니다. 다만 아무 말없이 바라보지만 마시고, 작은 소리라도 웅얼거리며 연습하면 훨씬 큰 효과를 볼 수 있습니다.

지하철 연습도 있습니다. 단기간에 아이 컨택을 향상시킬 수 있는 유용한 방법이지요. 지하철의 맞은편 승객이나 주변에 움직이는 사람들과 시선을 마주치는 연습입니다. 다만 한 사람에게 시선을 너무 오래 두면 불필요한 오해를 받을 수 있습니다. 눈 주위를 흘끗 본다는 느낌으로 1~2초 이내로만 보세요. 또한 너무 가까이 있는 승객은 피하세요. 이 연습을 통해 아이 컨택뿐만 아니라 얼굴 표정을 통해 감정을 파악하는 능력도 키울 수 있습니다. 일석이조(一石二鳥)인 셈이죠."

이젠 지하철에서 스마트폰만 볼 것이 아니라 주위 사람들의 눈도 쳐다봐야겠네. 그렇지 않아도 출퇴근 시간이 좀 아까웠는데. 그리고 이 기회에 전신거울을 사야겠다. 공부에 필요한 것이라고 하면 아내도 허락하겠지. 아이 컨택 연습 상대도 돼주면 좋겠다. 거울과 와이프를 떠올리며 딴 생각을 하고 있을 때 그의 목소리가 들려왔다.

 손 처리의 정석

"이번엔 한 과장님의 차례입니다. 앞서 하신 민선 씨의 피드백도 반영해서서 지금부터 10분 정도 강의 시연을 해주세요."

어이쿠, 지금도 머릿 속이 복잡한데 민선 씨 피드백까지 감안하라니. 내가 먼저 한다고 할 걸 그랬나. 10분 동안이나 어떻게 얘기하지? 이런저런 걱정으로 시작했지만, 정작 시간은 생각보다 훨씬 빨리 지나갔다. 준비한 내용을 반도 말하지 못한 것 같다.

"수고하셨습니다. 제가 즉흥적으로 추가한 과제 때문에 힘들었을 텐데 잘하셨습니다. 자, 그럼 이번에는 한 과장님께 피드백이란 선물 부탁드립니다."

잠시 침묵이 흐른 후 민선 씨가 조심스럽게 입을 열었다.

"저에 비해 굉장히 자연스러운 강의 잘 들었습니다. 긴장도 하지 않으시고, 아이 컨택도 고루고루 잘된 것 같습니다. 그럼에도 불구하고 선물을 드린다면 손을 조금 산만하게 움직이시는 것 같아요. 그러다보니 종종 시선이 분산되어 강의에 집중하기가 약간 어려웠어요."

"감사합니다. 제가 손을 그렇게 움직였는지 잘 몰랐습니다. 민선 씨 선물을 반영하여 앞으로는 좀 더 자연스러운 손동작을 하도록 노력하겠습니다."

그는 내 각오에 빙긋 웃으며 피드백을 주기 시작했다.

"좋은 강의였습니다. 손 처리만 조금 보완하면 사내강사 수준에서는 거의 완벽합니다. 강의나 발표할 때 손 처리가 어렵다는 분들이 참 많습니다. 심지어 자신의 손이 어색하게 느껴진다고 말하는 분도 계시죠. 그런데 재미있지 않나요? 늘 사용하는 자신의 손이 어색하다니 말이죠. 사실 손 처리를 능숙하게 하는 것이 말처럼 쉽지는 않습니다. 강의 중에 손은 어떻게 처리하는 것이 좋을까요?"

"손을 이렇게 양 옆에 가지런히 두는 것은 어떨까요?"

윤 차장님이 바지 옆에 손을 붙이는 자세를 취하며 말했다.

"예, 무난한 자세입니다. 다만 그런 자세로 계속 강의하면 교육생들은 강사가 긴장하고 있다고 생각할 수 있어요. 좀 경직돼 보이거든요. 나쁘진 않지만 제가 권하는 자세는 아니예요. 또 어떤 자세가 있을까요?"

그럼 손을 앞으로 모으는 건가? 설마 뒷짐지고 하는 것은 아니겠지. 잠시 정적이 흘렀다.

"좀 더 쉬운 질문을 드리죠. 지금 자신의 손이 어디 있나요? 한 번 확인해 보세요."

손이 어디에 있느냐고? 갑자기 왜 이런 질문을 하는걸까? 일단 시킨 대로 확인했다.

그는 여전히 의아해하는 우리를 보며 말했다.

"방금 저의 질문을 받기 전까지 자신의 손을 의식하셨던 분 계신가요?"

순간 모두들 피식 웃었다.

"당연히 없으시겠죠. 지금처럼 자신의 손을 의식하지 않는 상태가 가장 바람직한 손처리 자세입니다. 물론 쉽지 않습니다. 평소에는 전혀 의식하지 않다가도, 강의나 발표만 하면 이상하게도 손이 눈에 거슬리거든요.

그래서 무의식적으로 손을 자꾸 감추려 하지요. 손을 바지 주머니에 넣거나 뒷짐을 지면서 말이죠. 그런데 이런 손 처리는 문제가 있습니다. 창석 씨, 오늘 제가 처음 만났는데 만약 이런 자세로 이야기를 한다면 어떤 기분이 들까요?"

그는 뒷짐을 지며 창석 씨를 쳐다보았다.

"건방져 보일 것 같습니다. 특히 처음 본 사람이 그런 자세로 말한다면 좀 불편할 듯합니다."

"그렇습니다. 부적절한 손 처리는 교육생들을 불편하게 만들 수도 있다는 것이 문제이지요. 초두효과 기억하시죠? 강의에 중요한 첫인상을 잘못된 손 처리로 망치지 마세요. 좋은 인상을 주는 손 처리의 정석은 '자연스럽게 사용하되 교육생들이 불편함을 느끼지 않아야 한다'는 것입니다. 이 정의에만 맞는다면 손이 바지 옆이든 배꼽 아래이든 어디에 있어도 상관없습니다."

 몸으로 표현하는 시각화, 제스처

"그렇다면 손을 자연스럽게 사용하는 데 도움이 될 만한 방법이 있을까요?"

그는 화이트보드에 Gesture라고 썼다.

"강의 중에는 손을 자신과 떨어진 별개의 객체라 생각하고 역할을 주세요. 손의 움직임이 훨씬 자연스러워집니다. 손에 주는 대표적인 역할이 제스처입니다. 손 처리가 어색하신 분들은 제스처를 적극적으로 활용해 보세요. 도움이 많이 됩니다. 그런데 강의에서 제스처는 어떤 의미일까요? 제대로 활용하려면 의미를 명확히 이해하는 것이 중요합니다."

그의 시선이 나를 향하는 듯하여 스마트폰으로 얼른 검색했다.

"사전에는 몸짓이라고 적혀있네요."

"물론 제스처는 몸짓입니다. 다만 강의에서는 그 정의가 좀 더 구체적이고 명확해야 합니다. 강의에 있어 제스처란 '○○ 있는 몸짓'을 말합니다. ○○에는 어떤 말이 들어갈까요?"

○○이라. 생각, 표현, 행동…, 두 글자로 된 몇 개 단어들이 떠오르긴 하는데.

"제가 만약 이런 손동작을 하면 어떨까요?" 이것도 제스처라고 말할 수 있을까요?"

그는 두 손을 어지럽게 흔들며 말했다.

"지금 제가 한 손동작은 몸짓이니, 사전적으로는 제스처라고 할 수 있겠죠. 그렇지만 강의를 할 때는 이런 손동작들을 제스처라고 하지 않습니다. ○○이 없기 때문이죠. 무엇일까요?"

그제서야 누가 먼저라 할 것도 없이 모두 '의미'라고 대답했다.

"그렇습니다. 강의에서 제스처란 '의미 있는 몸짓'을 말합니다. 모든 몸짓이 아니라 목적을 가지고 의도적으로 하는 손동작만 제스처라고 합니다. 의미 없는 몸짓은 교육생들의 주의를 방해할 뿐이죠."

"그럼 제스처는 어떻게 하는 것이 좋을까요?"

창석 씨는 손 처리가 자신의 주된 보완점이라 생각했는지 연이어 질문했다.

"일단 크게 하세요. 시각적으로 분명히 구분될 만큼 뚜렷하게 보이는 것이 중요합니다. 이런 의미로 제스처를 '몸으로 표현하는 시각화'로 정의할 수도 있습니다. 이렇게 제스처를 통해 전달 내용을 시각화하면 전달 효과가 크게 높아집니다. 왜일까요?

인간은 '시각의 동물'이기 때문입니다. 뇌과학 연구에 따르면 뇌에 들어오는 정보의 90%정도는 시각을 통한다고 합니다.[26] 예를 들어, 뇌로 들어오는 정보의 양이 1,100만 비트라고 가정하죠. 그 중에서 시각으로 들어오는 것이 1,000만 비트이고, 나머지는 청각이나 후각 같은 다른 감각을 통해 뇌에 입력된다는 것입

니다.[27]

　시각으로 처리하는 정보량이 많다는 것은 다른 감각보다 시각으로 정보를 더 빨리 처리한다는 것을 의미합니다. 그래서 제스처를 사용하여 시각화를 강화하면 전달효과가 커지게 되는 것입니다. 그러므로 제스처는 시각화 원리에 따라야 합니다. 그 중 하나가 앞서 말씀드린 '크게 하라'는 것입니다. 제스처가 작아서 교육생들이 시각적으로 잘 인식하지 못한다면 그것은 의미 없는 몸짓에 불과하기 때문입니다. 몸으로 만들어낸 소음에 불과하단 말이죠.

　제스처를 할 때 유의해야 할 것이 한 가지 더 있습니다. '메시지(전달 내용)와 제스처(전달 형식)를 일치시켜라'는 것이죠. 내용과 형식이 일치할수록 전달 효과는 좋아집니다. 인지심리학에서는 스트룹 효과 Stroop effect로 이 현상을 설명하고 있습니다."

　스트룹 효과라…. 어디서 들어 본 적은 있는 것 같은데 얼른 떠오르지 않는다. 이럴 때는 질문이 필요하지!

　"스트룹 효과가 뭔가요?"

　"스트룹 효과는 '단어의 의미와 색상이 일치하지 않는 자극을 보고 그 색상을 말할 때 반응 시간이 더 증가하는 현상'[28]을 말합니다. 1935년에 심리학자 스트룹 John Ridley Stroop은 '빨강'이라는 단어를 빨강색과 파란색 그리고 녹색의 잉크로 적었습니다. 그 다음 사람들에게 빨강이라는 단어 대신 그 단어를 쓴 잉크의 색을 말하도록 하는 실험을 진행했습니다.

　이때 색의 이름과 실제 색이 다를 때, 대답하는 시간이 더 오래

걸렸고 더 많은 실수를 했다고 합니다.

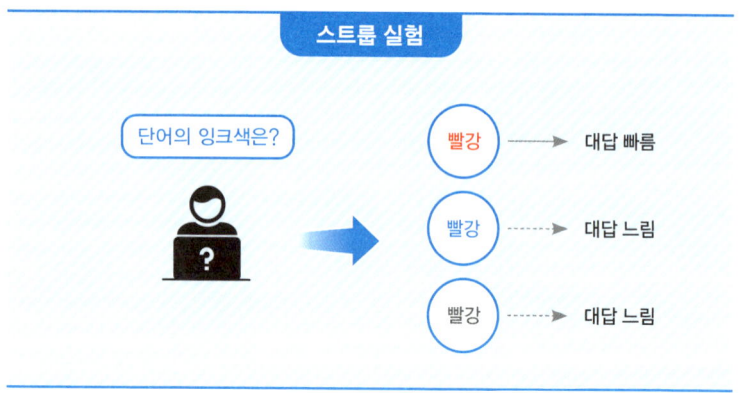

또한 '큰'이란 단어는 작은 글씨로, '작은'이란 단어는 큰 글씨로 적어놓고 읽게 했을 때도 역시 비슷한 현상이 나타났다고 합니다.[29]

이처럼 전달받는 메시지의 형식과 내용이 다르면 서로 간섭하는 현상이 생겨 메시지 전달효과가 떨어지게 됩니다."

그는 손을 좌우로 크게 벌리며 강의장 가운데로 걸어갔다.

"이런 제스처로 '비전은 높게 세워야 합니다'라고 말하면 어떨까요? 순간이지만 뭔가 어색하지 않으셨나요? 전달하는 내용과 표현하는 형식에 차이가 있기 때문이지요. 혹시 이 정도가 무슨 큰 차이냐고 생각하시는 분 계신가요? 절대 그렇지 않습니다. 이런 작은 차이들이 쌓여 좋은 강의와 평범한 강의라는 큰 차이를 만듭니다. 작은 디테일의 힘을 잊지 마세요. 악마는 디테일에 있는 법이죠."

윤 차장님이 고개를 끄덕이며 그의 말에 자신의 경험을 덧붙였다.

"아무래도 지난번 강의에서 제가 실수한 것 같네요. '학습목표는 세 가지입니다'라고 말하면서 다섯 손가락을 다 폈거든요. 오늘 대표님 말씀을 듣고 보니, 제가 교육생들을 헷갈리게 했네요. 이러니 좋은 강사가 아니지, 어휴."

 앵커들이 사과하지 않은 이유

윤 차장님의 한숨에 모두 가볍게 웃었다. 그리고 차장님의 말이 계속 이어졌다.

"이건 피드백이라기보다 제가 늘 궁금해 하던 것인데요. 조금 전에 한 과장이 강의하면서 죄송하다는 말을 자주 하더라고요. 큰 실수가 아닌 것들도 말이죠. 이렇게 강사가 자주 사과하는 것은 어떤가요? 솔직해 보이기도 하지만 조금 자신이 없어 보이기도 하거든요."

"좋은 질문입니다. 평소에도 강의 생각을 많이 하시는 것 같네요. 누구라도 강의를 하다보면 크고 작은 실수를 하게 됩니다. 그런데 그때마다 사과해야 할까요? 그럴 필요 없습니다. 사과하지 말고 그냥 넘겨버리세요. 그것이 교육생에 대한 배려입니다."

실수해도 사과하지 말라고? 게다가 그것이 배려라고? 쉽게 이해되지 않았다.

"과장님, TV에서 뉴스를 진행하는 앵커들은 실수를 할까요, 하지 않을까요?"

"음, 가끔 하는 것 같습니다."

"요즈음은 프롬프터 덕분에 앵커들의 말실수가 많이 줄어든 것 같습니다. 그렇지만 아직도 가끔 실수하는 모습이 보이기도 하지요. 그런데 그때마다 앵커가 미안하다고 사과하던가요?"

"그건…."

"사과하는 경우는 드물지요. 대부분은 사과 없이 그냥 지나갑니다. 왜 그럴까요? 실수한 앵커가 겸손하지 않고 뻔뻔해서일까요? 아닙니다."

생각해보니 앵커가 사과하는 모습을 본 기억이 잘 나지 않았다. 어제 뉴스에서도 앵커가 작은 말실수를 몇 개 했지만, 아무일도 없었다는 듯 자연스럽게 멘트를 이어갔다.

"그런데 오해하지는 마세요. 사과하지 말라는 것은 작은 실수에만 해당되는 말입니다. 큰 실수는 당연히 사과해야죠. 앵커들도 방송사고와 같은 큰 실수는 사과합니다. 다만 작은 실수는 사과를 하지 않고 구렁이 담 넘어가듯 지나가는 경우가 많습니다. 그렇다면 작은 실수에 대해서는 사과를 하지 않는게 왜 좋을까요?"

"시청자들이 방송에 몰입하는 데 방해가 되기 때문이 아닐까요?"

"예, 그렇습니다. 앵커들이 작은 실수를 사과하지 않는 이유는 그들이 뻔뻔해서가 아닙니다. 그것이 시청자에 대한 '배려'이기 때문입니다. 시청자들을 방송에 계속 집중하도록 해준다는 의미이지요.

시청자들에게 앵커의 작은 실수들은 곧 사라질 단기기억에 불과합니다. 그런데 앵커가 사과하면 어떻게 될까요? 시청자들은 그 실수 기억을 다시 반복하여 생각하게 되겠죠. 그 결과, 장기기억이 될 가능성이 높아집니다. 오랫동안 기억된다는 말입니다. 긁어 부스럼 만든 꼴이죠.

또 다른 문제는 그러는 동안 시청자들의 주의는 뉴스의 흐름에서 잠깐이나마 멀어진다는 점입니다. 우리 뇌의 구조상 두 군데를 동시에 어텐션할 수는 없습니다. 그리고 어텐션하지 않으면 기억하지 못한다고 했습니다. 결국 앵커의 실수를 떠올리는 동안 방영된 뉴스는 시청자들에게는 의미가 없는 시간일 뿐입니다. 짧게라도 기억되는 게 없으니까요."

"그래서 강사도 앵커처럼 작은 실수는 사과하지 않는 것이 배려라는 말씀이시죠? 교육생들이 강의에 계속 집중하게 만드는 것이 배려이니까요."

"예, 그렇습니다. 강의 중에 발생할 수 있는 작은 실수는 무수히 많습니다. 예를 들어, 이름을 잘못 부르거나, 발음을 실수하거나, 엉뚱한 슬라이드를 띄우거나, 마커펜을 떨어뜨리는 것 등이지요.

그런데 이름을 잘못 부른 경우는 상대에게 큰 실수가 될 수 있으니, 이 경우를 제외한 나머지 실수들은 그냥 넘어가시면 됩니다. 발음을 실수했다면 다음 번에 잘하면 되고요. 엉뚱한 슬라이드라면 그냥 말없이 원하는 슬라이드를 클릭하면 됩니다. 그렇다면 실수로 펜을 떨어뜨렸다면 어떻게 하면 될까요?"

"주우면 됩니다!"

다시 한번 동시에 대답했다.

"예, 그렇습니다. 말없이 그냥 주우시면 됩니다. 작은 실수들을 사과하지 않았다고, 강사가 건방지다고 생각하는 교육생은 없습니다. 그런데 강사들 중에는 사과와 성격이 조금 다른 부적절한 표현을 사용하는 경우가 종종 있습니다. 제가 '나쁜 겸손'이라고 부르는 것인데요. 겸손의 탈을 쓴 나쁜 표현이라는 의미입니다. 사실 작은 실수에 대한 사과는 교육생들의 집중에 약간의 방해가 될 뿐 크게 해롭지는 않습니다. 하지만 나쁜 겸손은 경우가 다릅니다."

겸손하면 좋은 것 아냐? 나쁜 것이 있을까? 뇌 속에 물음표가 생겼다.

"예를 들어 '준비한 것이 별로 없어서…'라는 말로 강의 오프닝을 했다고 해보죠. 거기에 대해 교육생들은 어떤 생각을 할까요? '강사가 참 정직하고 겸손하네'라고 생각할까요? 그런 사람은 거의 없습니다.

성인학습adult learning 원리에 따르면 인간, 특히 성인들은 학습을 통해 성장하려는 내재적 동기가 강하다고 합니다. 그러므로 강사는 강의가 성장에 도움이 된다는 믿음을 심어줘야 합니다. 성인들을 대상으로 하는 강의는 학습동기를 높인 뒤 시작해야 효과가 있지요. 그런데 준비한 것이 별로 없다는 강사의 말을 들으면 어떤 느낌이 들까요? 그것도 강의를 시작할 때 말이죠. 교육생 입장에서는 믿음은 고사하고, 성장에 대한 기대감이 급격히 떨어질 것입니다. 학습동기가 아주 낮아진다는 말이죠.

강의 클로징도 마찬가지입니다. '부족한 내용을 들어주셔서…'라는 말을 듣는 순간, 그때까지 쌓았던 강사나 강의 내용에 대한 믿음이 흔들릴 수 있습니다. 일상 생활에서는 자신을 낮추어 말할 수도 있습니다. 하지만 강사로 교육생들을 만난다면 다르게 행동하셔야 합니다. 자신의 의도와 달리 강의에 부정적 영향을 미칠 수 있습니다.

이처럼 학습동기를 떨어뜨리거나 강의에 대한 믿음을 훼손시킬 수 있는 겸손이 나쁜 겸손입니다. 설령 준비가 조금 부족하더라도 자신감을 보여주는 것이 중요합니다. 그것이 강의를 듣기 위해 귀중한 시간을 투자한 교육생들에 대한 배려이기도 하지요."

모든 길이 로마로 통하듯 모든 강의 스킬도 '배려와 자신감'으로 연결되는구나. 작은 실수와 나쁜 겸손의 의미가 가슴에 와닿았다.

"그럼, 오늘 강의 코칭은 여기에서 마치겠습니다. 충분히 준비 못해 죄송…. 농담입니다. 이렇게 끝내면 안되는 것 아시죠. 유익한 시간이 되셨길 바랍니다. 다음 주에는…"

이때 윤 차장님이 조심스러운 표정으로 끼어들었다.

"대표님, 말씀 중에 죄송합니다만, 이 강의 코칭에 저도 참가할 수 있을까요? 사내강사로 강의하는 데 큰 도움이 될 것 같아서요."

평소와 달리 적극적이었던 차장님의 말이 끝나자, 창석씨가 바로 이어서 말했다.

"저도 참가하고 싶습니다. 아직 회사 경력은 많지 않지만 앞으로 사내강사로 활동하고 싶습니다. 제 경력개발계획 중 하나이거든요. 프레젠테이션이나 강의 스킬에 관한 책도 읽고, 다른 사람 강의도 모니터링하며 틈나는 대로 공부하고 있습니다. 하지만 전문가 도움 없이 혼자 공부하다 보니 성장의 한계를 많이 느낍니다. 특히 제가 개선해야 할 점들을 찾는 일이 가장 어렵더군요. 그래서 이번 기회에 대표님과 다른 분들의 피드백을 통해 저의 보완점을 찾고 싶습니다. 부탁드리겠습니다."

사내강사인 윤 차장님은 그렇다 하더라도 창석 씨까지 이렇게 적극적으로 모임 참가를 희망할 줄은 몰랐다.

"저로서는 당연히 환영입니다만, 두 분 선배님들은 어떠세요?"

"저희도 당연히 좋죠. 선물 드릴 곳이 추가로 생겼네요."

민선 씨의 말과 함께 신규 멤버들을 박수로 환영했다. 다음 주는 윤 차장님과 창석 씨가 강의 실습을 하기로 했다. 노트에 적어 놓은 학습에 대한 정의가 눈에 들어왔다. '학습이란 뉴런 신경망의 변화라는 말이지' 머리속 뉴런들이 서로 연결되며 꿈틀꿈틀 앞으로 나가는 것 같다. 그 느낌이 참 좋다. 복잡한 퍼즐 조각들이 하나씩 맞춰질 때처럼 짜릿함이 느껴진다.

🔒 **전문가의 비밀 노트 3**

우선순위에 따라 강의 시간 배분하기

Q: 강의를 준비할 때마다, 강의 분량이 강의 시간에 적당한 지 고민입니다. 강의 분량이 너무 많아 시간이 부족해도 문제이고, 남아도 문제이니까요. 어떤 방법이 있을까요?

강의를 준비할 때 강의 시간을 배분하는 일은 어렵고 힘든 일입니다. 처음 진행하는 강의라면 강의 경험이 많은 강사 역시 부담을 많이 느끼는 작업이거든요.

제가 권해드리는 방법은 '우선순위 설정'입니다. 먼저 강의에 사용하는 각 슬라이드별로 중요도를 정하고, 그 결과를 별(★)을 사용해 표시하세요.

예를 들어, 다음과 같이 슬라이드별로 우선순위를 주는 식이죠.

강의 과목: 창의적 문제해결(2H)

슬라이드	제목	시간	우선순위	비고
#1	강사소개	5분	★★	
#2	학습목표	1분	★	
#3	창의적 사례 찾아보기	10분	★★	Activity
#4	창의란?	2분	★★★	
#5	창의 유머	2분	★	
	중략			
#30	모순의 종류	2분	★★★	
#31	사례발표: 기술적 모순 vs. 물리적 모순	10분	★	Activity

슬라이드	제목	시간	우선순위	비고
#32	기술적 모순 적용원리	5분	★★	
#33	물리적 모순 적용원리	5분	★★	
#34	문제해결원리 현업활용 프로세스	10분	★★★	
#35	요약정리	5분	★	
#36	Q&A	5분	★	
#37	학습 성찰	2분	★★	

강의가 정시에 시작되었다면 준비한 모든 슬라이드들을 설명합니다. 그런데 강의를 하다보면 처음 계획대로 진행되지 않는 경우도 많습니다. 갑자기 노트북이나 빔 프로젝터가 작동이 안된다거나 교육생 질문과 답변이 길어지는 등의 이유로 말이죠. 강의 슬라이드별로 우선순위를 미리 정해 두면 이런 경우에 많은 도움이 됩니다.

남은 시간이 부족하다면 우선순위가 가장 낮은 슬라이드부터 강의 계획에서 제거하세요. 위의 사례에서는 별 하나로 표시한 학습목표, 창의 유머, 사례발표 등이 여기에 해당되지요.

그렇다면 강의 시간이 많이 남은 경우에는 어떻게 해야 할까요? 질의응답(Q&A)이나 학습성찰(learning reflection)의 시간을 좀 더 늘려 보세요. 강의 시간을 채워주는 것뿐만 아니라 교육효과 측면에서도 도움이 됩니다.

다음은 교육생들에게 학습한 내용을 성찰시킬 때 제가 자주 사용하는 질문들입니다.

- 오늘 배운 것 중 유익했던 것 한 가지가 있다면 무엇입니까?
- 학습한 내용을 자신의 업무나 생활에 어떻게 적용할 수 있을까요?

일곱 번째 만남

'말'로 하는 강의스킬

리허설, 강의 전에 강의를 끝내야

지난주 윤 차장님과 창석 씨가 보여준 학습의지는 대단했다. 빈 강의장에서 동선을 연습하거나, 회의나 대화할 때 눈을 적극적으로 마주치려는 모습을 자주 볼 수 있었다. 특히 창석 씨의 발전 속도는 놀랍기만 하다. 평소 사람들과 눈을 마주치며 말하는 스타일은 아니었다. 그런데 이제는 원장님과 얘기할 때도 자연스러운 아이 컨택이 될 정도로 능숙해진 모습이다. 이런 두 사람의 모습에 경쟁심도 은근히 느껴진다. 아무래도 오늘은 강의장에 좀 더 일찍 가서 연습해야 할 것 같다.

"반갑습니다. 어서 오세요."

제일 먼저 도착했다고 생각했지만 이미 그가 와 있었다. 강의 코칭 시작 시간보다 30분이나 일찍 왔는데도 말이다. 좋은 강사의 필수 덕목 중 하나는 부지런함인 것 같다. 그와 인사를 나누는 동안 나머지 멤버들도 속속 도착했다. 모두들 나처럼 미리 연습하려고 그랬는지, 덕분에 오늘은 강의 코칭이 좀 더 일찍 시작되었다.

"대표님, 강의장에는 보통 언제쯤 도착하시나요? 저희보다 항상 먼저 와 계시니 궁금해서요."

"오늘은 과장님도 평소보다 일찍 오셨죠? 전 강의장에 일찍 오는 것을 좋아합니다. 일반적으로 강사는 강의 시작 30분 전까지 강의장에 도착하면 된다고 하지요. 하지만 전 1시간 전까지 도착하려고 노력합니다. 특히 강의가 오전에 일찍 시작한다면 더욱 빨리 오려고 해요."

"1시간 전이라면 너무 이른 것 아닌가요?"

민선 씨가 조심스레 물었다.

"물론 그럴 수도 있겠지요. 하지만 전 강의장에 도착하는 데 이른 시간은 없다고 생각합니다. 사용할 교보재나 테이블 배치, 빔 프로젝터 같은 강의 환경을 점검하거나 강의 리허설을 하기 위해서는 시간이 많으면 많을수록 좋습니다. 강의할 때 어떤 돌발상황이 발생할 지 모르는 일입니다. 그것에 적절히 대응하려면 점검과 리허설을 충분히 할 수 있는 시간적 여유가 필요합니다.

강의 시작 직전에 갑자기 노트북 작동이 멈추거나, 빔 프로젝터와 연결이 안되거나, 스피커 소리가 나오지 않으면 어떨까요? 끔찍한 악몽이지요. 실제로 제가 겪은 악몽이기도 합니다. 그날은 자주 강의를 해서 익숙한 곳이라 강의 시작 30분 전에 리허설을 시작했습니다. 그런데 리허설 도중 제 노트북 화면이 교육생들이 보는 스크린에 나타나지 않았습니다. 지난번 같은 장소에서 강의할 때는 아무 문제 없었는데 말이죠. 머릿속이 하얗게 된다는 표현이 이 경우에 딱 어울리는 말일 겁니다. 그 때 속으로 얼마나 자책했는지 몰라요. 다행히 진행자의 도움으로 강의 파일과 폰트를 다른 노트북으로 서둘러 옮겨, 강의는 무사히 마쳤습니다. 하지만 지금도 그때를 생각하면 몸이 오싹해집니다. 익숙한 곳이라 방심한 것이 강의를 엉망으로 망칠 수도 있었던 거죠.

강의 환경이 어떻게 작용할 지는 강의 당일 리허설 전까지는 아무도 확신할 수 없습니다. 확률로 판단할 문제도 아닙니다. 다시 말해 100번 중 99번은 문제가 없었다고 소홀히 다룰 일이 아니라는 겁니다. 문제가 생긴 강의에 참가한 교육생들에게는 그 한 번이 전부이니까요."

얼마 전 강의가 떠올랐다. 그날은 강의 시작 10분 전에 강의장에 도착하는 바람에 리허설을 할 시간이 없었다. 곧바로 시작된 강의에서 나를 소개하려고 할 때, 그제서야 마이크 소리가 나오지 않는다는 것을 알게 되었다. 배터리가 방전되어 있었다.

어쩔 수 없이 목소리를 크게 낼 수밖에 없었다. 그런데 목소리에 신경 쓰다보니 강의가 부자연스러워졌다. 게다가 전달하려고 했던 것들 중 몇 개는 잊어버린 채 강의를 마쳤다. 조금만 일찍 도착해 점검했더라도 이런 일은 없었을 텐데…. 씁쓸한 경험이었다.

"일찍 도착하면 교육담당자에게 강의에 필요한 정보를 얻을 시간도 충분합니다. 교육생들의 성별 비율, 학습 태도, 지식 및 경험

수준 같은 정보 말이죠. 이런 정보 중 일부는 강의 의뢰를 받을 때 제공되기도 합니다. 하지만 강의 당일에만 알 수 있는 것들도 꽤 많습니다.

이런 정보들은 강의에 많은 영향을 미칩니다. 혹시 손자병법의 선승구전(先勝求戰)[30]이란 구절을 들어보셨나요? 승리하는 군대는 먼저 승리해 놓은 후에 전쟁을 벌인다는 뜻이죠. 강의도 같습니다. 좋은 강의를 하고 싶다면 먼저 충분히 준비한 뒤에 강의를 하세요. 교육생에 대한 정보 파악은 그 준비의 핵심입니다. 가능한 많이 파악하세요. 강의장에 일찍 도착하셔서 말이죠."

이겨놓고 싸운다는 말이 가슴에 다가온다. 비단 강의뿐만 아니라 다른 일들도 같지 않을까? 어떤 일이든 성공을 바란다면, 시작하기 전에 충분한 준비부터 끝내야겠지. 준비에 성공한 자가 성공을 준비하는 거니까.

 어색함은 학습의 필수 과정

잠시 생각에 빠져 있는 동안 차장님의 모의 강의가 시작되었다. 강의가 전보다 훨씬 자연스러웠다. 강의 코칭 참가 후 연습한 것이 효과를 발휘한 듯하다. 발표가 끝나자마자 피드백을 드렸다.

"차장님, 이젠 프로강사 같으세요. 강의에 자신감이 가득한 것이 느껴졌어요. 말이 끊어지지 않고 계속 이어져 집중하기 조금 어려웠던 점만 제외하고는 최고의 강의였습니다."

손으로 엄지척을 해 보이며 준비한 피드백 선물을 주었다.

"과분한 칭찬입니다. 그런데 말을 짧고 간결하게 하는 것이 참 어렵네요. 한 과장 충고를 들은 뒤 여러 번 시도했지만, 할 때마다 좀 어색해요. 그래도 계속 노력하겠습니다. 피드백 감사합니다."

"수고하셨습니다. 학습을 할 때 어색하다는 것은 어떤 의미가 있을까요? 피드백을 드리기 전에 이것부터 명확히 하죠. 강의 스킬을 포함해서 새로운 것을 학습할 때 도움이 될 수 있으니까요. '어색함'은 학습을 통해 변화하는 과정에서 당연히 생기는 긍정적 신호입니다."

변화하기 위해서는 반드시 어색함이라는 과정을 거쳐야 한다는 뜻인가?

"이것은 NLP[31] 심리학에서 말하는 학습 단계 learning stage 로 설명할 수 있습니다. 여기서 학습이란 변화와 동일한 의미입니다. 행동이든 태도이든 학습의 결과는 항상 변화로 나타나기 때문입니다. 그래서 학습의 과정은 곧 변화의 과정인 것이죠."

그는 화이트보드에 학습 단계를 적었다.

학습 단계(learning stage)

학습단계	의식	능력	비고
4단계	X	O	습관화
3단계	O	O	
2단계	O	X	
1단계	X	X	

"첫 번째 단계는 의식도 못하고 능력도 없는 단계로 '의식하지 못하는 무능력'이라고 합니다. 자동차 운전을 배우는 과정으로 예를 들어보죠. 이 단계는 운전을 배우겠다고 생각하기 이전입니다. 이때는 운전석에 앉아도 운전을 의식하지 못하고(무의식) 운전할 능력도 없지요(무능력).

그 다음에는 자신이 운전하는 것을 의식은 하지만, 아직 운전할 능력이 없는 단계입니다. '의식하는 무능력' 단계라 합니다. 운전학원에 등록했지만 아직 면허를 따지 못한 상태가 여기에 해당되죠. 세 번째는 '의식하는 능력' 단계입니다. 초보 운전자 시절로, 이때는 본인이 운전하는 것을 의식도 하고 실제로 운전할 능력도 있는 단계이죠. 그러면 마지막 단계로 가면 어떻게 될까요? 여러분처럼 능숙한 운전자라면 어떻게 운전할까요? 초보처럼 동작 하나하나를 의식하면서 운전할까요?"

모두들 웃으며 고개를 가로저었다.

"그렇습니다. 오랫동안 운전한 분들이라면 일상적 상황에서는 운전에 필요한 행동들을 의식하지 않습니다. 하지만 운전은 자연스럽죠. 운전을 배우는 것처럼 의식하지 않았는데도 능력이 발휘되는 단계가 학습의 마지막 단계입니다. 이 상태를 습관화라고 합니다. 이렇게 행동이 습관으로 자리잡을 때 학습과 변화가 완결됩니다.

그런데 학습 단계를 밟을 때 유의할 점이 있습니다. 학습 단계는 반드시 순차적으로 이루어진다는 점이죠. 어느 단계도 생략할 수 없으며, 단계를 건너뛰는 것은 불가능합니다."

그는 보드에 윤 차장님 사례를 추가하며 설명했다.

학습 단계: 윤 차장 사례

학습단계	의식	능력	비고	비고
4단계	×	O	간결하게 말하는 것을 의식하지 않지만 간결하게 말함	→ 어색함 없음
3단계	O	O	간결하게 말하는 것을 의식하면서 간결하게 말함	→ 어색함 적음
2단계	O	×	간결하게 말해야 하는 것을 의식하지만 간결하게 말하지 못함	→ 어색함 많음
1단계	×	×	간결하게 말해야 하는 것을 의식하지 못하고, 간결하게 말하지도 못함	→ 어색함 없음

"차장님의 경우를 학습단계에 대입시켜보죠. 차장님이 원하는 변화는 말을 간결하게 하는 것입니다. 의식하지 않고 자연스럽게 그런 능력이 습관화되는 4단계에 도달하려면 그 아래 2단계와 3단계를 필수적으로 거쳐야 합니다. 그런데 2단계와 3단계에는 공통점이 하나 있습니다. 의식이 개입된다는 것이죠. 어찌보면 당연한 말입니다. 무언가를 배우기 위해서는 의식해야 하니까요. 그런데 이렇게 의식하기 때문에 어색함도 느끼는 것입니다. 의식이 없으면 어색함도 느낄 수 없는 법이거든요.

그러므로 차장님이 지금 말씀을 하실 때 어색함을 느끼는 것은 긍정적 신호로 볼 수 있습니다. 변화라는 학습의 길로 제대로 가고 있다는 것이니까요. 말을 간결하게 할 필요성을 의식조차 하지 않았던 1단계에서는 어색함이 없으셨잖아요.

학습의 과정에서 어색함은 필연적으로 생깁니다. 학습의 긍정적인 부산물로 받아들이고 감수해야 합니다."

이제 '어색함'이 왜 변화의 긍정적인 신호인지 이해되었다. 윤 차장님도 그의 말에 적잖게 힘을 얻은 것 같다. 결의와 자신감으로 가득 찬 표정이 이를 말해주는 듯했다.

말에도 여백을 주자

"말 자체를 짧고 간결하게 하는 법은 지난번에 말씀드렸습니다. 오늘은 '말의 여백'에 대해 알아보도록 하죠. 말의 여백이란 말과 말 사이의 시간적 간격을 말합니다. 말을 하다가 의도적으로 잠깐 멈출 때 생겨나는 말의 빈자리이지요. 강사가 말에 여백을 주면 어떤 효과가 있을까요?"

"강사가 말을 하다가 잠깐 멈추면, 교육생들은 그것을 그다음 말이 중요하다는 신호로 여깁니다. 그래서 강의에 보다 더 집중하게 됩니다. 그들에게는 말을 멈춘 것 자체가 변화이고 새로움이니까요."

민선 씨의 말이 끝나자 윤 차장님도 자신의 의견을 이야기했다.

"말에 여백을 주면 한 번에 말할 분량도 자연스럽게 짧아져 말이 간결해질 것 같습니다. 전달 효과는 당연히 좋아지겠죠. 특히 저 같이 말을 길게 하는 사람에게 도움이 되는 방법이네요."

"그렇습니다. 두 분의 말씀에 한 가지 더 추가하면 교육생들에게 시간을 주는 효과가 있습니다. 어떤 시간일까요? 강의 내용을 자신의 언어로 만들어, 기존의 기억들과 연결할 수 있는 시간입니다."

그는 테이블 바닥에 종이 한 장을 놓았다. 그리고 여행용 티슈를 한 장 꺼내 여러 조각으로 찢은 다음 손에 쥐었다.

"지금부터 여기 종이는 교육생의 뇌, 티슈는 강사의 메시지라고 생각해 주세요."

그는 티슈 조각들을 종이 위에 뿌렸다. 조각들이 너풀거리며 내려앉았다.

"티슈 조각들이 종이 위에 있습니다. 강사의 메시지인 강의 내용이 교육생들의 뇌에 도달했다고 볼 수 있겠지요. 그런데 이 상태가 안정적일까요?"

그는 종이를 들어 살짝 흔들었다. 조각들은 맥없이 날아갔다. 그는 우리 쪽으로 종이를 보여주었다.

"보시다시피 종이에 남아 있는 것이 거의 없습니다. 강의 내용 중 기억된 것이 별로 없다는 말입니다. 좋은 강의라 할 수 없겠지요. 그렇다면 이번에는 이렇게 하면 어떨까요?"

그는 티슈 조각들을 다시 종이 위에 올려놓고 물을 뿌렸다. 젖은 조각들이 종이에 쫙 달라붙었다.

"차장님, 한번 종이를 흔들어 보시겠습니까?"

윤 차장님이 종이를 이리저리 흔들어도 조각들은 대부분 떨어지지 않았다.

"조각들이 날아가지 않게 하려면 물을 뿌려야 합니다. 우리 뇌에서 이 물의 역할을 하는 것이 '연관 기억'입니다. 새로운 정보가 기존 기억 중 연관된 기억과 결합되지 못하면 그 정보는 물기 없는 티슈 조각처럼 쉽게 날아가 버립니다. 장기기억으로 저장되기 어렵다는 말입니다.

따라서 말의 여백을 통해 교육생들이 강의 내용을 그들의 연관 기억과 결합할 수 있는 시간을 주어야 합니다. 특히, 교육생들이 반드시 알아야 할 핵심 내용이라면 이 시간은 더욱 필요합니다. 이런 시간이 없다면 외부에서 들어온 정보는 마른 종이 위의 티슈처럼 감각의 흔적 속에서만 맴돌다 사라질 확률이 높습니다."

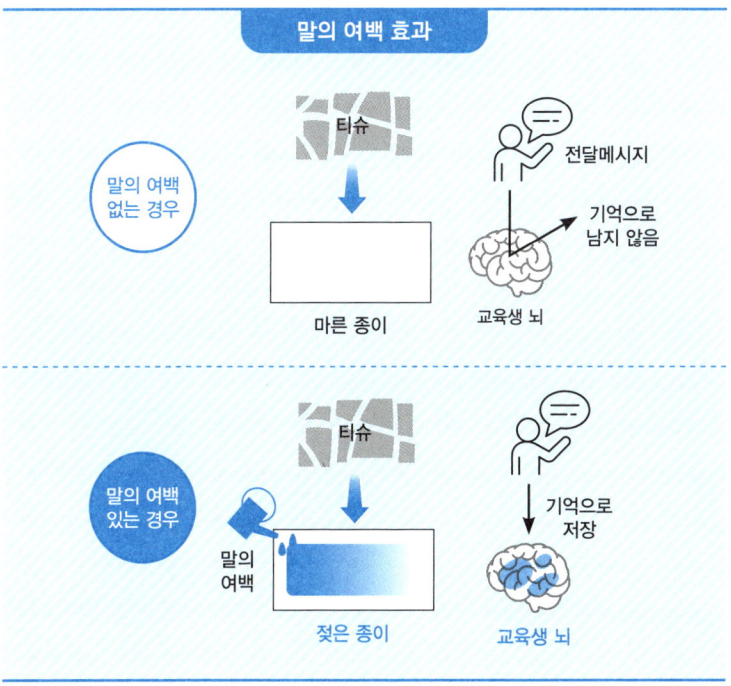

"지금까지 이야기한 것을 기억의 단계 중 첫 단계인 부호화encoding로 설명해 보죠. 연관 기억과 결합한다는 것은 외부의 정보를 재해석하여 자신만의 방법으로 부호화한다는 말입니다. 부호화에 반드시 필요한 자원이 시간입니다. 이 자원이 충분하지 않다면 기억의 첫 번째 관문, 부호화의 언덕을 넘기 어렵습니다.[32] 그래서 중요한 메시지라면 의도적으로 말에 여백을 주는 것이 좋습니다. 교육생들이 그들의 기억체계로 흡수할 시간을 주는 것이죠."

얼마 전 들은 푸아그라 이야기와 말의 여백이 묘하게 오버랩되었다. 농장주들은 세계 3대 진미로 알려진 푸아그라를 만들기 위해 거위 목에 깔때기를 밀어 넣고, 소화할 틈도 주지 않고 계속 먹이를 먹인다고 한다. 그 결과로 거위 간은 기름지고 커지긴 하지만 사망률은 일반 거위의 몇 배에 달한다는 내용이었다.[33]

'말의 여백' 없이 강의하는 것이 푸아그라 농장주가 먹이주는 것과 무엇이 다를까? 혹시라도 내가 교육생들을 푸아그라 거위 취급한 건 아닌지. 잠깐의 상상만으로도 몸이 절로 오싹해졌다.

 ## 반드시 제거해야 할 대상, 군더더기 말

이어서 그는 윤 차장님 발표에 추가 피드백을 요청했다. 어색한 침묵이 잠깐 흐른 뒤, 창석 씨가 아주 조심스럽게 말을 꺼냈다.

"이런 말씀을 드려도 될 지 조심스럽긴 합니다. 선물로 편하게 받아주세요. 차장님은 말을 시작하실 때마다 '저~'라는 의미 없는 단어를 자주 사용하시는 것 같습니다. 별거 아니라 생각할 수도 있지만, 저는 그 말이 반복적으로 들려 조금 불편했습니다."

"아, 그런가요? 전혀 의식하지 못하고 있었습니다. 여태껏 그런 말을 해 준 사람도 없었고요. 고맙습니다."

와우, 좋은 피드백이다. 이런 언어 습관을 스스로 발견하긴 매우 힘든 일이지. 그도 창석 씨의 말에 고개를 끄덕이며 동의해 주었다.

"창석 씨가 좋은 선물을 주셨네요. 이런 의미 없는 군더더기 말들을 '어벽(語癖)'이라 합니다. 영어로는 필러 filler, 그라피티 graffiti, 패딩 padding, 트래시 trash 등 다양하게 불립니다.[34] 대표적인 몇 개만 말씀드리면 저~, 어~, 음~, 그~, 에~ 같은 것들이지요."

지난번 외주업체 선정 공개 프레젠테이션 자리에서 만난 어느 컨설팅업체 대표가 떠올랐다. 그 분은 '솔직히 말해'라는 어벽을 갖고 있었다. 어찌나 자주 사용하던지 오히려 그가 전달하려는 내용을 신뢰하기 힘들 정도였다. 다른 동료들도 나와 비슷한 느낌이었는지, 그 업체와의 아웃소싱 계약은 결국 이루어지지 않았다.

"학창시절에 이런 어벽이 있는 선생님을 만났다면 아마 수업에 온전히 집중하기 어려웠을 것입니다."

고등학교 시절, 물리 선생님 수업이 그랬다. 그 분은 말하는 중간에 '~음'이라는 의성어를 자주 사용하셨다. 그래서 물리 시간만 되면 선생님이 그 말을 얼마나 많이 사용하는지 친구들과 내기를 하며 시간을 보내곤 했다. 선생님께서 '음'이라는 말을 할 때마다 바를 정(正)자로 횟수를 기록하며 키득거리다보면 수업은 어느새 끝나 버렸다.

"그런데 이런 어벽이 왜 문제가 될까요? 그것은 교육생들이 강사의 어벽을 인식하면 그 후부터는 그들의 주의가 그 어벽으로 분산되기 때문입니다. 학습과 전혀 관련 없는 군더더기 말에 그들의 귀중한 에너지가 낭비되는 꼴입니다. 그렇게 되면 정작 기억해야 할 내용은 놓치기 쉬워지지요. 교육생에 대한 배려가 아닙니다. 되새김rehearsal 차원에서 어느 분이 대답해 주시겠습니까? 강사의 배려란…."

말에 여백이 생겼다. 잘린 공간을 민선 씨가 이어나갔다.

"교육생들이 집중해야 할 부분만 집중하게 해주는 것입니다."

"그렇습니다. 강사의 배려를 뇌과학 관점에서 다르게 표현하면, 교육생들의 인지적 경제성cognitive economy[35]을 추구하는 것입니다. 그들이 최소한의 인지 자원을 사용하여 최대한의 정보를 얻게 해주어야 한다는 의미입니다. 반대로 배려하지 않은 최악의 모습은 강사의 어벽 같은 아무런 가치도 없는 정보에 그들의 귀중한 자원을 낭비하게 하는 경우이겠지요. 좋은 강의를 하고 싶다면 항상 이 점을 염두에 두셔야 합니다."

 강의의 만능 키, 질문

잠깐 휴식 시간을 가진 후 창석 씨 강의가 시작됐다. 강의 주제는 'HR의 빅 데이터 활용방안'이었다. 내용은 신선했지만 선뜻 이해되지 않은 부분들이 있었다.

강의가 끝나자마자 민선 씨가 기다렸다는 듯이 피드백을 시작했다.

"강의 잘 들었습니다. 준비를 많이 하신 것 같습니다. 강의도 막힘없이 진행되었고요. 그런데 강의가 일방적으로 진행되어 조금 딱딱했어요. 인터렉티브interactive하게 진행하셨으면 더 좋았을 거라는 생각이 들었습니다. 게다가 처음 듣는 단어나 개념들도 많아서 조금 이해하기 어려웠습니다."

역시 핵심을 찌르는군. 내 말이 그 말이지.

"피드백 감사합니다. 강의를 준비할 때, 여기 계신 분들도 잘 알고 있는 강의 주제라 생각했습니다. 그래서 부연설명 없이 얘기한 것이 강의를 다소 이해하기 어렵게 만들었네요. 게다가 정해진 시간 내에 준비한 내용을 모두 다 전달하려다 보니 일방적인 강의가 된 것 같습니다. 잘하려고 했는데…."

창석 씨는 머리를 긁적이며 피드백을 인정했다. 아직도 얼굴에는 긴장된 표정이 남아있었다.

"좋은 피드백입니다. 교육생들과 소통하지 않고 일방적으로 진행한 강의가 좋은 강의로 기억되긴 힘들지요. 그렇다면 교육생들과 소통하기 위해서는 어떤 강의 스킬이 도움이 될까요?"

그의 질문에 민선 씨는 벽면에 부착된 피드백 항목들을 찬찬히 보면서 말했다.

"질문이 아닐까요? 질문을 주고받으면 강의가 좀 더 쌍방향으로 진행될 것 같아요."

"그렇습니다. 교육생들과 게임, 상호 토론, 그룹 발표 등을 통해서도 소통할 수 있습니다. 하지만 가장 쉬운 방법은 질문입니다. 또한 강의 중 부딪히는 문제의 해답도 대부분 질문에서 찾을 수 있습니다. 이런 의미에서 저는 질문을 '강의의 만능 키'라고 생각합니다. 먼저 질문하는 것이 어떤 의미가 있는지 알아보겠습니다. 질문이 주제이니 시작도 질문으로 하죠. 강사가 질문하는 이유는 무엇일까요?"

질문을 듣는 순간, 전두엽이 작동하기 시작했다. 당연한 것 아냐? 교육생들이 아는지 모르는지 확인하는 것이겠지. 그런데 그가 이런 뻔한 것을 질문하지는 않았을 것 같은데.

윤 차장님이 먼저 자신있게 대답을 했다.

"교육생들의 이해도를 확인하기 위해서입니다."

"물론 그렇습니다. 차장님 말씀대로 교육생들이 강의내용을 어떻게 받아들이고 있는지, 혹시 이해하는 데 어려움은 없는지 확인하는 용도로 질문합니다. 그런데 이것 말고 또 다른 용도도 있습니다. 무엇일까요?"

이번 질문에는 아무도 대답하지 못했다.

"방금 제가 질문을 드렸을 때 여러분의 머릿속에는 무엇인가 생겼을 겁니다. 그것이 무엇일까요?"

"어떻게 대답할까 생각하면서 정답에 대한 호기심이 생겼습니다."

그는 내 대답을 들으며 화이트보드에 그림을 그렸다.

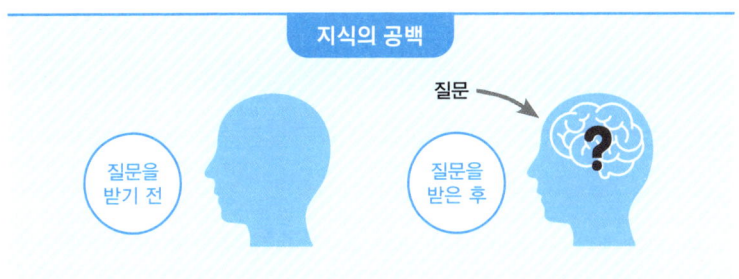

"그렇습니다. 질문을 받으면 우리 뇌 안에 자연스럽게 공간이 생기게 되고, 뇌는 그것을 자동적으로 다시 메우려고 하지요. 비유적인 표현이긴 하지만, 이 공간을 카네기 멜론대의 행동경제학자인 조지 로웬스타인 George Loewenstein 교수는 '지식의 공백'이라고 말합니다. 우리들은 이러한 지식의 공백을 느낄 때 호기심이 생긴다고 하지요.[36] 그리고 이렇게 만들어진 호기심은 학습동기를 결정하는 가장 중요한 요인들 중 하나입니다. 그러므로 교육생들의 학습동기를 높이려면 질문으로 지식의 공백을 만들어 주어야 합니다. 특히 강의를 시작할 때 호기심을 부르는 질문을 하면 효과는 배가 되지요."

그는 화이트보드에 동그라미를 세 개 그렸다. 그리고 이해도, 호기심, 사전 지식이라는 단어들로 그 안을 채웠다.

"강사가 질문을 하는 이유는 크게 세 가지입니다. 첫 번째는 질

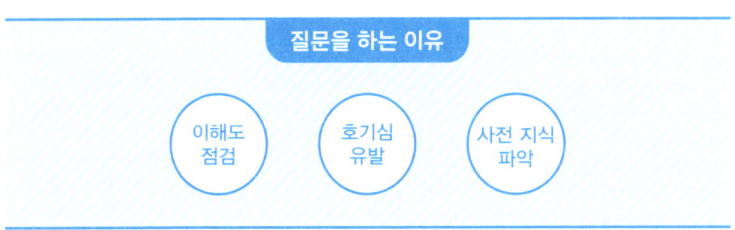

문을 통해 교육생들의 이해도를 점검하기 위해서입니다. 두 번째는 방금 설명 드린 호기심을 유발하여 학습동기를 높이기 위해 질문합니다. 그리고 마지막은 교육생들의 사전 지식을 파악하여 '지식의 저주'에 빠지지 않기 위해서이지요."

세 번째 이유는 낯설었다. 지식의 저주가 무슨 말인지. 약간 으스스한 느낌이 든다.

"먼저 지식의 저주란 말부터 알고 가죠. 지식의 저주란 무슨 뜻일까요?"

그는 말을 멈추고 뜬금없이 강의교탁을 손가락으로 두드리기 시작했다. 리듬이 있는 것으로 보아 어떤 곡을 연주하는 것 같다.

"오후의 나른함을 덜어드리려고 손가락으로 어떤 노래를 연주했습니다. 말만 하면 누구나 다 아는 유명한 노래이니 쉽게 맞추실 것 같습니다. 어떤 노래인가요?"

모두 고개만 갸우뚱거렸다. 손가락으로 내는 소리만 듣고 어떻게 노래를 맞출 수 있을까.

"말씀하시는 분이 없네요. 방금 제가 연주한 곡은 'Happy birthday to you'였습니다. 아직도 모르시겠어요? 그럼 이번에는 노래를 부르며 연주할게요. '생일 축하합니다. 생일 축하합니다. 사랑하는 당신의 생일 축하합니다'"

모두들 어리둥절하며 황당하다는 표정이었다. 그는 이런 우리를 보고 싱긋 웃으며 다시 말을 이어갔다.

"이상하네요. 이렇게 유명한 곡인데도 아무도 맞추지 못하셨다는 게 말이죠. 그렇다고 실망하지 마세요. 사실 다른 곳에서 연주

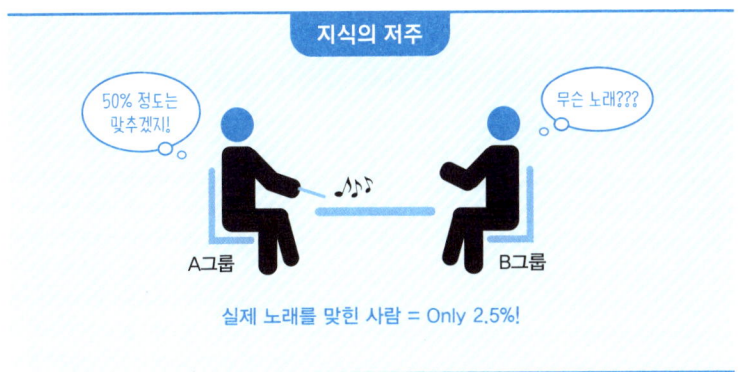

했을 때도 거의 대부분 노래를 맞추지 못했으니까요.

그런데 왜 저는 여러분이 쉽게 맞출거라 생각했을까요? '지식의 저주' 때문입니다. '지식의 저주'란 자신에게는 너무나 익숙한 것이어서 상대도 당연히 알고 있을 거라 생각하는 문제를 말합니다. 1990년 엘리자베스 뉴턴Elizabeth Newton의 실험에서 유래되었다고 합니다.

뉴턴은 A, B 두 그룹으로 실험그룹을 나눈 뒤, A그룹에게는 방금 제가 한 것처럼 노래를 연주하게 했습니다. 입으로 소리내지 않고 책상만 두드리는 식이죠. 노래는 미국 국가, 생일 축하 노래 등 미국민이라면 누구나 알만한 노래 중에서 선정하게 했지요. 반면, B그룹에게는 노래의 제목을 알려주지 않고 단지 A그룹이 책상을 두드리는 소리만 듣고 노래를 추측하게 했습니다. 이때 B그룹에서 A그룹 노래를 정확하게 맞춘 사람 비율은 어느 정도였을까요? 참석자의 2.5%에 불과했다고 합니다.

이때 A그룹의 예측이 재미있습니다. 연주 전에 A그룹에게 'B

그룹의 몇 % 정도가 여러분들이 연주하는 노래를 맞출 수 있을까요?'라고 묻자, '50%'라고 대답을 했어요. 실제 결과와는 상당한 편차가 있는 예측인거죠.

이런 일이 왜 생겼을까요? 비록 소리는 내지 않았지만 A그룹에게는 연주하는 노래의 리듬과 멜로디가 쉽게 떠올랐습니다. 너무나 익숙한 노래이니까요. 그래서 B그룹도 어렵지 않게 답을 맞힐 수 있을 거라 지레짐작했기 때문이지요.

강의 현장, 특히 직무 전문가들의 강의에서 '지식의 저주'가 종종 발생합니다. 자신들에게는 너무 쉽고 기초적인 내용이라 교육생들도 당연히 알고 있을 것이라 생각하는 거죠. 그런데 사전 지식이 부족한 교육생들에게 이런 강의는 자칫 손가락 연주를 듣는 것과 같습니다. 따라서 '지식의 저주'에 빠지지 않으려면 교육생들의 사전 지식 수준을 확인해야 합니다. 이것이 질문을 하는 세 번째 이유입니다.

이런 의미에서 여기 계신 분들의 사전 지식 하나를 확인해 보죠. 뇌과학에서는 학습을 어떻게 정의할까요? 아시는 분은 손을 들어주세요."

나와 민선 씨가 손을 들었다. 나머지 두 사람에게는 뇌과학과 학습이란 말이 생소한 듯 보였다.

"민선 씨, 뇌과학에서는 학습을 어떻게 정의하고 있나요?"

"뇌 신경세포인 뉴런들의 네트워크(신경망)에 변화를 만드는 것입니다. 그리고 신경망이 바뀌었다는 것은 그 변화가 장기기억으로 저장되었다는 것을 의미합니다."

그는 고개를 끄떡이며 노트북 화면을 스크린에 띄웠다. 두 종류의 신경망 그림이 나타났다.

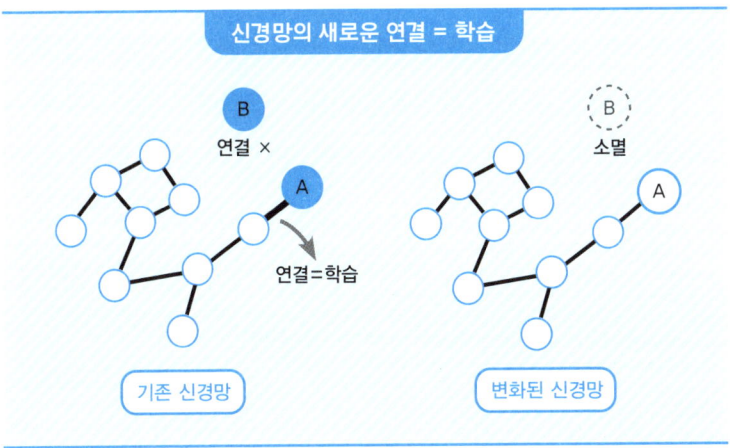

"그렇습니다. 한마디로 말하면, 신경망의 변화가 학습입니다. 그런데 신경망의 변화는 언제 만들어질까요?

기존 신경망에 새로운 지식이 연결될 때입니다. 그림의 A와 같이 기존 신경세포와 연결된 지식은 공고화 과정을 거쳐 새로운 변화로 자리잡을 수 있습니다."

"기존 신경망이란 연관 기억과 같은 의미인가요?"

"좀 더 정확히 표현하면 연결되어 있는 기존 신경망이 연관 기억입니다."

그는 창석 씨 질문에 간단히 답을 한 후 말을 이어갔다.

"반면 그림의 B는 어떨까요? 기존 신경세포와 연결되지 못한 지식이지요. 이런 지식들은 학습되지 못하고 곧 망각의 늪으로 사라집니다. 그래서 강사는 교육생들이 강의 내용에 대해 어떤 신경망을 가지고 있는지 확인하고, 거기에 맞게 가르쳐야 합니다. 교수학습법 전문가인 제임스 줄 James E. Zull 교수가 말한 '교사들에게 가장 도움이 되는 접근법은 학생들의 기존 신경세포망 위에 새로운 지식을 쌓을 수 있는 방법을 찾아내는 것이다'[37]라는 것과 같은 의미입니다."

 폐쇄형과 개방형, 어떤 질문이 좋을까?

"그렇다면 질문을 어떻게 해야 하나요? 질문의 규칙 같은 것이 있나요?"

"저는 질문하는 방법에 정답은 없다고 생각합니다. 경우에 따라 다르거든요. 일반적으로는 '예', '아니오' 같은 짧은 대답이 나오는 폐쇄형 질문보다 개방형 질문을 하라고 합니다. 그런데 이것이 항상 올바른 방법일까요? 저는 아니라고 생각합니다. 물론 교육생들의 호기심과 학습동기를 높이려면 개방형으로 질문하는 것이 좋습니다. 그들이 생각하게 만들 수 있으니까요. 하지만 경우에 따라서는 폐쇄형 질문이 더 효과적일 때도 있습니다. 언제일까요?"

이번엔 누구도 대답하지 못했다.

"질문을 조금 바꿔 볼까요. 폐쇄형 질문이 더 효과적인 경우는 다음 두 가지 중 언제일까요? 1번은 교육생들의 다양한 사고를 촉진시킬 때, 2번은 교육생들의 참여를 이끌어내고 싶을 때. 생각하는 번호에 손 들어주세요."

모두 2번에 손 들었다. 두 가지 중 한 가지를 선택하라고 하니 대답하기 한결 편했다.

"좋은 강의가 되려면 강사와 교육생들 간 인터렉션_{interaction}이 필요합니다. 인터렉션에는 말뿐만 아니라 눈빛, 자세와 같은 비언어적 활동도 포함되지요. 교육생들이 강의에 적극적으로 참여할 때, 인터렉션은 활발해지고 강의 성과도 높아집니다. 이런 의미에서 좋은 강사는 교육생들의 참여를 잘 이끌어내는 사람입니다. 그들이 부담 없이 반응할 수 있는 아주 작은 것부터 시작하면서 말이죠. 특히 강의 도입부에서 이 작업이 자주 이루어집니다.

여기에 사용되는 방법 중 하나가 폐쇄형 질문을 하는 것입니다. 방금 제가 여러분에게 드린 것처럼 말이죠. 선택 문항이 정해진 폐쇄형 질문은 개방형 질문에 비해 답을 말하기가 훨씬 용이하거든요. 그런데 사실 답보다 더 중요한 것이 있어요. 정답이든 오답이든 말을 했다는 것 자체가 교육생들이 강의 참여에 발을 내디딘 것이죠. 비록 아주 작은 걸음이지만 말이죠.

반대로 강의 도입부에서 개방형 질문을 하면 어떻게 될까요? 적극적이고 활발하게 대답할까요? 그런 일이 일어나면 정말 좋겠지만, 희망사항일 뿐입니다. 강사와 교육생들 간에 라포가 충분히 생기기 전에 그들의 적극적인 반응을 기대하는 것은 무리입니다.

만약 대답하는 사람이 한 명도 없다면 어떻게 될까요? 분위기가 어색해진다고요? 물론 그것도 그렇지만 더 큰 문제가 생겨요.

이런 분위기가 고착되면 막상 참여하고 싶어도 하기 힘들어진다는 것이지요. 참여 안 하는 것이 관성이 되었기 때문입니다. 이처럼 질문하는 방식이 교육생 참여에 큰 영향을 줄 수도 있습니다.

작은 것이 큰 차이를 만들 듯, 작은 참여가 큰 참여를 만듭니다. 처음에 폐쇄형 질문을 통해 작은 참여를 유도하면 필요한 순간에 더 큰 참여를 이끌어낼 수 있다는 말입니다. 교육생들의 참여가 활발해질 때 강의는 역동적으로 진행될 수 있습니다. 좋은 강의로 나아가는 길이지요."

교육생들의 참여 촉진 도구로 폐쇄형 질문이 유용할 수 있다니. 여지껏 막연히 개방형 질문이 더 좋은 것이라고 생각했는데. 고정관념이 또 하나 사라졌다.

소수자에게는 질문을 조심스럽게

"이번에는 질문 대상에 대해 알아보죠. 강의 초반에는 부정적 반응을 보이거나 소수자minority에게 질문하지 않는 편이 좋습니다. 그 전에 강의장에서 소수자라고 하면 누구를 말하는 것일까요?"

"이상한 행동을 하는 사람들 아닐까요?"

"물론 그런 사람들도 포함됩니다. 강의장에서 소수자란 말 그대로입니다. 다른 사람들과 차이가 확연한 사람들입니다. 예를 들어, 이 자리에서는 여성인 민선 씨가 소수자라 할 수 있겠죠. 소수자란 상대적 개념으로 여성들이 대부분인 교육장에 가면 이번에는 과장님이 소수자가 되겠지요. 그럼 소수자에게 질문하는 것을 조심해야 하는 이유는 무엇일까요?"

"……"

"소수자들은 강의장에 어떤 생각을 하며 들어올까요? 대부분의 경우, 자신들이 다른 사람들과 다르기 때문에 강사의 눈에 잘 띌 수 있다는 것을 알고 있죠. 그래서 남들보다 먼저 질문을 받을 수 있다는 생각으로 긴장하고 있습니다.

그런데 이렇게 긴장한 상태에서 질문을 받으면 어떨까요? 감정적으로 반응할 가능성이 높습니다. 질문 의도와 동떨어진 엉뚱하거나 부정적인 대답을 하는 거죠. 여기서 문제가 발생합니다. 강의 초반에 이런 교육생을 만나면 초보 강사일수록 당황한다는 것이지요. 그 결과 사전에 준비한 강의 계획이 엉망이 되기도 합니다."

"그렇다면 소수자에게는 질문하면 안 되는 것인가요? 그런 사람과의 인터렉션도 중요하지 않나요? 성경에 나오는 잃어버린 한 마리 양처럼 말이죠."

"소수자를 끝까지 배제해야 한다는 말은 아닙니다. 질문을 통해 그들의 이해 수준이나 니즈도 파악해야죠. 다만 라포가 충분히 형성되고 난 뒤에 해도 늦지 않습니다. 부정적 반응을 받을 위험을 일부러 감수할 필요는 없으니까요. 강의 도입부에서는 전체를 대상으로 하거나 긍정적 신호를 보여주는 분에게 먼저 질문하세요. 자신감을 가지고 교육생을 배려하며 강의하다 보면 잃어버린 양도 자연스럽게 강의에 참여할 것입니다. 다른 99마리 양처럼 말이죠. 질문은 그때 해도 늦지 않습니다."

얼굴이 화끈거렸다. 지난번 강의 때 만난 어느 교육생이 기억 났기 때문이다. 그 교육생은 유별나게 눈에 띄는 헤어스타일을 하고 있어서 시선이 자꾸 갔다. 나도 모르게 그에게 '이 교육에 참가한 이유는 무엇인가요?'라는 질문을 던졌다. 그는 심드렁한 표정으로 '이유는 없어요. 회사에서 가라고 해서 왔을 뿐입니다'라고 대답했다. 그 순간 강의장 분위기는 엉망이 되었다. 여기저기서 킥킥대며 웃고. 참 당혹스러웠다.

질문은 받는 것도 중요하다

"질문은 어떻게 하느냐도 중요하지만, 그에 못지않게 어떻게 받느냐도 중요합니다. 이번에는 질문받는 법을 알아보죠. 창석 씨, 앞으로 다시 나오셔서 조금 전 발표에 대한 질문 하나만 받아 보세요."

그의 말이 떨어지기 무섭게 앞좌석의 차장님이 빅 데이터 신뢰성을 확보하는 방법을 물었다. 인재개발원 내에서 빅데이터 활용 업무를 담당하고 있어서 그런지 질문이 사뭇 진지했다. 창석 씨는 대답이 선뜻 생각나지 않는 듯 말을 더듬거리더니 마침내 얼굴이 빨개졌다.

"두 분 모두 감사합니다. 지금은 질문 스킬을 알아보는 시간이니 답변은 이 정도로 듣겠습니다. 창석 씨 제가 이렇게 끊어도 괜찮겠죠?"

창석 씨 표정이 다시 밝아졌다.

"그런데 질문을 받고 나면 강사는 어떻게 행동해야 할까요?"

어떻게라니? 답을 말해줘야지.

그는 조금 어리둥절해하는 우리를 보면서 살짝 미소를 지었다.

"힌트는 인간은 감정의 동물이라는 거죠."

"칭찬입니다!"

이번에도 민선 씨가 빨랐다.

"그렇습니다. 감정이 강의에 미치는 영향은 아무리 강조해도 지나치지 않습니다. 그래서 질문을 받고 강사가 첫 번째로 해야 할 일도 칭찬입니다. 호감을 만드는 가장 효과적인 방법 중 하나이니까요. 교육생들을 자주 칭찬해 주세요. 칭찬거리가 없으면 일부러 만들어서라도 해주어야 합니다. 그만큼 긍정적 감정을 만드는 것이 중요합니다. 그런데 교육생들이 질문으로 칭찬할 기회를 준다면 정말 고마운 일이지요.

질문이 왜 고마운지 다른 측면에서도 볼까요. 질문은 질문한 사람이 강의에 몰입했다는 신호입니다. 고마운 일이지요. 또한 질문이 나오면 다른 교육생들의 어텐션이 올라가 강의 분위기가 보다 역동적이 됩니다. 이 또한 고마운 일입니다. 그러니 당연히 고마움을 표현해야죠. 칭찬으로 말입니다.

칭찬은 길게 할 필요도 없습니다. '좋은 질문 감사합니다', '핵심을 잘 건드려주는 질문입니다. 감사합니다', '예리한 질문입니다' 와 같이 짧고 간결하게 해도 효과는 충분합니다. 두 번째로 해야 할 행동은 질문 반복하기입니다. 받은 질문을 가능한 똑같이 반복해 주시는 것이 좋습니다. 왜 그럴까요?"

"강사가 질문을 제대로 이해했다는 것을 확인시켜 주기 때문입니다."

이번엔 우리 중에 강의경험이 가장 풍부한 윤 차장님이 자신 있는 목소리로 대답했다.

"그렇습니다. 그리고 그 확인은 강사에게도 중요합니다. 질문을 반복하지 않고 바로 대답한다면, 질문을 착각해 엉뚱한 답변을 할 가능성이 있습니다. 그렇게 된다면, 시간 낭비일뿐만 아니라 강사에 대한 신뢰까지 잃어버릴 수 있어요. 그리고 한 가지 이유가 더 있습니다."

그는 강의장 뒤편에 앉아 있는 민선 씨를 바라보았다.

"민선 씨, 방금 전 차장님의 질문이 잘 들렸나요?"

"대충은 알아들었지만 중간중간 목소리가 낮아지는 부분은 알아듣기 힘들었어요."

그는 현재의 자리 배치를 그린 후 차장님 자리 앞부분을 회색으로 표시했다.

"이것이 질문을 반복해야 하는 또 다른 이유입니다. 소리는 앞쪽으로 퍼집니다. 따라서 마이크와 스피커를 사용하지 않았다면, 회색으로 표시된 곳 주변에 있는 사람들을 제외하고는 질문을 잘 듣지 못합니다. 목소리가 크지 않은 분이 질문한 후 강사가 바로 답변을 한다면 어떤 일이 일어날까요?

이 경우 민선 씨처럼 질문자 뒤쪽 사람들은 질문을 명확하게

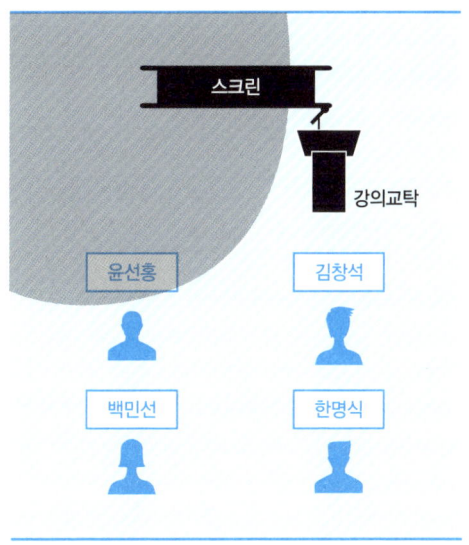

알지 못합니다. 그 상태에서 강사의 답변을 듣는 거지요. 그러면 강사의 대답이 어느 정도 진행된 후에야 비로소 감을 잡습니다. 문제는 그때까지 강의에 몰입하기 힘들다는 것이죠. 비록 그 시간이 아주 짧다 하더라도 질문자와 강사 간의 대화에서 소외된 것이죠. 강사가 질문을 반복하여 전체에게 공유하면 이런 문제가 발생하는 것을 방지할 수 있습니다."

"그런데 강의장이 작아서 모두가 서로의 소리를 충분히 들을 수 있을 때도 질문을 반복해야 하나요?"

"물론 단순히 소리만 듣는 것이라면 큰 강의장보다 낫겠죠. 그러나 소리를 듣는 것과 집중하는 것은 다릅니다. 작은 강의장이라도 교육생들의 집중도가 떨어져 있다면 질문을 반복해 주세요. 그들의 어텐션을 높이는 데 도움이 됩니다."

"질문받을 때 '칭찬'과 '반복'이 중요하다는 건 잘 알았습니다. 그런데 강의 내용과 상반되는 의견을 질문의 형식으로 말하는 사람들이 가끔 있습니다. 악의는 없지만 제가 보기엔 뻔히 틀린 내용인데 말이죠. 이런 경우라면 어떻게 대응하는 것이 좋을까요? 물론 칭찬도 하고 질문의 반복도 하겠습니다만."

그는 윤 차장님의 질문에 '좋은 질문입니다'라고 칭찬한 뒤 질문 내용을 요약하며 반복했다. 덕분에 강의장 뒤편에서 들었지만 차장님의 질문을 정확하게 이해할 수 있었다. 이것이 질문 반복의 힘이구나! 그럼 그가 어떻게 답변하는지 집중해서 들어봐야지.

화법에 따라 달라지는 반응

"차장님 질문은 화법(話法)으로 답변 드리겠습니다. 그 전에 질문 하나 드리죠. 화법은 크게 'No, because~'와 'Yes, but~'으로 구분할 수 있습니다. 이 중에서 공격적인 질문에 대응하는 화법으로 어떤 것이 좀 더 유용할까요? 1번은 No, because, 2번은 Yes, but으로 하죠. 손가락으로 본인의 생각을 표시해주세요. 하나, 둘, 셋."

이 두 가지 화법은 커뮤니케이션이나 인간관계 강의의 단골 주제이다. 당연히 2번이지. 윤 차장님을 제외한 모두가 2번을 선택했다.

"대부분 'Yes, but'을 선택하셨네요. 이 화법이 질문을 받을 때나 대화할 때 유용한 이유는 무엇일까요? '감정의 동물'인 우리들은 감정적으로 좋고 나쁘고를 먼저 결정하고, 그 결과를 이성적 판단에 적용하기 때문입니다. Yes, but은 이 점을 잘 활용한 화법입니다."

"조금 더 설명해 주세요. 저는 틀린 건 틀린거라고 빨리 말해주는 것이 좋다고 생각해서 1번을 선택했습니다."

"그럼 예를 들어보죠. 차장님은 아내에게 자주 선물 하시나요?"

차장님은 재미있다는 표정을 지으며 대답했다.

"자주는 아니지만 결혼기념일이나 생일 같은 때는 잊지 않고 하는 편입니다."

"가정을 하나 해보죠. 올해도 아내의 생일이 다가오고 있습니다. 그런데 이번에는 아내가 이렇게 말을 합니다. '여보, 이번 생일엔 특별한 것을 받고 싶어. 1캐럿짜리 다이아몬드 반지를 사줘. 부탁해' 자, 만약 이런 일이 실제로 일어난다면 어떻게 대답하시겠어요?"

"당연히 안 된다고 하죠. 아직 아파트 대출금도 많이 남았는데."

대답에 조금의 망설임도 없었다. 웃음이 나왔다. 나 같으면 그렇게 말할 용기가 없을 것 같은데.

"그렇게 대답하시면 아내의 반응은 어떨까요?"

이번에는 잠시 골똘히 생각한 뒤 대답했다.

"며칠 힘들겠죠. 아내는 짜증 내며 며칠 말도 하지 않을 것 같습니다."

"그래도 양호하신 편이네요. 저였다면 더 혼날 것 같습니다. 방금 차장님과 배우자의 대화가 No, because로 진행된 전형적인 경우입니다. 같은 사례를 Yes, but으로 대화하면 어떨까요? '그래, 사줄께. 하지만 대출금을 먼저 갚은 뒤 여유가 생기면 사줄께'라고 말이죠. 자, 이번에도 아내의 반응은 조금 전과 같을까요?"

차장님은 뭔가 느낀 듯 약간 머뭇거리며 말했다.

"그 경우라면 아내의 기분은 덜 상할 것 같습니다. 조금 실망하겠지만, 대화하는 데는 큰 영향이 없을 겁니다."

"그러시군요. 그런데 재미있지 않나요? 결과로 보면 똑같지만 그 결과를 받아들이는 상대방의 반응이 다르다는 것이요. 화법의 차이 때문입니다. 흔히 말하는 '아 다르고, 어 다르다'는 것이죠."

그는 화이트보드에 화법에 따라 결과가 달라지는 과정을 그렸다.

"화법에 따라 결과가 달라지는 것을 프로세스로 정리해보죠.

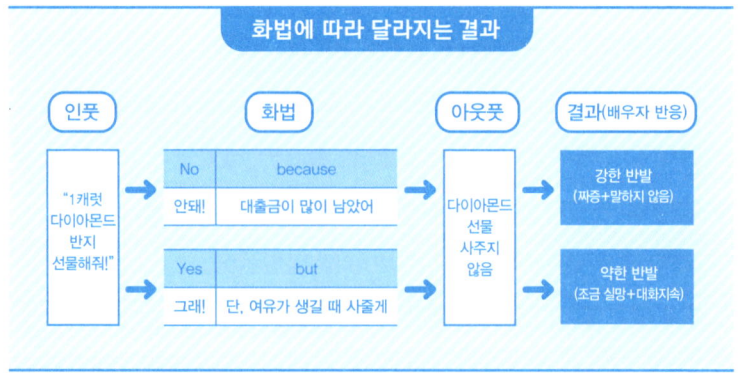

여기 프로세스를 보면 차장님이 어떤 화법으로 애기하든, 다이아몬드 선물을 사주지 않는다는 점에서 아웃풋은 동일합니다. 하지만 No, because로 대답한 경우에는 배우자의 강한 반발을 불러온 반면, Yes, but으로 얘기하면 반발은 받지만 그래도 훨씬 사정이 낫죠. 계속 대화할 수도 있고요.

둘은 어떤 차이가 있나요? 큰 차이는 없습니다. 단지 대답을 No로 시작하든지 Yes로 시작하든지, 그 차이뿐이죠. 그런데 그 작은 차이가 감정에 영향을 미쳐 다른 결과를 만들 수 있습니다. 이런 점에서 일반적으로 No, because 보다는 Yes, but 화법이 유용하다고 하는 것이죠."

재미있네. 나도 앞으로 와이프가 부탁하면 이런 방법으로 말해야겠다. 일단은 받아주고 할 말은 그 다음에 하라는 말이지.

"누군가 강의 내용과 다른 의견을 말하는 경우에도 '아닙니다, 그 말씀은 틀렸습니다', '그건 아니죠, 잘못 생각하셨습니다' 같이 No를 먼저 말하지 마세요. 대답은 일단 Yes로 시작하세요. '예, 그렇게 생각할 수도 있겠네요', '좋은 말씀입니다'와 같이 의견 자체는 인정해 주라는 말이죠. 그런 다음에 논리적으로 설명해 주세요. 이것이 부정적 의견에 효과적으로 대응하는 강사의 화법입니다."

 편도체 달래주기

그는 이번에는 스크린에 편도체와 해마가 표시된 뇌 그림을 띄웠다.

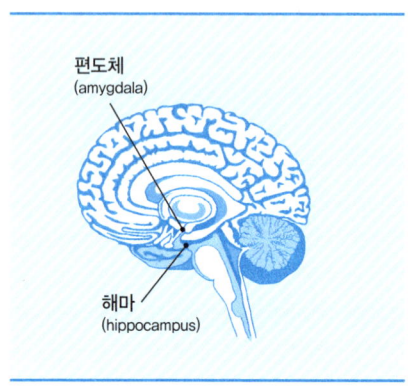

"이번에는 Yes라고 먼저 말하는 것이 왜 유용한 지 뇌과학 관점에서 확인해 보겠습니다. 우리 뇌에는 편도체라는 분노, 증오, 슬픔, 좌절, 공포 등과 같은 불안체계와 정서기억을 담당하는 영역이 있습니다. 원시 뇌_{old brain}에 해당하는 이 편도체는 생존과 밀접한 관련성을 갖고 진화한 부위로 위기 상황에서 행동 반응을 결정합니다.

외부 자극으로 불안감이 높아지면 편도체는 우리 몸에 투쟁 또는 도피 반응을 지시합니다. 단순하지만 생존에 깊이 관련된 반응이죠. 위기 상황에서는 편도체의 지시가 뇌의 모든 명령체계에서 가장 우선합니다. 이에 따라 편도체가 강하게 활성 되어 있는 동안에는 이성적 사고를 담당하는 전두엽 작동은 잠시 멈추게 됩니다. 신속한 반응을 하기 위해서는 대뇌피질의 전두엽까지 올라가 명령을 받을 시간이 없기 때문이지요.

편도체의 명령이 다른 것보다 우선하는 이유를 알고 싶다면, 원시시대 우리 조상들의 생존 방식을 보아야 합니다. 그 시절 인류는 다른 동물들에 비해 상대적으로 약한 존재였지요. 지금부터 상상해보시죠. 여러분은 지금 원시시대에 무리를 지어 숲 속을 가로질러 가고 있습니다. 갑자기 정체를 알 수 없는 무언가가 빽빽한 수풀 사이에서 움직이고 있는 것을 느낍니다. 불안과 공포로 머리카락이 쭈뼛 섭니다. 이때 어떻게 반응해야 할까요?"

공룡이 튀어나오고 독충이 우글거리는 원시시대의 스산한 밀림 속에 있는 것 같다. 그는 극적 긴장감을 높이려는 듯 잠깐 숨을 멈추고 우리를 바라보았다.

"둘 중의 하나겠지요. 힘을 모아 먼저 공격하거나 도망가거나. 여기서 중요한 것은 그 결정이 빠르면 빠를수록 생존에 유리하다는 것입니다. 설령 그 결정이 시간에 쫓겨 부정확했더라도 말이죠. 미지의 물체가 무엇인지 정확하게 판단하는 것은 그 다음 문제였지요.

알고보니 그것이 바람에 흔들리는 나뭇가지였다면 헛된 힘만 쓰지 않았냐고요? 그럴 수 있죠. 그렇지만 반대의 경우라면 어떻게 될까요? 예를 들어, 그 물체가 맹수라면 말이죠. 숲 속에서 맹수를 만나는 일이 열 번 중 한 번, 아니 백 번 중 한 번으로 아주 낮은 확률이라고 하더라도, 그 한 번은 생존과 관련된 치명적인 것입니다. 그래서 지레짐작으로 불안과 공포를 느꼈다면 그 즉시 창이나 돌을 던지거나 줄행랑을 치는 것이 훨씬 나은 선택인 거죠.

이제 불안감이 가득할 때, 왜 전두엽이 아니라 편도체가 명령을 내리는지 짐작하시겠지요. 전두엽보다 편도체에서 처리하는 것이 비교할 수 없을 정도로 반응 속도가 빠르기 때문입니다. 이런 경험들이 진화의 과정을 거쳐 우리 뇌 속에 자동화된 반응으로 자리잡게 되었죠. 그 결과로 맹수의 위협이 사라진 지금도 불안과 공포를 느끼면 편도체가 먼저 응답을 하고 신호를 줍니다. 즉시 싸우든지 도망가라고 말이죠. 이성적으로 생각하는 것은 불안이나 공포가 진정된 이후에 진행되죠.

편도체가 활성화되어 이성적 사고능력을 급격히 떨어뜨리는 현상을 '편도체 납치 Amygdala hijack'라고 표현하기도 합니다. 이런 편도체의 특성을 잘 활용하면 부정적 질문에 효과적인 대응이 가능해집니다."

"강사가 편도체의 특성을 어떻게 활용할 수 있을까요?"

궁금함을 참지 못하고 나도 모르게 질문이 나왔다.

"편도체는 외부자극에 대해 아주 단순한 판단기준을 가지고 있습니다. 외부 자극을 '유쾌' 또는 '불쾌'로만 분류하고 유쾌하면 친구로, 불쾌하면 적으로 판단해버립니다.[38] 그리고 친구가 아닌 사람의 이야기는 아예 들으려고 하지도 않죠. 마치 다섯 살 꼬마 아이처럼 말입니다.

그렇다면 유쾌하거나 불쾌한 것으로 판단하는 기준은 무엇일까요? 이 기준도 단순합니다. 상대방이 자신의 말을 받아주고 인정해주면 유쾌로, 반면에 불안하게 하거나 인정해 주지 않으면 불쾌라고 분류합니다. 이 작업은 이성이 아닌 감정의 기능을 사용하여 즉각적으로 이루어지지요. 불쾌 정도가 높아질수록 '편도체 납치'도 더 심해집니다. 불안한 감정에 사로잡혀 이성적 판단을 제대로 할 수 없는 단계죠.

교육생들이 이 단계에 도달하면 그 어떤 강의 내용도 그들의 전두엽에 전달되지 않습니다. 그러면 전두엽의 작업기억은 작동하지 못하고 강의는 무의미해집니다. 기억으로 남는 것이 없을테니까요."

그의 말에 몸이 움찔해졌다. 편도체라는 것이 그렇게 기억에 강력한 영향을 미칠 줄이야.

"갑자기 편도체가 두려워졌나요? 걱정하지 마세요. 편도체 다루기는 그다지 어렵지 않으니까요. Yes, but 화법으로 그 존재를 인정해주면 됩니다. 말도 안되는 질문이라 생각하더라도 질문 자체는 먼저 인정해 주세요. 그것이 Yes에 해당됩니다. 질문자의 편도체를 인정해 주는 것이지요.

만약 No를 먼저 이야기하면 어떤 일이 생길까요? 편도체는 내용의 논리적 타당성에 관계없이 No 자체를 자신을 불인정하고 있다는 신호로 받아들입니다. 불쾌하게 여기고 흥분하게 됩니다. 그 흥분 정도에 따라 편도체 납치가 일어날 가능성이 높아지지요.

Yes, but 화법은 상대의 편도체(감정의 뇌)가 흥분하지 않고 전두엽(이성의 뇌)이 적절하게 활동하는 데 도움을 줍니다. 이런 편도체

특성을 활용하여 항상 질문자의 감정을 먼저 안정시킨 후에 논리적으로 설명해 주세요. 편도체를 잘 달래주는 방법입니다.

 까다로운 질문을 받았을 때

지금까지 말씀드린 질문을 효과적으로 받는 법은 다음과 같습니다. 다같이 읽어보시죠."

> **효과적으로 질문 받는 법**
> ❶ 질문 칭찬하기
> ❷ 질문 반복하기
> ❸ 'Yes, but'으로 말하기

그가 정리한 문장들을 하나씩 읽으면서 2% 정도 아쉬운 느낌이 들었다.

"궁금한 것이 한 가지 더 있습니다. 대답하기 어려운 질문에는 어떻게 대응하는 것이 좋을까요? 예전에 그런 질문을 받고 허둥대다가 자칫 강의를 망칠 뻔 했거든요."

민선 씨의 질문이 바로 내가 품고 있던 아쉬움이었다. 강의나 프레젠테이션을 하다 보면 가끔 경험하는 일이다. 어떤 방법이 있을까?

그는 잠시 생각하는 듯하더니 우리들에게 질문을 했다.

"까다로운 질문에 어떻게 대응하면 좋을까요?"

"모르거나 기억나지 않는다고 솔직히 말해야 하지 않을까요?"

윤 차장님이 자신 없는 어투로 대답했다.

"물론 모른다고 대답할 수도 있지요. 하지만 최선은 아닙니다. 강의에서는 솔직함이 능사가 아니기 때문입니다."

응? 솔직함이 답이 아니라니. 그럼 모르는 것을 아는 척 하라는 이야기인가.

"그렇다고 오해하지는 마세요. 거짓으로 아는 체 하라는 것도 아닙니다. 모르면 모른다고 말해야겠지요. 다만 모른다고 말하는 데에는 순서가 있습니다. 다른 방법을 먼저 시도한 후에 모른다고 말해도 늦지 않습니다. 여기서 다른 방법이란 무엇일까요?"

"아, 그렇다면 질문을 반사하면 어떨까요? 강사가 받은 질문을 다시 그대로 질문하는 것이지요."

민선 씨가 밝은 표정으로 말했다.

"그렇습니다. 어려운 질문을 받았을 때 가장 먼저 해야 하는 일은 대응할 시간을 버는 것입니다. 가장 자연스럽게 시간을 버는 방법은 그 질문 그대로 다른 교육생들에게 질문하는 것입니다. 이때 누군가가 정답을 말해주면 정말 고마운 일이겠지요. 하지만 설령 오답이어도 괜찮습니다. 대답을 준비할 시간적 여유를 주기 때문이죠.

또한 시간적 여유 외에 오답 그 자체로도 얻을 수 있는 것이 있습니다. 사실 내용전문가인 강사가 자신의 강의 분야와 관련된 질문에 답을 전혀 모르는 경우는 드물죠. 대부분의 경우는 모르는

게 아니라 그 순간에 기억이 떠오르지 않는 것입니다. 다시 말해 기억 인출memory retrieval이 원활하지 않다는 말이죠.

기억을 인출하는 데 필요한 것이 기억의 실마리인 인출 단서 retrieval cue입니다. 이것이 많을수록 기억을 불러내는 데 유리합니다. 설령 그것이 오답일지라도 말이죠. 정답과 완전히 동떨어진 오답을 얘기하는 경우는 거의 없습니다. 대부분은 정답 언저리에 있는 오답을 얘기하지요. 이런 관점에서 다른 교육생들에게 질문을 다시 하는 것이 도움이 됩니다."

조금 전 차장님이 질문했던 '빅데이터 신뢰성 확보'도 생각할 시간이 있었다면 창석 씨는 충분히 답변했을 것 같다. 지난번 창석 씨가 원장님께 보고할 때, 관련 연구를 꽤 많이 한 것처럼 보였기 때문이다.

"이렇게 했는데도 여전히 답이 생각나지 않는다면 어떻게 해야 할까요? 솔직히 모른다고 말하면 될까요? 아니요. 아직도 이릅니다. 물어볼 사람이 한 명 더 있거든요. 누구일까요?"

"질문자를 말씀하시는 건가요?"

이번에도 민선 씨였다. 얼굴에 핀 미소를 보니 궁금한 것들이 많이 해소된 것 같다.

"그렇습니다. 사실 까다로운 질문은 질문한 사람이 답을 알고 있거나 관련된 정보를 가지고 있는 경우가 많습니다. 그래서 그 사람에게 다시 질문하는 것도 한 가지 방법입니다."

그때 창석 씨가 의아한 표정으로 물었다.

"알고 있는 데 질문을 왜 하는 거죠?"

"강사를 곤란하게 만들 의도가 없는데도 자신이 알고 있는 것을 질문하는 경우는 다음 둘 중 하나입니다. 자기가 알고 있는 것을 확인하고 싶거나, 아니면 질문을 통해 인정받고 싶어서이지요. 역설적이지만 두 가지 경우 모두 질문하는 사람에게서 답을 찾을 수 있습니다.

이런 과정을 거친 후에도 대답할 말을 찾지 못했다면, 그때 비로소 모르거나 생각나지 않는다고 말씀해 주세요. 답을 알아본 뒤 쉬는 시간 또는 교육 종료 후에 개별적으로 알려주겠다는 말을 덧붙여도 좋고요."

맞다. 요즈음 차장님의 주된 업무 중 하나가 HR 빅데이터인데, 창석 씨가 그 사실을 깜빡한 모양이다. 질문을 역으로 차장님께 했으면 답을 말해주거나 최소한 참조 자료 정도는 소개해 주셨을 것 같다.

"지금까지 말과 몸으로 하는 강의 스킬을 얘기했다면 다음 주에는 슬라이드로 표현하는 강의스킬, 즉 강의교안 디자인 원리를 말씀드리겠습니다. 이번엔 특히 당부드릴 숙제가 있습니다. 강의 코칭이 효과적으로 진행되기 위해서 반드시 해주셔야 합니다. 다음번 저희 모임 전날까지 자신의 강의교안 파일을 저에게 보내주세요. 그것들을 디자인 원리 사례로 활용하고 피드백을 드리면 교안 수정도 되고 학습도 되는 일거양득이겠죠."

마침 인재개발원 내에서도 사내강사들의 강의교안 작성능력이 부족하다는 이야기가 나오고 있었는데 잘 되었다. 업무매뉴얼이나 보고서 그대로 강의하는 사내강사도 있었다. 그러다보니 강의 몰입이 어렵다는 교육생들의 피드백이 많아 고민 중이었다. 다음 주도 재미있고 흥미로운 시간이 될 것 같다. 그런데 어떤 파일을 보내드려야 하나? 다른 사내강사들과 비교해 내 교안도 딱히 나은 것 같지 않은데.

강의교안 작성 원리

간결성의 원리, 좋은 형태는 지각을 용이하게

팀 회의시간에 모두들 현재 진행 중인 강의 코칭에 커다란 관심을 보였다. 팀원들과 코칭내용을 공유하며 함께 성장하려는 내 모습이 보기 좋다는 팀장님의 칭찬도 들었다. 오늘 배우는 강의교안 디자인 원리는 별도의 공유 시간을 가졌으면 좋겠다는 제안도 있었다. 칭찬은 언제나 즐거운 일이지만, 부담감도 함께 몰려온다. 오늘은 평소보다 두 배 이상의 인지적 에너지가 필요할 것 같다.

오늘 강의 코칭은 시선을 사로잡는 그림에서 시작했다.

"이번 시간의 주제는 강의교안 디자인입니다. 사내강사가 전문 디자이너 수준으로 강의교안을 만들 필요는 없습니다. 단지 나쁜 교안 디자인으로 교육생들의 인지적 에너지가 낭비되는 것은 피해야 하지요. 그런 차원에서 필요한 디자인 원리를 말씀드리겠습니다. 디자인 원리를 이해하기 위해, 먼저 이 그림을 보시죠. 우리가 외부 자극을 지각하는 방식을 아는 데 도움이 됩니다. 보시는 그림은 주세페 아르침볼도Giuseppe Arcimboldo의 '여름'입니다. 이 그림에서 무엇이 보이시나요?"

"사람의 얼굴입니다. 신성로마제국 황제 루돌프 2세의 얼굴이지요. 자세히 보시면 얼굴이 전부 과일로 이루어져 있습니다. 그것도 독일지역에서 나는 제철 과일들이지요."

평소 서양미술사에 관심 많은 민선 씨가 그림 설명도 덧붙였다.

"설명 감사합니다. 신기하고 재미있는 이 그림은 지각 원리를 설명할 때에 자주 인용됩니다. 게슈탈트[39] 이론에 따르면 우리는 부분을 분리하지 않고 전체 형태로 먼저 지각한다고 합니다. 그래서 이 그림을 볼 때도 부분인 과일이 아니라 형태인 얼굴을 먼저 지각하게 되는 것이죠. 이렇게 지각은 형태로부터 자유로울 수 없습니다. 눈으로 보는 순간 자동적으로 형태에 구속되기 때문입니다.

이것이 교안을 디자인할 때 좋은 형태를 갖춰야 하는 이유입니다. 좋은 형태를 가진 교안은 교육생들이 쉽게 지각할 수 있으니까요. 그렇다면 좋은 형태는 어떤 것일까요? 게슈탈트 이론에 따르면 형태는 가장 단순하고 규칙적이며 안정적인 모습으로 통합되는 경향이 있다고 합니다. 이를 간결화pragnanz라고 하죠. '좋은 형태'는 이 과정을 통해 만들어집니다.[40] 교안 디자인에 적용되는

'간결성의 원리'란 슬라이드에 담긴 내용이 간결할수록 좋은 형태가 되어 지각하기 용이하다는 것이지요. 그런데 지각에 영향을 미치는 것에는 형태 외에 또 다른 것이 있습니다. 무엇일까요? 힌트는 '본다'입니다."

그는 손가락으로 자신의 눈을 가르키며 '본다'는 문구를 재차 강조했다. 어떤 의미일까? 무언가 기억이 날 것 같은데….

"정확하게 말하면 시지각이지만, 여기선 그냥 지각이라 표현하겠습니다. 지각은 무언가를 '본다'에서 시작합니다. 그렇다면 '본다'라는 것은 우리 뇌 안에서 어떻게 만들어질까요? 이 말은 '눈으로 들어오는 정보가 시각피질에서 어떻게 처리될까요?'라는 말과 같습니다. 그 중 하나가 방금 말씀드린 형태form입니다. 그런데 '본다'가 완성되기 위해서는 처리해야 할 요소가 두 개 더 있습니다. 색color과 움직임motion이지요. 우리 뇌는 시각 정보를 이 세 가지 요소, 즉 색, 형태, 움직임으로 구분하고 순차적으로 처리합니다. 시각의 대표적인 특징이지요."

"순차적으로 처리한다는 것을 좀 더 말씀해 주세요."

창석 씨의 요청에 그는 잠시 생각하더니 종이를 둥글게 뭉쳤다. 그리고 파랗게 색칠했다.

"이 종이 뭉치를 파란 사과라 가정하고 예를 들어보죠."

그는 테이블 위에 종이 뭉치를 굴렸다.

"파란 사과가 굴러가고 있습니다. 이때 뇌의 시각피질에는 세 가지 시각 정보가 들어옵니다. 색, 형태, 움직임이지요. 그런데 이것들은 동시에 처리되지 않습니다. 아주 짧은 간격이긴 하지만 순서가 있습니다. 제일 먼저 색에 대한 정보인 '파랑'이 감지되고, 그 다음에는 '사과'의 형태가 감지됩니다. 마지막으로 '굴러가고 있는' 움직임이 감지됩니다. 이 모든 것이 순차적으로 처리되고 통합된 후에야 비로소 '파란 사과가 굴러갔다'고 말할 수 있는 것이죠.[41] 뇌가 시각 정보를 처리하는 순서는 색이 가장 먼저, 그 다음이 형태와 움직임이라는 것을 기억하세요.

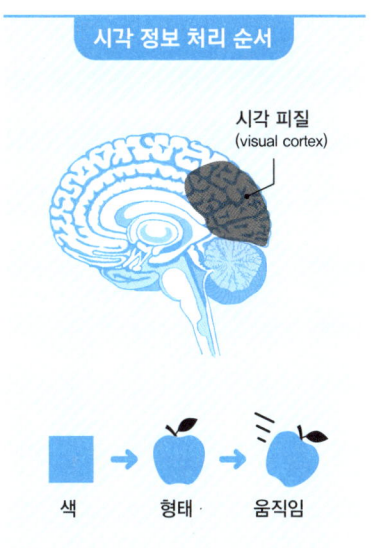

따라서 색을 사용할 때도 간결성의 원리를 적용하세요. 형태보다 더 큰 영향을 미치니까요. 초보 강사라면 3색 이내 사용을 권합니다."

그는 잠시 말을 멈추고 노트북 화면을 스크린에 띄웠다.

교안 간결화에 도움 되는 방법

구분	방법	세부 적용
형태	질문하기	강의 내용이 교육생에게 명확하게 도움이 되는지 스스로에게 질문하고 작성할 것
	내용담기	강의할 모든 내용을 슬라이드에 보여주지 말고 기억의 단서가 되는 내용만 담을 것
	표현하기	슬라이드 문장에 조사를 제거하고 키워드 위주로 짧게 표현할 것
	대범하기	슬라이드에 대범하게 많은 여백을 만들고, 담을 것이 많으면 슬라이드를 분리할 것
색	최소화하기	사진을 제외하고 색의 사용은 세 가지 이내로 최소화할 것

"교안의 형태와 색을 간결화하는 데 도움이 되는 방법을 정리해 보았습니다. 특히 대범하기를 강조하고 싶습니다. 사내강사들의 교안을 보면 슬라이드를 빽빽이 채운 경우가 많습니다. 아마 강의 준비 시간이 부족하니, 보고서나 업무 자료를 그대로 가져와 강의교안으로 사용하기 때문이겠죠.

슬라이드를 대범하게 사용하라는 말을 저는 슬라이드를 '낭비하라'고 표현합니다. 슬라이드에 여백을 최대한 많이 만들어야 한다는 뜻입니다. 이를 위해서는 슬라이드를 적극적으로 분리해야 하지요. 강의 교안을 작성할 때는 낭비가 미덕이 될 수도 있습니다."

낭비가 미덕이라…. 그러고 보면 나 역시 슬라이드 한 장에 어떻게든 많은 내용을 집어 넣으려고 했던 것 같다. 그로 인해 글씨나 그림은 작아지고 구성은 복잡해졌다. 슬라이드를 추가한다고 돈이 더 들어가는 것도 아닌데.

 ### 근접성 원리, 거리가 관계를 결정한다

"창석 씨, 잠깐 저를 도와주시겠습니까?"
테이블 위에는 다양한 그림들이 놓여 있었다.

"여기 있는 그림들을 다시 배치해 주세요. 정해진 기준은 없으니 생각나는대로 해주시면 됩니다."

창석 씨는 별다른 망설임 없이 그림을 세 가지 형태로 모았다.

"어떤 기준으로 배치하셨나요?"

"전자제품과 동물 그리고 음식으로 구분했습니다."

"창석 씨가 그림들을 새로 배치한 후 훨씬 보기가 좋아졌네요. 이유는 무엇일까요?"

"유사한 것끼리 모여 있어 정리된 느낌이 들어요."

민선 씨가 간결하게 자신의 생각을 말했다.

"그렇습니다. 서로 관련 있는 것들은 물리적으로 가까이 배치해 주세요. 덩어리를 만든다고 생각하세요. 이렇게 하면 시각적으로 이해하기가 한결 편해집니다."

그는 그림들을 다시 배치했다.

"이번엔 이렇게 배치하면 어떨까요?"

왼쪽은 거실에서 볼 수 있는 것, 가운데는 아이들이 좋아하는 것들이 아닐까? 그런데 오른쪽에 있는 것은 뭐지?

"사실 아무런 기준 없이 그냥 손가는 대로 배치했습니다. 그런데 그림을 보면서 어떤 생각이 드셨나요? 덩어리 내의 그림들은 서로 관련 있을거라 생각하지 않으셨나요? 당연합니다. 우리 뇌는 무의식적으로 가까이 있는 것들은 서로 관련이 있다고 판단하니까요. 관계가 거리를 만들지만, 거리도 관계를 만듭니다. 따라서 강의교안에서 각 개체들은 가까운 것은 가깝게, 먼 것은 멀게 두어야 합니다. 이것을 근접성 원리라고 합니다. 디자인 전문가 로빈 윌리암스 Robin Williams는 근접성 원리를 '서로 관련된 요소들을 하나로 묶어 물리적으로 서로 가까이 놓아, 관련 없는 파편의 덩어리가 아니라 하나의 집합체로 보이게끔 조정해주는 것'[42] 이라고 설명합니다."

거리가 관계를 만든다! 재미있는 표현이다. 비단 강의교안 작성뿐만 아니라 인간관계에도 마찬가지일 듯 싶다. 누군가와 가까워지고 싶다면 그 사람과의 물리적 거리부터 줄여야 하는 것 아닐까.

그는 재고 현황 분석이란 제목의 슬라이드를 스크린 화면으로 보여주었다.

"한 과장님의 강의교안을 먼저 보겠습니다. 근접성 원리로 보면 어떤 점을 보완할 수 있을까요?"

"협력업체 불만을 정리한 각 항목 간의 간격이 동일해서, 서로 간의 관계가 명확하게 잘 드러나지 않습니다."

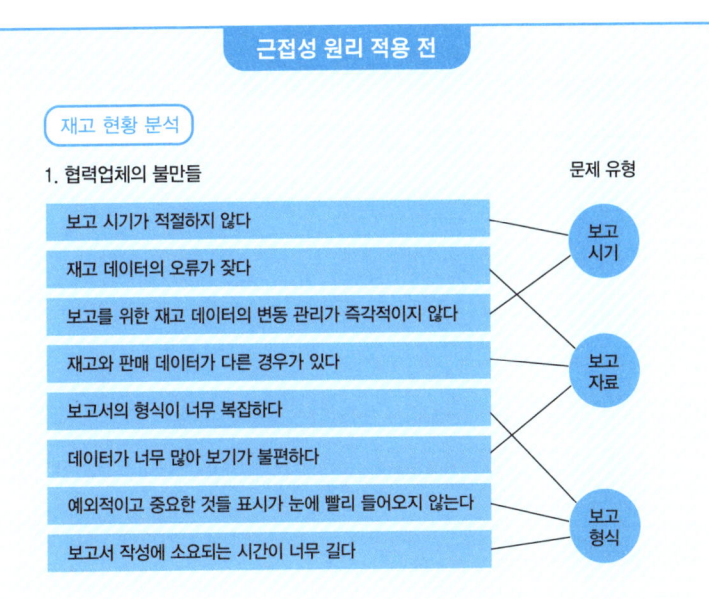

내가 대답을 머뭇거리자 창석 씨가 도와주었다.

"그렇습니다. 서로 관계가 있는 항목들은 물리적으로도 가깝게 두어야 합니다. 물론 슬라이드 오른쪽에 있는 문제유형을 보면 항목 간의 관계 유무를 알 수 있습니다. 다만 집중해야 하지요. 근접성 원리로 작성했으면 집중할 필요가 없는 부분인데 말이죠. 인지적 자원이 낭비되는 셈이죠. 교육생들의 인지적 자원 낭비를 최소화시켜 주는 교안이 좋은 교안입니다. 그래서 슬라이드를 이렇게 수정해 보았습니다."

그는 슬라이드 수정본을 보여주었다. 시각적으로 훨씬 명료해 보였다.

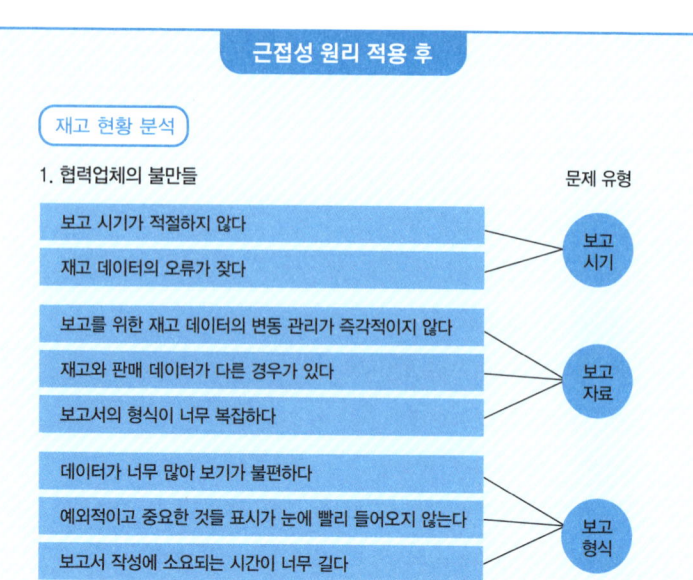

"이렇게 연관된 것들끼리 묶으면 그룹이라는 형태가 생겨 직관적으로 이해하기 쉬워집니다. 여기에 더해 색깔로 구분해주면 근접성의 원리는 더욱 강화됩니다."

이번에는 다른 슬라이드를 화면에 보여줬다. 그의 말대로 색을 적용하니 그룹별 구분이 훨씬 잘 됐다. 시각 정보 처리에서 색이 먼저라더니.

"근접성의 원리는 다양한 경우에 적용되지만, 이번에는 사진, 도형, 그래프 등에 레이블을 붙일 때를 예로 들어 보죠. 레이블이란 도형이나 그래프의 각 항목이나 수치를 설명하는 이름표입니다. 설명을 위해서 다른 슬라이드를 보시죠. 어떤가요? 조금 보기 불편한 슬라이드입니다. 그 이유는 무엇일까요?"

화면의 슬라이드에는 '2022년 세계행복지수'란 제목이 붙어 있었다. 정확한 이유는 모르겠지만 한눈에 파악하기 힘들었다.

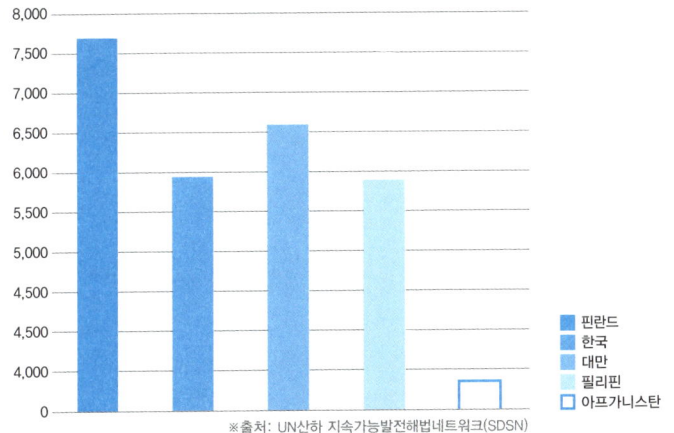

"레이블 위치 때문입니다. 슬라이드에서 각 나라를 나타내는 그래프와 레이블이 너무 떨어져 있습니다. 서로 관련 있는 내용끼리는 붙어 있어야 합니다. 그래프와 관련 레이블이 이렇게 떨어져 있으면 시선의 움직임이 복잡해집니다. 먼저 레이블을 보며 나라별 그래프 색깔을 파악한 후 다시 해당 그래프를 찾아야 하니까요. 이때, 시선이 움직일 때마다 에너지가 소모됩니다. 레이블과 그래프가 붙어있으면 사용할 필요가 없었는데 말이죠. 이렇게 교육생들의 에너지를 낭비하게 만든다면 결코 좋은 디자인이라고 할 수 없습니다.

슬라이드 작성시 근접성을 강화하기 위한 방법들은 다음과 같습니다."

- 그래프 개체와 개체 사이에는 적당한 여백을 둔다.
- 다른 그룹과 구분하기 위해 색을 사용한다.
- 레이블은 해당 개체에 붙여서 표시한다.

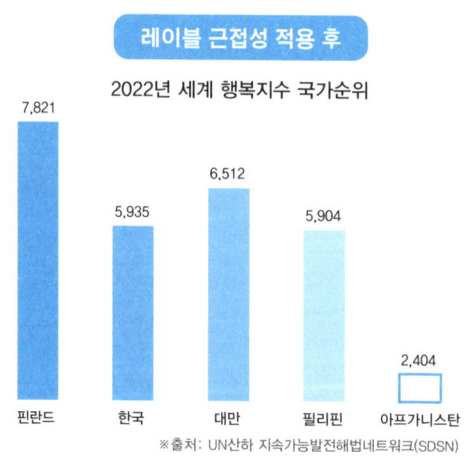

 일관성 원리, 동일하게 반복

그는 화이트보드에 이런저런 도형들을 그리기 시작했다. 마치 유치원 아이가 그린 것처럼 도형들은 들쭉날쭉 배치되어 있었다.

"제가 지금 그린 그림을 보니 어떤 느낌이 드세요? 보시기 편한가요?"

뜻밖의 질문에 다들 대답을 망설였다. 그는 아무 말 없이 처음 그림의 오른쪽에 또 다른 그림을 그렸다.

"이번 그림은 어떤가요? 앞서 제가 그린 것과 비교해 보시죠."
확실히 오른쪽 그림이 보기 편했고 심리적 안정감을 주는 것

같았다.

"두 가지 형태의 그림을 함께 보여주면 거의 대부분 오른쪽 그림이 보기 편하다고 합니다. 그 이유는 무엇일까요? 우리 뇌가 패턴을 좋아하기 때문입니다. 오른쪽 그림에는 패턴이 있지요. 패턴이란 일정한 형식의 반복이어서 한번 인식된 후에는 별도로 주의를 기울일 필요가 없습니다. 뇌의 입장에서는 편안하지요. 주의하는 데 에너지를 쓰지 않아도 되니까요. 패턴 선호는 인지적 에너지를 최소화하려는 뇌의 특징에서 비롯되었습니다. 교안을 만들 때 패턴을 적극적으로 활용해 보세요. 교육생들의 인지적 부담감을 줄여줍니다. 그렇다면 패턴은 어떻게 만드는 것일까요?"

민선 씨가 마치 기다리고 있었다는 듯이 재빠르게 대답했다.

"반복 아닐까요? 어떤 형태나 배열이 동일하게 반복되면 패턴이 생기니까요."

"그렇습니다. 여기서 제가 강조하고 싶은 부분은 '동일하게 반복'하라는 것입니다. 이것을 '일관성'이라고 하지요. 강의교안 디자인 원리 중 하나입니다."

이번에도 화면에 교안을 띄웠다. 슬라이드 두 개가 함께 보였다.

"이땐 이렇게, 저땐 저렇게 말하는 일관성 없는 이야기를 들으면 어떤가요? 정신 없고 피곤하지요. 에너지가 배로 소모되는 느낌일 겁니다. 강의교안도 마찬가지입니다. 특별한 이유가 없다면 한번 사용한 패턴은 동일하게 사용해야 합니다. 이것을 일관성 원리라고 합니다. 일관성 원리에 따라 창석 씨 강의교안을 피드백

일관성 원리 적용 전

기업과 사회공헌

기업의 사회공헌 활동을 바라보는 관점은 다음과 같다

1. 전통적인 경제학 관점
   → 사회공헌 활동도 홍보나 광고 수단과 유사
2. 순수한 신념과 헌신의 일종
   → 기업도 사회의 한 구성원
3. Give and Take ④
   → 사회에 지고 있는 빚을 갚는 당연한 행동
4. 존경받는 기업
   ③ ▷ 의도적 추구는 하지 않았지만 장기적인 혜택을 얻게 됨 ⑤

① STP 전략 소개

STP 전략은 타사와의 차별성과 경쟁력을 확보하고자 할 때 유용합니다 ②

| Sensing | Segmentation | Targeting | Positioning |
| 정보 수집 및 분석 | 시장세분화 | 표적시장 선택 | 제품 포지셔닝 |

시장을 고객, 니즈, 특성, 지역 등을 기준으로 세분화

해보죠. 피드백 할 곳은 번호로 표시한 다섯 군데입니다.

①번은 색의 일관성에 관한 것입니다. 두 슬라이드 제목의 배경색이 각각 다릅니다. 서로 다른 색을 사용하게 되면 교육생들은 그것을 변화의 의미로 받아들입니다. 그 결과, 그들의 주의가 불필요하게 낭비될 수 있습니다. 물론 강의모듈 전환이나 강조 같은

이유가 있다면 색을 달리 사용할 수 있습니다. 하지만 특별한 이유가 없다면 색을 사용할 때 일관성을 유지해야 합니다. 다음 ②번은 무엇 때문에 표시한 것일까요?"

그의 말이 떨어지자마자 민선 씨가 대답했다.

"글씨 크기입니다. 헤드 메시지 글씨 크기가 앞의 것과 뒤의 것이 다릅니다."

"예, 맞습니다. 제목, 헤드 메시지, 본문, 인용문구 등 같은 용도로 사용하는 글은 크기나 굵기가 동일해야 합니다. 글씨 크기도 일관성이 있어야 하지요. 그런데 ②번에는 말씀드리고 싶은 것이 한 가지 더 있습니다."

교안을 다시 보니 문장을 표현하는 형식이 달랐다.

"앞의 것은 평어체, 뒤의 것은 경어체로 표현했네요. 저도 왜 그랬는지 모르겠습니다."

창석 씨의 본의 아닌 자기비판에 다들 한바탕 웃었다.

"문장의 형식도 일관성이 있어야 합니다. 평어체와 경어체를 섞어서 사용하지 않아야 합니다. 이외에 강의교안에 가장 많이 드러나는 실수는 문장 마무리입니다. 예를 들어 문장을 '~함, ~임, ~음'과 같이 단축해서 마무리했다면 이것 또한 일관성을 유지해주세요. 앞에서 '~을 추진함'이라고 표현해놓고 뒤의 슬라이드에서는 '~하도록 노력하겠습니다'라고 마무리하면 안된다는 말입니다. '~하도록 노력하겠음'이라고 적어야 합니다.

③번 같은 일관성 오류도 교안에서 쉽게 찾아 볼 수 있습니다. 글머리 기호 사용에 일관성이 없는 경우이지요. 같은 수준에서는

동일한 글머리 기호를 사용해야 합니다. 그런데 창석 씨 교안에서는 동일한 수준임에도 불구하고 글머리 기호가 다릅니다. 사소한 것이라고 생각할 수 있습니다. 하지만 좋은 교안은 이런 작은 것부터 배려하는 데에서 시작합니다."

④번은 왜 표시했을까? 색이 문제일 것 같다.

"강조색도 일관되야 합니다. 처음에 강조색으로 파란색을 사용했다면, 이후에는 ④번처럼 회색을 강조의 목적으로 사용할 수 없다는 말이죠. 일관성은 패턴으로 생겨나고, 패턴은 반복으로 완성됩니다. 반복을 통해 '파란색=강조'라는 패턴이 완성되면 어떻게 될까요? 교육생들은 파란색의 단어나 문장을 보면 자동적으로 주의를 집중합니다. 파란색은 강조의 신호로 인식되니까요. 이것이 일관성의 힘입니다.

마지막 ⑤번에 대해서는 윤 차장님이 말씀해 주시겠습니까?"

그는 화면을 보며 골똘히 생각에 잠겨있는 윤 차장님을 지목했다.

"아, 죄송합니다. 질문을 놓쳤습니다. 제가 너무 생각에 빠져버린 모양이네요. 일관성 원리 관점에서 제 강의교안을 떠올려 보고 있었거든요. 얼마나 많은 잘못이 생각나는지, 생각만 해도 낯이 뜨거워지네요. 이럴 때는 아는 것이 병인 것 같습니다."

그는 미소를 지으며 다시 질문했다.

"음, 글씨체가 섞여 있어 일관성이 없네요."

"예, 그렇습니다. 글씨체도 일관성이 있어야 합니다. 슬라이드를 제목, 본문으로 영역을 나눈다면, 각 영역별로 사용하는 글씨체는 통일되어야 합니다. 본문의 글씨체로 '고딕체'를 사용했다면, 같은 본문에서는 계속 그 글씨체를 사용해야 한다는 말이죠."

"같은 본문에 다른 글씨체를 사용하는 경우도 있지 않나요?"

창석 씨가 질문을 했다. 역시 궁금한 것은 그냥 넘어가지 못하는 MZ세대답다!

"제가 영역을 크게 분류해서 제목과 본문으로 나누었지만, 더 세분하는 것도 물론 가능합니다. 제목은 큰 제목과 소제목으로 나눌 수 있고, 본문은 일반 문구, 강조 문구, 인용 문구 등 필요에 따라 얼마든지 세분화시킬 수 있습니다. 본문의 일반적인 문구는 A글씨체로, 강조 문구는 B글씨체로, 인용 문구는 C글씨체로 구분하여 사용할 수 있다는 말이죠. 단, 서로 혼용해서 사용하면 안됩니다. 일관성 원리에 따라 한번 정해진 패턴은 계속 유지되어야 하니까요.

지금까지 색상, 글자 크기, 굵기, 문장 표현 형식, 글씨체를 사용하는 데 일관성이 있어야 한다고 했습니다. 이외에도 굵은 선, 디자인 요소, 공간배치 등 시각적으로 인지할 수 있는 것이라면 무엇이든 이 원리를 적용해보세요. 일관성은 전체를 하나로 묶어 통일성을 만들어 줍니다.[43] 그 결과 슬라이드를 보는 사람은 안정감과 편안함을 느끼게 되지요."

잠시 쉬는 시간을 가지는 동안, 그는 일관성 원리가 적용되는 강의 교안 요소를 전지에 적었다.

일관성 원리가 적용되는 강의교안 요소	• 색상 • 글자 크기 • 문장 표현 형식 • 글씨체	• 선 굵기 • 디자인 요소 • 공간 배치

차별화 원리, 다른 것은 확실히 다르게

강의장에 노크 소리가 들렸다. 지난 주 인턴으로 들어온 정경완 씨였다.

"팀장님이 차장님과 연락이 되지 않는다고 저보고 직접 메모를 전달하라고 하셔서…."

뛰어왔는지 숨을 약간 몰아쉬었다. 그런데 차장님 옆에 서있는 경완 씨 키가 굉장히 커 보였다. 다른 인턴들과 환영식을 할 때만 해도 이 정도까지는 아니었는데, 며칠 만에 키가 자란 것일까.

차장님이 사무실로 간 사이, 방금 경완 씨 키에 대해 느낀 것을 그에게 이야기했다. 그는 내 말에 맞장구치면서 화이트보드에 파란색과 검은색 선을 그렸다.

"과장님, 여기 파란색 선이 긴가요, 짧은가요?"

"조금 긴거 같기는 하지만…."

그는 고개를 갸우뚱거리는 나를 보면서 선을 다시 그렸다.

"이번에는 어떤가요?"

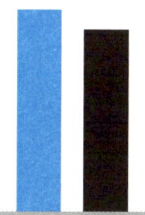

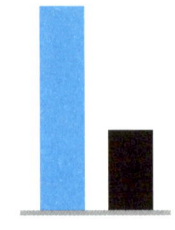

파란색 선이 길어졌다! 무언가로 머리를 맞은 기분이 들었다.

"차이는 둘 이상을 비교할 때 생깁니다. 따라서 비교할 개체가 없다면 차이란 말 자체가 성립할 수 없지요. 그런데 여기서 차이란 '상대적 차이'입니다. 즉 절대값이 아닌 비교 대상과의 차이를 말합니다. 우리 뇌의 시각시스템은 서로 다른 두 개체를 비교한 상대적 차이를 기억하지, 절대값을 기억하지 않기 때문입니다.[44] 그것이 처음 그림보다 두 번째 그림에서 파란색 선이 훨씬 길게 느껴지는 이유입니다."

어느새 창석 씨, 민선 씨 그리고 사무실에서 복귀한 윤 차장님도 그의 말을 듣고 있었다.

"경완 씨의 예로 다시 돌아가보죠. 환영식 때 참석한 다른 인턴들의 키도 꽤 크지 않았나요? 경완 씨와 키 차이가 그다지 많이 나지 않을 정도로 말이죠. 그래서 그때는 과장님의 시각에는 경완 씨의 키가 크게 부각되지 않았을 겁니다. 반면에 차장님과 비교하면 상대적으로 경완 씨의 키가 커 보이게 되죠. 크기란 비교 대상과의 상대적 차이에 따라 인식되는 것이니까요.

상대적 차이를 통해 시각적으로 눈에 잘 들어오게 하는 것이 '차별화 원리'입니다. 이를 위해서는 다른 것은 확실히 다르게 해야 합니다. 여기서 '다른 것'이란 무엇일까요? 교안에서 강조하고 싶은 요소들입니다. 제목, 핵심 문구, 강조 그림 등이죠. 차별화 원리는 강조 요소와 비강조 요소 간의 상대적 차이를 시각적으로 뚜렷하게 하는 것입니다. 민선 씨 교안을 보면서 계속 이야기 하죠."

스크린의 슬라이드는 민선 씨가 신입사원 교육을 받을 때 발표한 자료라고 했다. 아기자기한 디자인에서 별다른 문제는 발견할 수 없었다.

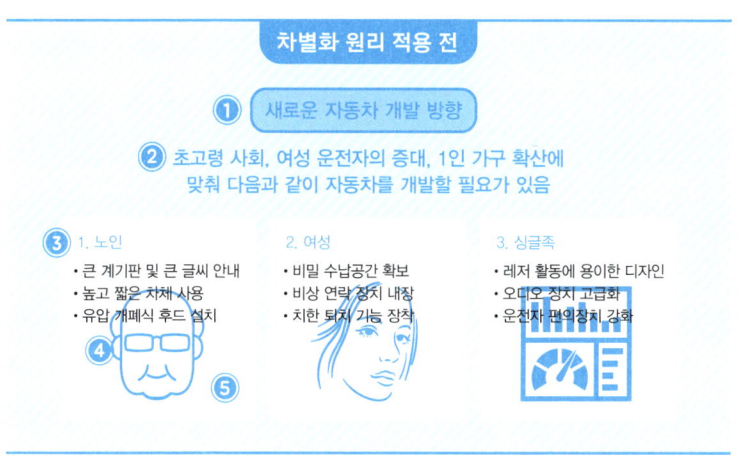

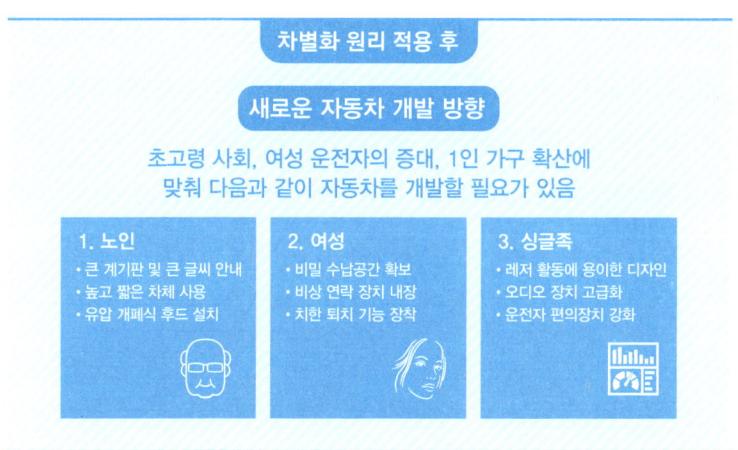

"사내강사 교안에서 자주 보이는 교안 디자인 유형입니다. 이렇게 교안을 작성하는 것도 크게 문제 되지는 않습니다. 하지만 여기에 차별화 원리를 반영하면 시각적 전달 효과가 훨씬 커집니다. 이번에는 차별화 원리를 반영하여 수정한 것을 보여드리겠습니다."

두 개의 슬라이드를 함께 보니 차이가 확연히 드러났다.

"①번은 제목이 본문 글씨와 크기가 비슷해 상대적 차이를 느낄 수 없습니다. 게다가 배경과 같은 계열색이라 눈에 잘 들어오지 않습니다. 제목은 슬라이드 전체를 대표하는 상징적인 곳입니다. 다른 것과 대비되는 크고 굵은 글씨체를 사용하여 시각적으로 잘 드러나게 해주세요. 슬라이드 내의 모든 구성 요소들은 절대 평등하지 않습니다. 중요도에 따라 시각적 차별화를 해야 합니다.

②번은 슬라이드를 요약해서 설명하는 헤드 메시지입니다. 제목만큼은 아니지만 본문보다는 중요한 곳이지요. 그에 맞게 대우해 주셔야 합니다. 여기서는 글씨체와 크기를 조정했습니다.

③번은 슬라이드 내 소그룹을 대표하는 소제목 역할을 하는 단어입니다. 이것 역시 그 역할에 어울리는 차별화 포인트를 주세요. 약간의 크기와 두께 조정을 했습니다.

④번은 그림을 사용할 때 자주 범하는 실수입니다. 그림이 의미있다고 여겨 배경으로 사용하는 경우이지요. 이렇게 되면 글씨가 배경 그림과 겹치게 되어 둘 모두 눈에 잘 들어오지 않습니다. 메시지 전달 효과가 떨어진다는 말이죠. 그림을 배경으로 사용한다면 메시지 글씨가 잘 보일 수 있도록 그림의 크기나 명도를 조

정해야 합니다.

⑤번을 수정하기 위해 색상있는 배경 위에 전경figure으로 하얀색 글씨를 사용했습니다. 배경과 전경의 상대적 차이를 최대화시킨 것이죠. 이렇게 하면 차별성이 부각되어 시각적으로 훨씬 잘 보이게 됩니다.

그는 슬라이드 그림을 전환했다. 앞서 근접성의 원리 때 본 '2022년 세계행복지수' 그래프였다.

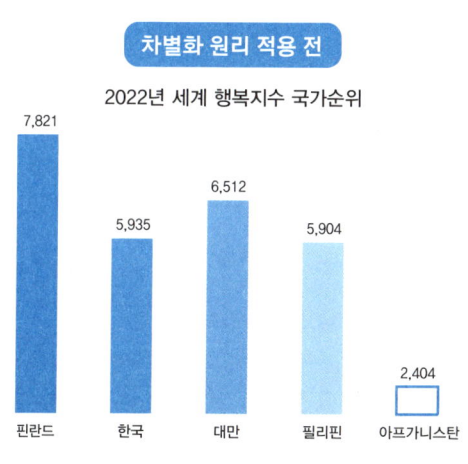

"이 그림을 차별화 원리를 적용하여 조금 더 다듬어 보죠. 여기에서 한국을 강조하고 싶다면 어떻게 하면 될까요?"

"글씨와 그래프를 키우면 됩니다. 눈에 띄게 확 키우는 거죠."

윤 차장님이 자신있게 대답했다.

"예. 물론 그렇게 하는 방법도 있지만 이번에는 다른 방법으로 해보죠. 어떤 방법이 있을까요?"

"강조할 것 이외의 요소들을 잘 드러나지 않게 약화시키면 어떨까요? 한국을 제외한 나머지 그래프를 눈에 잘 띄지 않는 색으로 처리하는 식으로 말이죠."

창석 씨가 그의 말을 받아 주었다.

"그렇습니다. 차별화를 위해서는 강조할 부분을 강조하는 것도 방법이지만, 강조하지 않을 부분을 약하게 만들어 버리면 강조해야 할 부분이 자연스럽게 강조되지요. 이렇게 말입니다."

한국을 제외한 나머지 나라들의 그래프 색깔을 무채색으로 변경하자 한국의 그래프가 눈에 훨씬 잘 들어오고 시각적 흥미도 더해졌다.

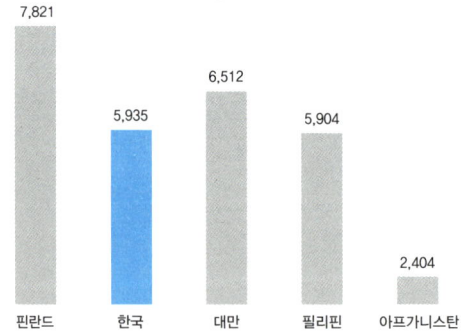

논리적 구조화 원리, 위는 아래를 감싸고 서로 어울려야

그는 테이블 위의 생수를 집어 들었다. 그리고 차장님을 넌지시 바라보았다.

"이제 마지막으로 차장님 차례만 남았네요. 차장님 자료만 제가 미리 받지 못했는데, 시작에 앞서 어떤 주제인지 여쭤봐도 될까요?"

"예, 물론이지요. 직원들의 업무처리 속도와 관련된 것입니다. 요즈음 저희 조직의 주된 관심사이지요. 오늘 보여드릴 자료는 원장님께 보고할 개선계획 발표자료입니다. 보고한 후에는 직원 세미나도 계획되어 있습니다. 그때 교안으로 사용할 예정입니다. 제가 사무실에 잠시 다녀온 이유도 저희 팀장님이 자료 중 원인 분

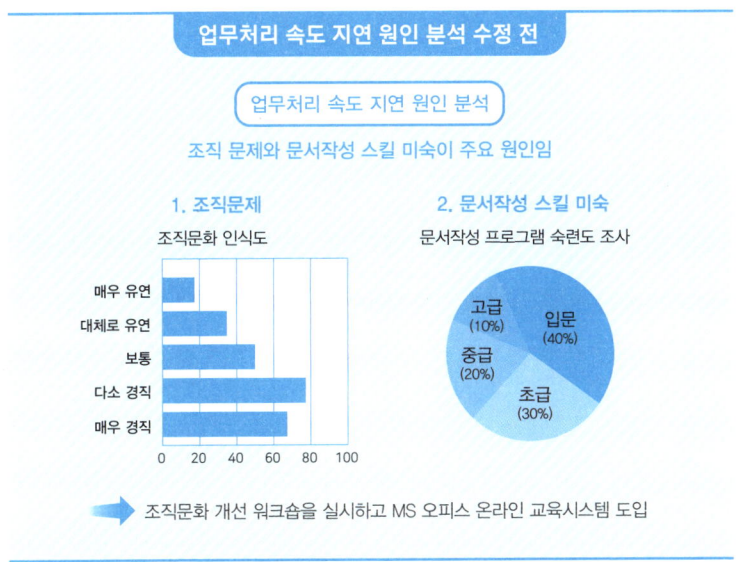

석을 한 슬라이드가 이해가 잘 되지 않는다며 부르셨기 때문이 죠."

"그렇다면 그 부분을 볼 수 있을까요?"

차장님은 고개를 끄덕이며 사내 인터넷망에 접속하여 해당 슬라이드를 화면에 띄웠다.

"공유해 주셔서 감사합니다. 역시 제가 예상한 피드백 포인트가 있네요. 이번에는 교안 작성 원리의 마지막으로 '논리적 구조화'를 말씀드리겠습니다. 논리적 구조화란 강의 슬라이드 내의 모든 내용은 서로 논리적으로 연결되어야 한다는 것입니다. 논리적 구조가 탄탄할수록 내용을 이해하고 기억하기 쉬워집니다. 논리의 힘이 작용하기 때문이죠.

교안의 논리적 구조를 강화하고 싶다면 논리적 글쓰기의 대가인 바바라 민토 Barbara Minto가 제시한 피라미드 형태가 큰 도움이 됩니다. 상위 레벨 내용은 하위 레벨 내용들을 요약하고, 동등한 레벨에서는 내용들 간에 일정한 논리적 공통점이 있어야 합니다.[45] 저는 이것을 '위는 아래를 감싸고, 서로 잘 어울려야 한다'고 표현합니다.

통상 슬라이드 제목, 헤드 메시지, 소제목, 본문 순으로 수직적으로 위계가 정해집니다. 여기에서 위아래는 상대적 개념입니다. 예를 들어 소제목은 헤드 메시지와 제목보다는 아래에 있지만 본문보다는 위에 있습니다.

차장님 교안에서 제목 부분을 보시죠. 제목이 아래 모두를 감싸고 있나요? 다시 말해 제목이 슬라이드 내 다른 내용들을 함축

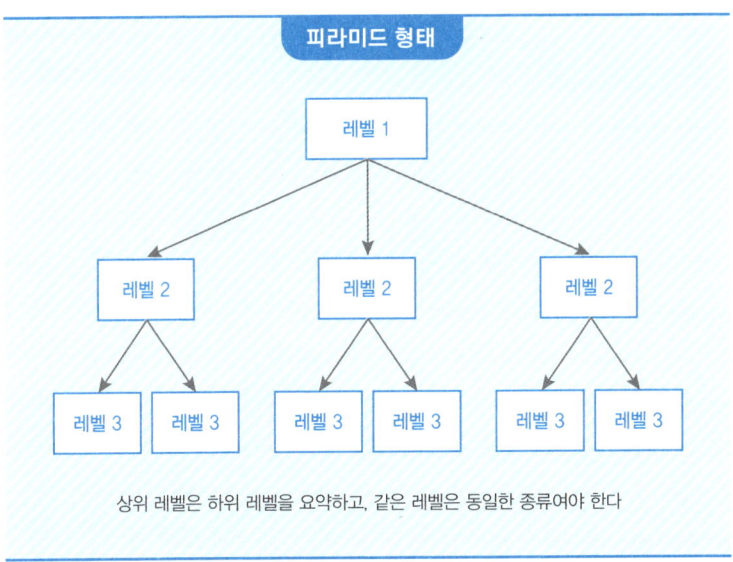

상위 레벨은 하위 레벨을 요약하고, 같은 레벨은 동일한 종류여야 한다

해서 표현하는 말인가요? 아니지요. 제목은 '업무처리 속도 지연 원인 분석'인데, 슬라이드 하단에는 '조직문화 개선 워크숍을 실시하고~'라는 해결방안이 있습니다. 제목의 연결 범위를 벗어난 내용으로 비논리적입니다. 이런 비논리적 표현을 이해하려면 의식적으로 더 노력해야 합니다. 인지적 에너지가 낭비된다는 말이죠.

'서로 어울려야 한다'는 측면에서 보면 어색한 부분이 한 군데 더 있습니다. 찾으셨나요?"

그는 잠시 말을 멈추고 대답을 기다렸다. 잠깐의 시간이 꽤나 길게 느껴졌다.

"논리적으로 어색한 부분이 떠오르지 않는다면 슬라이드를 피라미드 형태로 그려보세요. 생각을 정리하는데 도움이 됩니다."

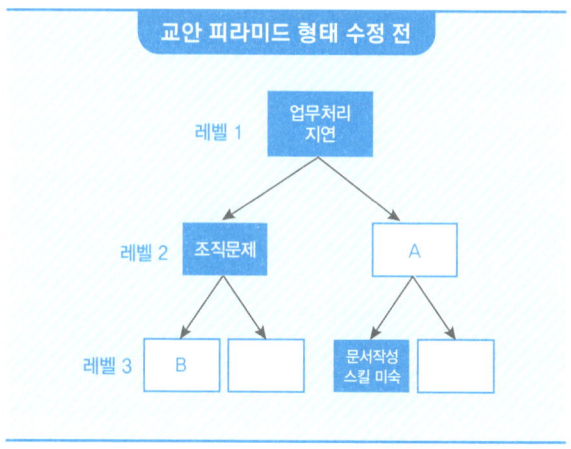

피라미드 형태로 보니, 조직문제와 문서작성 스킬 미숙은 서로 레벨이 다른 것이 확연히 드러났다.

"업무처리 지연의 원인으로 제시된 조직문제와 문서작성 스킬 미숙은 서로 다른 수준입니다. 이렇게 수준이 다른 것들을 같은 레벨에 배치하면 어색해 보입니다. 비논리적이기 때문이지요. 그러므로 그림의 A에는 조직문제와 같은 레벨의 문구가 들어가야 합니다. 문서작성 스킬 미숙은 그 아래에 있어야 하지요. '조직'에 대응하는 '개인'이란 말로 피라미드의 여백을 채우면 어떨까요?"

그는 계속 말을 하며 그림을 수정했다.

"업무처리가 지연되는 원인을 조직과 개인문제로 구분하여 레벨 2에 배치했습니다. 하위 단계인 레벨 3에는 레벨 2의 세부 내용들이 담겨 있어야 합니다. 레벨 3의 빈칸에 제가 임의로 경직된 조직문화, 결제시스템 복잡, 업무개선 의지 부족을 집어 넣었습니다. 모두 문서작성 스킬 미숙과 같은 레벨의 것들입니다.

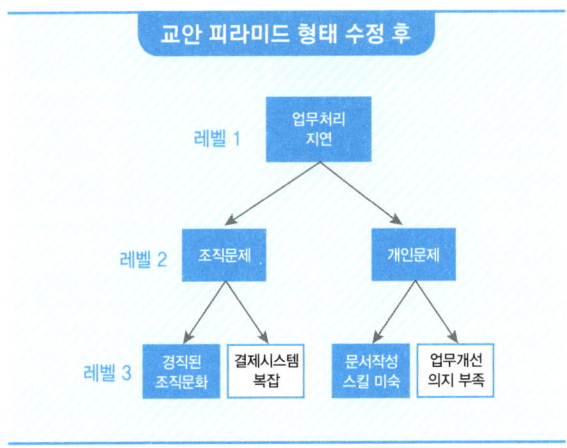

 여기에서 레벨 2의 조직문제에서는 경직된 조직문화, 개인문제에서는 문서작성 스킬 미숙을 해결하려 한다고 가정하고 슬라이드를 약간 수정해 보겠습니다."

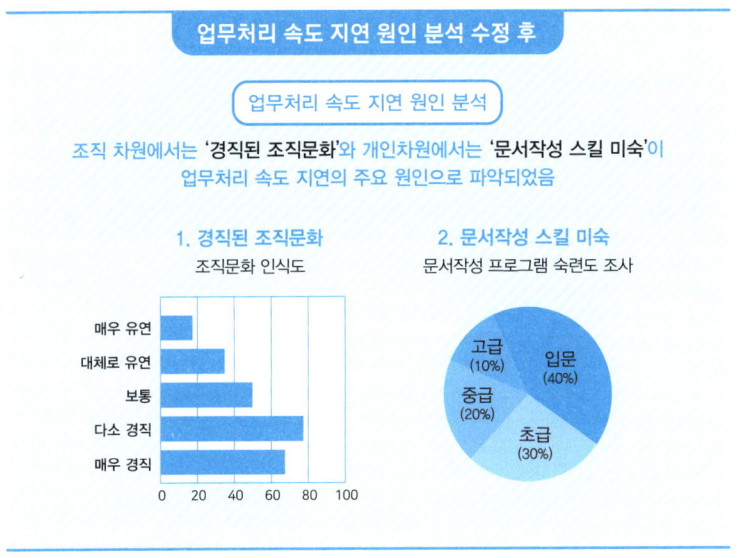

슬라이드 편집은 1분도 채 걸리지 않았다. 문구 몇 개 고쳤을 뿐인데 슬라이드는 한결 이해하기 쉽게 바뀌었다.

"강의나 프레젠테이션을 할 때 논리적 구조화 오류는 자주 발생하는 것 같습니다. 이런 오류를 방지하려면 어떻게 해야 할까요?"

윤 차장님이 진지하게 질문했다. 모두의 시선이 그에게로 다시 집중되기 시작했다.

"강의초안을 작성한 후 다음 프로세스에 따라 검증해 보세요.

1. 각 슬라이드 내용을 의미 덩어리(chunking) 단위로 묶어 소그룹으로 만듭니다. 기존의 소제목 그룹을 그대로 활용해도 됩니다. 소그룹의 개수는 적을수록 좋습니다. 최대 4개를 넘기지 마세요.
2. 포스트잇에 슬라이드와 소그룹 제목을 두 단어 이상을 사용해 '명사+동사' 형태로 작성합니다. 예를 들어, '조직문화 경직', '문서작성 미숙'과 같이 적는 거죠. 슬라이드 제목과 소그룹 제목의 포스트 잇은 색이 다른 것을 사용하세요.
3. 화이트보드에 포스트 잇을 배열합니다. 슬라이드 제목을 소그룹 제목 위에 두세요.
4. 올바른 피라미드 형태인지 확인합니다. 제목이 소그룹 모두를 포함하고, 소그룹들은 같은 레벨이어야 합니다."

논리적 구조 만들기에 유용한 방법입니다.

"포스트 잇의 제목은 왜 명사와 동사의 결합 형태로 적어야 하는 건가요?"

"명사에는 구체적인 방향성이 없기 때문입니다. 예를 들어 제

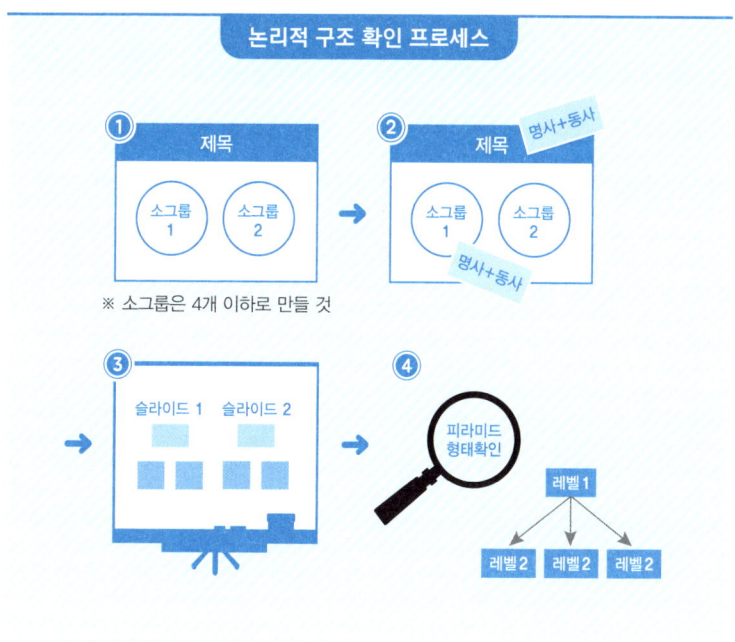

목을 '문제'라고만 적었다면, 이것은 '문제 도출', '문제 확산', '문제 해결' 등 여러 의미로 해석될 수 있습니다. 동사는 나아갈 방향을 제시해 줍니다. 다만, '작성', '해결' 등 동사의 어미를 줄여 명사로 사용된 것들은 여기서는 동사로 봅니다."

민선 씨의 질문에 답하면서 그는 강의 코칭을 마무리했다.

"다음 주 강의 코칭 주제는 강의 플랫폼입니다. 오늘 다룬 디자인 원리가 개별 슬라이드에 적용되는 미시적인 것이라면, 플랫폼은 교안 전체 구조화와 관련된 거시적인 것입니다. 플랫폼이 튼튼하면 강의를 준비하는 시간이 단축됩니다. 또한 강의가 논리적으로 탄탄해지는 효과가 있습니다."

고소원불감청(固所願不敢請)이었던 주제였는데 마침 잘되었다. 강의뿐만 아니라 평소 프레젠테이션을 할 때도 말을 어떻게 전개할지 늘 고민이었다. 이번 기회에 두 마리 토끼를 잡아봐야겠다. 표정을 보니 다른 사람들도 다음 시간에 대한 기대감이 큰 것 같다. 역시 강의 코칭의 고수답게 학습동기를 최대로 끌어올리는 능력도 탁월하시다니까.

🔒 **전문가의 비밀 노트 4**

잃어버린 강의 열정 되살리기

Q: 사내강사를 한 지 오래되었습니다. 처음에는 긴장은 많이 되었지만, 열정적으로 강의했습니다. 그런데 강의가 익숙해진 요즈음에는 강의를 그저 습관적으로 하고 있습니다. 강의 열정도 많이 사라진 것 같습니다. 여기에 도움이 되는 방법이 있나요?

강의에 익숙해진 것은 좋으나, 그것이 매너리즘으로 변질되면 곤란합니다. 강사의 가장 큰 적은 매너리즘이라고 말해도 과언이 아닙니다. 강사 자신이 열정을 느끼지 않는 강의를 교육생들이 좋아할 수 있을까요? 어렵습니다. 감정은 전염되는 속성이 있기 때문입니다.

어떻게 하면 열정을 되살릴 수 있을까요? 두 가지 차원에서 접근해 보세요. 하나는 가치이고 다른 하나는 목표와 관련된 것입니다. 먼저 자신이 추구하는 가치 하나를 빈 종이에 적어보세요. 배움, 성장, 존경 등 어떤 가치라도 상관없습니다. 단, '행복'은 제외하세요. 모든 가치의 최종 목적은 결국 행복이니까요.

강의에서 자신의 가치를 실현할 수 있는 아이디어를 옆에 적어보세요. 예를 들어 다음과 같은 식이죠.

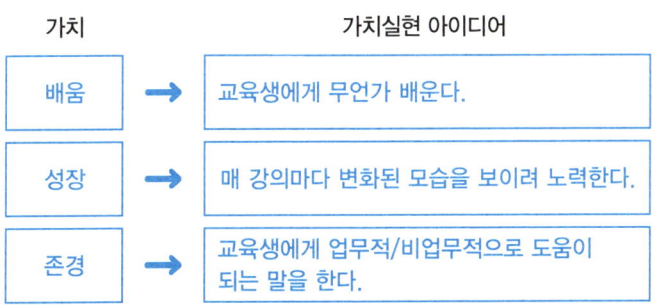

그런데 이것으로는 아직 부족합니다. 한 단계 더 거쳐야 하지요. 도전적 목표를 설정해야 합니다. 도전적 목표란 불가능하지는 않지만, 달성하기 쉽지 않은 목표를 의미합니다. 여기에 조건이 있습니다. 목표 달성여부가 측정 가능(measurable)해야 한다는 것이죠. 예로 든 가치실현 아이디어를 도전적 목표와 결합해서 표현하면 다음과 같습니다.

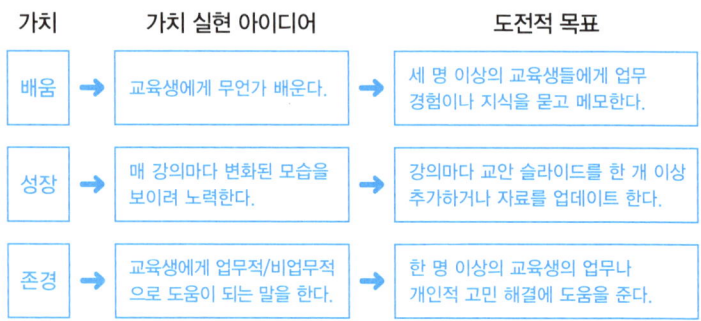

열정이 사라지는 느낌이 들면 목표를 다시 설정해보세요. 이때 목표를 가치와 결합시키는 것도 잊지마세요. 열정을 불러오는 힘이 배가 되니까요. 꼭 해보세요!

강의 전개구조, BS³

왜 퍼실리테이션 스킬을 알아야 할까?

강의 코칭에 대해 인재개발원 직원들의 관심이 점점 더 커지고 있는 것 같다. 배운 내용을 궁금해하며 관련 질문을 하는 직원들도 꽤 있었다. HR담당자들의 최종 경력목표 중 하나가 강사이니, 도움되는 지식과 정보를 얻고 싶어 하는 것은 당연한 일이기도 했다. 하지만 문제는 그들의 질문이 늘어나면서 나의 밑천이 바닥을 드러내기 시작했다는 것이다. 아무래도 대표님께 특별한 도움을 요청해야 할 것 같다.

팀원들에게 지난 주에 진행된 워크숍 결과를 설명하고 향후 실행계획을 공유하는 시간이 길어져 강의장에 조금 늦게 도착했다. 특히 개인별 업무 분장이 쉽지 않았다. 심지어 워크숍 결과 자체를 부정하는 팀원들도 있었다. 워크숍이 별다른 논쟁 없이 마무리

되어 후속 작업이 쉬울 줄 알았는데. 무엇이 문제였을까?

"오늘은 강의 전개 구조에 대해 말씀드리려 합니다. 이해를 돕기 위해 제가 짧게 강의를 먼저 하겠습니다. 그 후에 그것을 강의 전개 구조와 연결해 보겠습니다. 시범 강의 주제는 어떤 것이라도 상관 없습니다만, 이왕이면 여기 계신 분들의 관심 주제면 더 좋겠지요. 혹시 추천하실 주제 있을까요?"

무조건 반사처럼 재빠르게 손을 들었다. 그리고 워크숍 진행과 팀원들 반응을 이야기했다.

"과장님의 고민은 참여 촉진 스킬과 관련이 있습니다. 워크숍에 논쟁이 없었다는 것은 참석자들이 활동에 적극적으로 참여하지 않고 방관한 결과일 수도 있습니다. 이런 경우, 그 사람에게 책임 분담을 기대하기란 어려운 일입니다. 어떤 활동에 대한 참여를 촉진하는 스킬을 퍼실리테이션facilitation 스킬이라 부릅니다. 이 주제로 강의할까요?"

'예'라고 대답하는 다른 사람들의 눈빛도 기대에 차 있었다.

"퍼실리테이션은 강의 시범도 되는 동시에 강의 스킬을 확장시키는 데도 도움이 되는 주제입니다. 일거양득이지요. 제가 양다리 걸치기는 익숙하지 않지만 이번엔 제대로 한 번 해보겠습니다."

그는 오른손 주먹을 쥐며 어금니를 깨무는 제스처를 취하며 말했다. 그 모습에 다들 피식 웃음이 터져 나왔다.

"퍼실리테이션은 라틴어 'facilis(쉬운)'와 'facere(만들다, 성취하다)'가 결합되어 만들어진 단어입니다. 여기에서 '구성원들의 참여 촉진을 통해 모임의 목표 달성이 쉽게 이루어지도록 돕는 것'이란 정의가 도출된 것이지요.

구성원들의 참여를 촉진시켜 주는 스킬을 퍼실리테이션 스킬이라고 합니다. 그렇다면 퍼실리테이션 스킬은 어디에 활용할 수 있을까요? 혹시 퍼실리테이션을 워크숍 진행 방법으로만 생각하셨나요? 아닙니다. 다양하게 활용할 수 있습니다."

그의 질문과 더불어 생각이 많아지기 시작했다. 점점 다음 말이 궁금해졌다.

"제가 드리는 정답은 '어디서든지'입니다. 어떤 모임이든지 정해진 목표가 있다면 퍼실리테이션 스킬을 적용할 수 있기 때문입니다. 퍼실리테이션은 참여 촉진을 통해 목표 달성을 지원하는 도구이니까요. 이런 의미에서 퍼실리테이션은 워크숍 뿐만 아니라 강의, 회의, 심지어 1:1 대화에도 활용되고 있습니다. 참여를 촉진시키기 위해서는 어떻게 해야 할까요? 이를 위해서는 먼저 동기motivation에 대한 이해가 필요합니다. 퍼실리테이션의 핵심 원칙들이 여기에서 비롯되었거든요. 그렇다면 우리는 언제 하고자 하는 욕구, 즉 동기가 생길까요?"

"자신이 좋아하는 일을 할 때가 아닐까요? 싫어하는 일은 아무리 중요하다고 해도 하기 싫은 법이니까요."

"물론 창석 씨의 말이 맞습니다. 그런데 좋아하는 일과 싫어하는 일이 고정된 것일까요? 아닙니다. 마크 트웨인의《톰 소여의 모험》에 나오는 유명한 일화가 있습니다. 울타리에 페인트 칠을 하는 톰을 동정하는 친구들에게 톰이 기발하게 대응하는 이야기입니다. 톰은 누구라도 하기 싫어하는 따분한 페인트칠을 아주 재미있는 일처럼 그럴듯하게 만듭니다. 여기에 넘어간 친구들은 제발 페인트 칠을 할 수 있게 해달라고 사정을 하죠. 어떤 친구는 맛있는 사과까지 양보하면서 말이죠. 결국 친구들도 페인트 칠을 하게 되는 것으로 이야기는 끝이 납니다.

 이 이야기는 영리한 톰과 우둔한 친구 이야기로 소개되고 있지요. 하지만 달리 볼 수도 있지 않을까요? 어쨌든 친구들은 페인트 칠을 재미있게 한 것은 분명합니다. 그 순간만큼은 그 일이 '좋아하는 일'이 된 것이죠. 톰은 어떻게 친구들을 페인트칠에 몰입하게 만들었을까요?

 자율성입니다. 자율성은 세계적 미래학자인 다니엘 핑크(Daniel Pink)가 말한 동기의 핵심요소입니다.[46] 우리들은 스스로 선택한 것에 대해 훨씬 더 많은 동기를 느낀다는 것이죠.

 참가자들이 자율성을 느낄 수 있도록 퍼실리테이터가 지켜야 할 원칙이 있습니다. '프로세스는 관리하되, 개입은 하지 말라'는 것입니다. 퍼실리테이터는 참가자들이 문제의 원인을 규명하고 해결책을 찾는데 도움이 되는 프로세스를 제공해야 합니다. 하지만 모임 활동에 의견, 평가, 요구 등의 형태로 개입해서는 안된다는 의미입니다. 왜 그럴까요?"

 "퍼실리테이터가 의견을 내면 아무래도 다른 사람들이 말을 적게 하기 때문이겠죠."

 대답이 자발적으로 즉각 나왔다.

 "그렇습니다. 퍼실리테이터와 참가자들의 참여는 제로 섬(zero sum) 게임과 유사합니다. 한 쪽이 많아지면 다른 쪽은 그만큼 줄어

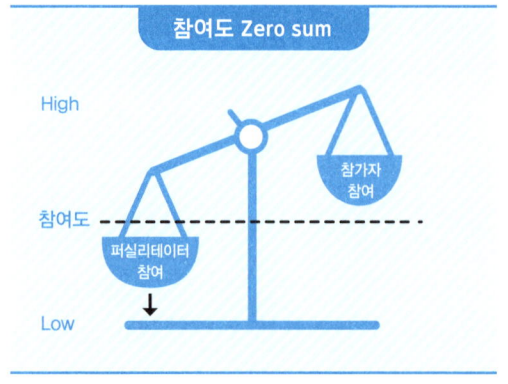

들지요. 퍼실리테이터가 의견을 내고 활동에 개입할수록 참가자들의 자율성과 참여도는 줄어듭니다. 그에 비례해 퍼실리테이션의 효과도 감소하게 되지요. 퍼실리테이션은 '돕는 것'이지 결코 '주도하는 것'이 아닙니다."

모두들 그의 열정적인 강의에 푹 빠져 들었다.

"팀 워크숍 결과가 기대에 미치지 못한 이유도 참가자들에게 자율성을 느끼게 하여, 그들의 참여를 이끌어 내는 것이 부족했기 때문 아닐까요? 퍼실리테이션 스킬이 부족했다는 말이죠."

그의 말에 변명할 수 없었다. 지난번 워크숍에서는 참가자들의 의견을 듣고, 그들의 활동을 촉진시키기보다 오히려 퍼실리테이터인 내가 말을 많이 한 것 같다. 의견도 적극적으로 내고 심지어는 참가자들의 아이디어를 반박하고 평가까지 했으니. 얼굴이 화끈거리며 빨개졌다.

"한 과장님, 너무 신경쓰지 마세요. 퍼실리테이션을 모르면 누구나 겪을 수 있는 실수입니다. 단, 같은 실수를 반복하지 않도록 몇 가지 방법들을 알려드리겠습니다. 퍼실리테이션 스킬 중 특히 참가자들의 아이디어 도출을 촉진시키고자 할 때 사용하면 유익한 방법입니다."

> **퍼실리테이션 아이디어 도출 방법**
>
> - 아이디어 개수나 시간을 정하면 반드시 지킬 것(타협 절대 금지)
>   이유: 정말 신선한 아이디어는 마지막에 나오는 경우가 많기 때문.
> - 아이디어를 도출할 때 빈 넘버링을 미리 할 것
>   이유: 인간은 완결시키려는 욕구가 있어, 빈 넘버링이 있으면 그것을 채우려
>   하기 때문.
> - 아이디어가 나오지 않을 때는 그때까지 나온 아이디어를 보면서 읽어 줄 것
>   이유: 시각뿐 아니라 청각을 통해 참가자들의 생각을 자극시킬 수 있기 때문.
> - 다른 사람의 아이디어에 편승하는 것을 적극 장려할 것(전문가 워크숍 제외)
>   이유: 대부분의 워크숍에서는 아이디어의 양이 중요하기 때문. 단, 아이디어
>   질이 중요한 곳에서는 단순 편승이 독이 될 수 있음.
> - 아이디어 질에 상관없이 아이디어 자체는 긍정적으로 받아 줄 것
>   이유: 아이디어는 속성상 처음부터 완벽한 것은 없으며, 칭찬이 참여를
>   촉진시키기 때문.

그는 아이디어 도출 촉진 방법과 그 이유 다섯 가지를 보드에 적어가며 설명했다.

"지금까지 퍼실리테이션의 의미와 원칙 그리고 아이디어 도출 촉진 방법 몇 가지를 말씀드렸습니다. 강의에 교육생들이 참여하는 활동이 점점 많아지고 있습니다. 저는 올바른 방향이라 생각합니다. 교육생들과 소통하지 않는 일방적인 강의는 그 내용이 아무리 좋다 할지라도 한계가 있습니다. 강의를 듣고 실행할 사람은 강사가 아니라 교육생들이기 때문입니다. 이런 면에서는 강의와 퍼실테이션이 비슷하지요."

"감사합니다, 대표님. 목표를 세우고 실행하는데 필요한 좋은 도구 하나를 얻었습니다. 워크숍이나 회의뿐만 아니라 강의할 때도 제 위주로만 진행하지 않았는지 반성도 됩니다. 퍼실리테이션

을 좀 더 공부하여 업무나 강의에 꼭 활용하겠습니다."

"과장님에게 칭찬을 들으니 기분이 좋네요. 좀 더 그럴듯하게 말하자면, 자기효능감 self efficacy이 커졌다고나 할까요. 그럼 이 기분의 힘을 받아 강의를 마무리하지요. 상대가 말을 많이 해서 싫어하는 사람은 있어도, 자신의 말을 많이 들어줘서 싫어하는 사람은 없습니다. 강의를 할 때 교육생들의 의견을 가능한 많이 들어주세요. 그들에게 자율성을 느끼게 해주는 것이지요. 교육생들을 적극적으로 참여하게 만들어 강의 목표 달성을 용이하게 하는 길입니다. 여기에 도움이 되는 방법이 퍼실리테이션 스킬이지요. 좋은 강사가 되고 싶다면 반드시 체득해야 합니다. 강의 시연은 여기까지 하죠. 질문은 쉬는 시간에 개별적으로 받겠습니다. 감사합니다."

쉬는 시간에도 질문이 계속 이어졌다. 그는 환하게 웃으며 한 명 한 명 성심껏 대답해 주었다.

 구조가 튼튼하면 흔들리지 않는다. ① Break, 감정의 벽 허물기

강의 코칭의 두 번째 시간은 화이트보드에 B와 세 개의 S를 크게 적는 것에서 시작되었다.

"좀 전의 강의를 제가 사용하는 강의 전개 구조에 따라 정리해 보겠습니다. 구조가 튼튼한 건물이 높게 올라갈 수 있듯이, 강의 구조가 탄탄할수록 강의 메시지를 효과적으로 전달할 수 있습니

다. 저는 강의를 BS^3 구조로 나누어 진행합니다. BS^3는 한 개의 B 와 세 개의 S로 이루어져 있지요. 각각의 단어는 Break(긴장 제거), Stimulate(호기심 자극), Suggest(변화 제시), Support(실행 지지)를 의미합니다.

강의는 교육생들의 긴장감을 풀어주는 것에서 시작해야 합니다. 특히 강의 도입부에서 이 작업은 필수적입니다. 강의가 시작될 때는 낯선 장소에 낯선 사람들과 함께 있는 불편함과 막연한 불안감으로 교육생들의 긴장감이 가장 높은 시간입니다. '나에게 질문하면 어떻게 하지?', '발표를 시키면 어떡하지?', '옆의 동료들은 괜찮은 사람들일까?' 등 여러가지 걱정으로 교감신경이 활성화되고 감정의 벽은 두껍게 닫혀 있지요.

이 벽을 부수어야 break 합니다. 그것이 강의의 시작점입니다. 이 벽을 그대로 두고서는 메세지의 온전한 전달을 기대하기 어렵습니다. 어떻게 이 벽을 없애버릴 수 있을까요? 초보 강사 대부분은 이 부분을 굉장히 어려워하고 부담스러워합니다.

요령을 알려드릴게요. 벽 전체를 허무는 것이 아니라 처음에는 단지 몇 개의 작은 틈새들을 만든다고 생각하세요. 틈새들이 모여 감정의 벽을 무너뜨리게 됩니다. 이 틈새들을 만드는 방법에는 서로 인사시키기, 아이스 브레이킹 게임하기, 재미있는 동영상 보여주기 등 여러가지가 있습니다. 제가 선호하는 방법은 유머입니다. 다른 방법들에 비해 시간 대비 효과가 탁월하거든요. 유머를 적극적으로 활용해 보세요. 그렇다고 배꼽 잡을 만큼 크게 웃길 필요는 없습니다. 살짝 웃게 만들어도 충분합니다. 피식 웃게 해도 좋고요.

아까 제가 주먹을 불끈 쥐며 '이번엔 제대로 한번 해보겠습니다'라고 말했을 때 어떻게 반응하셨나요? 그렇습니다. 웃으셨지요. 길게 웃든 짧게 웃든, 그것은 중요하지 않습니다. 일단 웃었다면 긴장감이라는 감정의 벽은 무너지기 시작하니까요. 이렇게 교육생들의 긴장감을 없애는 것이 강의 전개구조의 첫번째인 Break 단계입니다."

갑자기 윤 차장님이 그의 말에 끼어들었다.

"그런데 남을 웃기는 재능이 없는 저 같은 사람은 어떻게 해야 하죠? 아무리 웃기는 유머라도 제가 말하면 재미없다고 합니다. 어디서 배울데도 없고…."

"차장님뿐만이 아닙니다. 처음부터 탁월한 유머 감각을 갖추고 있는 사람은 많지 않습니다. 저 역시 마찬가지입니다. 그런데 유머는 재능보다는 스킬에 더 가깝습니다. 따라서 연습을 통해 능력이 향상될 수 있지요. 연습할 때는 시행착오 학습법이 도움이 됩니다. 먼저 TV나 유튜브 등에서 재미있게 본 유머를 자신의 스타일로 변형합니다. 그리고 가까운 지인들에게 일단 시도해 보세요. 그들의 반응 중 좋았던 점과 보완할 점을 반영해서 다른 자리에서 그 유머를 재시도해 보세요. 이 과정을 계속 반복합니다. 시행착오 과정이 반복되면서 유머 능력은 점차적으로 향상됩니다. 자신의 모습이 스스로 어색하다고 느껴 중간에 포기만 하지 않으면 됩니다."

"알겠습니다. 결국 연습이 답이라는 말씀이네요."

윤 차장님은 고개를 끄덕이며 말했다.

"예, 그리고 유머를 조금 더 쉽게 구사할 수 있는 팁 하나를 알려드리죠. 유머의 소재거리를 외부가 아니라 자신에게서 찾아보는 겁니다. 자신을 낮추거나 자신과 관련된 이름, 취미, 가족 등을 재미있게 표현해 보세요. 특히 유머에 자신없는 분들께 유용한 방법입니다. 예를 들어볼까요. 한 과장님 경우라면 강의 도입부에서 본인의 이름을 사용해 이런 식으로 유머를 할 수 있겠죠. 과장님, 제가 과장님 이름으로 예를 들어도 될까요?"

"물론이죠. 오히려 제가 부탁하고 싶었습니다."

"감사합니다. 그럼 지금부터는 제가 한 과장님이 되어 자기 소개를 하겠습니다.

안녕하세요. 이번 시간의 강의를 맡은 한명식 과장입니다. 강의를 시작하기에 앞서 지금 제 모습이 여러분께 어떻게 보이고 있는지 궁금하네요. 무섭게 생겼다고요? 외모 때문에 그런 오해를 간혹 받기도 합니다. 하지만 겉으로 보이는 모습보다 훨씬 부드럽고 세심한 사람입니다. 한 명 한 명의 인연을 소중하게 여길 줄도 알지요. 그래서 제 이름도 '한 명씩'이잖아요. 저의 이름처럼 오늘 여기 오신 한 분 한 분 모두가 이번 강의를 유익한 시간으로 기억할 수 있도록 최선을 다하겠습니다."

'한 명씩'이라니…. 피식 하고 웃음이 나왔다.

"강사와 가장 유사한 직업은 무엇일까요? 저는 배우라고 생각합니다. 배우는 관객을 극에 몰입시킬 수만 있다면 어떤 연기도 가리지 않지요. 강사도 마찬가지입니다. 교육생들의 강의 몰입에 도움이 된다면 어떤 것이라도 마다하지 말아야죠. 설령 그 방법이 자신을 다소 낮추는 것이라도 말이죠. 단, 너무 심하게 자신을 비하하는 것은 조심해야 합니다. 강사에 대한 신뢰 자체를 무너뜨릴 수 있기 때문입니다.

또한 유머란 그 자체로도 긴장감을 없애는데 도움이 되지만, 강의와 연결하면 효과는 배가 됩니다. 한 과장님의 사례로 다시 돌아가 보죠. 강사가 자신의 이름으로 웃음을 준 후에 '제 이름처럼 최선을 다하겠습니다'라고 말했죠. 그때 그 말을 들은 교육생들은 어떤 감정을 느끼게 될까요? 호감입니다. 강사에 대한 호감을 느끼게 됩니다. 이렇게 되면 한 번의 유머로 긴장감 제거와 호감도 증대라는 두 마리 토끼를 동시에 잡는 셈이지요."

"유머 외에 교육생들의 긴장감을 풀어주는 다른 방법들도 궁금합니다. 지금으로서는 유머를 활용하는 모습을 전혀 상상할 수 없는 사내강사 몇 분이 있습니다. 물론 연습하면 나아지겠지요. 하지만 현실적으로는 연습할 시간도 많지 않습니다. 이런 분들에게 도움이 될 방법이 있을까요?"

민선 씨가 내가 가려워하는 부분을 대신 긁어주었다.

"맞습니다. 대부분의 경우 유머가 효율적입니다. 하지만 항상 최적의 방법은 아니지요. 너무 긴장하고 있거나 유머가 전혀 안되는 분이 유머를 하면 역효과가 날 수도 있습니다. 그렇다면 어떻게 해야 할까요? 먼저 '강사가 다 한다'는 생각부터 버려야합니다. 자신이 못하는 것은 못한다고 받아들여야 합니다. 안되는 것을 억지로 하려고 하지 마세요. 스트레스도 많이 받고 에너지만 낭비될 뿐입니다. 중요한 본론을 말할 때 사용해야 할 에너지가 부족해질 수 있습니다.

그렇다고 긴장감 제거가 필요하지 않다는 의미는 아닙니다. 누군가는 해야겠죠. 그런데 강사가 아니라면 그 '누구'가 누구일까요? 교육생입니다. 웃음 소재를 강사가 아니라 간단한 활동을 통해 교육생들로부터 끄집어내는 것입니다.

예를 들어, 교육생 소개시간에 칭찬 샤워 활동을 시켜보세요. 한 사람씩 자기 소개를 한 후 다른 사람들은 그 사람에 대해 무조건 칭찬을 해야 한다는 것이 절대 규칙이지요. 칭찬의 소재로 외모, 복장, 인상, 행동 등 무엇이든지 활용할 수 있습니다. 이 활동을 하다보면, 칭찬하는 사람이나 듣는 사람 모두 웃고 즐기게 됩니다. 그 과정에서 긴장감이 풀리는 것이지요. 이 활동에서 강사의 개입은 거의 없습니다. 단지 활동 규칙만 제시하면 됩니다.

이런 식으로 교육생들의 긴장감을 없앨 수 있는 방법은 많습니다. 서점에 가거나 검색을 해보면 여기에 도움이 되는 스팟이나 아이스 브레이킹 기법을 소개한 책들도 여러 권 찾을 수 있습니다. 다양한 방법 중 자신에게 맞는 방법을 선택하여 강의에 적용해 보세요. 교육생들의 감정의 벽을 깨는 것 이상의 효과를 얻을 수 있습니다. 교육생들의 긴장감을 풀어주면서 강사의 긴장감도 풀리게 되거든요. 그리고 그것은 자신감으로 이어지게 됩니다. 강의 성공의 필수 요소 중 하나인 자신감 말이죠."

이번 주말 아이들과 서점에 가야겠다. 아이들은 책보다 팬시한 문구를 더 좋아하지만. 그러고 보니 가족들과 서점 간지도 꽤 오래되었네. 잡념이 뱀 꼬리처럼 주욱 늘어지려는 순간, 그의 목소리가 달팽이관을 울렸다.

"그럼 Break 단계에서 교육생들의 긴장감을 제거한 다음에 강사가 해야 할 일은 무엇일까요?"

구조가 튼튼하면 흔들리지 않는다. ② Stimulate, 호기심 자극하기

그는 보드에 Stimulate란 단어를 손가락으로 가르켰다.

"뇌를 자극stimulate해 교육생들의 강의에 대한 흥미와 기대감을 높여야 합니다. 뇌과학적으로는 뇌 중의 뇌라고 불리는 전두엽의 작업기억을 어텐션으로 작동시키는 것을 의미합니다.

그렇다면 뇌를 어떻게 자극할 수 있을까요? 어텐션을 부르는 모든 것들이 교육생들의 생각 즉, 작업기억을 자극할 수 있습니다. 예를 들어 동영상, 사진, 그림, 통계, 전문가 의견 등과 같은 것들이지요. 그런데 더 쉬운 방법도 있습니다. 조금 전 제가 사용한 방법이지요. 어떤 방법일까요? 힌트를 드릴까요? 모두들 잘 알고 있지만, 이 방법을 능숙하게 활용하는 강사들은 그다지 많지 않은 것 같아요. 초보 강사와 좋은 강사를 구분하는 기준 중 하나입니다. 좋은 강사는 이것을 아주 능숙하게 사용하지요. 이것은 무엇일까요?"

방금 전에 사용했다는 말에 전두엽이 폭발적으로 작동하기 시작했다. 그런데 좀처럼 감이 오지 않았다. 다른 사람들도 나와 같은 듯 강의장이 고요해졌다.

"인지 과부하가 걸리기 전에 얼른 정답을 알려드리겠습니다. 제가 여러분들의 뇌를 자극시키기 위해 사용한 방법은 '질문하기'입니다. 강의를 시작할 때 호기심을 유발하기 위해 의도적으로 질문을 했습니다. '퍼실리테이션 스킬은 어디서 활용할 수 있을까요? 혹시 퍼실리테이션을 워크숍 진행 방법으로만 생각하셨나요?'라고 말이죠.

답을 기대하고 던진 질문이 아닙니다. 지난 강의 코칭 때 말씀드린 지식의 공백을 만들기 위한 질문이지요. 공백을 채워나가는 과정에서 교육생들의 뇌는 자동적으로 어텐션을 하게 되고, 작업기억이 활성화됩니다. 학습의 필수조건이지요.

그래서 좋은 강사일수록 교육생들의 뇌를 효과적으로 자극하여 '지식의 공백'을 능숙하게 만들 줄 압니다. 여기에는 질문 외에도 사진이나 동영상 보여주기 같은 다른 방법도 있습니다. 다만, 자극을 주는 방법은 매 상황마다 다를 수 있지만 추구하는 목적은 동일합니다. 호기심과 새로움으로 교육생들의 학습동기를 강화시키는 것이지요."

이제 '지식의 공백'에 대한 기억이 완전히 회상recall되었다. 그 말을 처음으로 한 카네기 멜론대의 조지 로웬스타인George Loewenstein 교수의 이름까지 기억났다.

"공백의 크기는 자극이 얼마나 강렬한가에 따라 결정됩니다. 예를 들어, 한 번도 생각하지 못했던 것을 질문하거나 고정관념과 동떨어진 통계나 사진 같은 것들을 보여주면 어떨까요? 교육생들이 느끼는 자극은 충격에 가깝게 커집니다. 단, 조심해야 할 점이 있어요. 이런 것들은 뇌를 자극해 호기심을 키우는데는 분명 도움이 됩니다. 하지만 강의 주제와 관련이 없다면 오히려 독이 될 수도 있습니다. 교육 기대치는 한껏 높아졌는데, 강의 내용이 여기에 부응하지 못하는 셈이니까요. 자극을 안 준 것만 못하죠."

Break로 긴장감의 벽을 없애고 Stimulate로 호기심을 자극하라는 것이군. 머리 속 지식의 알갱이들이 부딪치고 합쳐지며 크고 새로운 알갱이가 만들어지는 것 같다. 참 좋은 느낌이다.

 구조가 튼튼하면 흔들리지 않는다. ③ Suggest, 변화 제시하기

"Stimulate 단계가 끝나면 Suggest 단계로 넘어갑니다. 지식, 스킬, 태도 중 하나 이상의 변화를 제시하는 단계로 강의 본론에 해당합니다. 일반적으로 강의 시간 대부분을 차지하지요.

좀 전의 퍼실리테이션 강의에서 Suggest 단계에 해당하는 예를 한 가지만 들어보죠. '참가자들이 자율성을 느낄 수 있도록 퍼실리테이터가 지켜야 할 원칙은 프로세스는 관리하되, 개입은 하지 말라는 것입니다'라고 말한 부분입니다. 퍼실리테이션에 필요한 태도 변화를 제시한 것이죠.

이렇게 태도를 변화시키든, 지식 수준을 변화시키든, 스킬 수준을 변화시키든 모든 강의의 최종 목적은 '변화'입니다.

그런데 변화가 실제로 이루어지기 위해서는 반드시 거쳐야 할

과정이 있습니다. '기억'이지요. 여기에서 기억은 장기기억을 의미합니다. 외부 세계에서 아무리 많은 정보를 지각했더라도 기억의 창고에 저장된 것이 없다면 변화는 일어나지 않습니다. 따라서 변화 제시 단계에서는 '어떻게 잘 기억시킬 것인가?'가 가장 중요한 과제입니다."

"그렇다면 기억은 어떻게 만들어지는 것인가요?"

"좋은 질문입니다. 창석 씨의 질문에 대답하기 위해서는 기억의 단계를 먼저 설명할 필요가 있습니다.

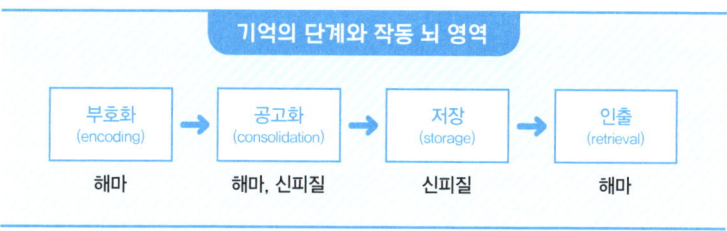

기억은 부호화, 공고화, 저장 그리고 인출의 단계로 구분됩니다. 각 단계별로 작동하는 뇌의 영역은 조금씩 다릅니다. 기억에 필요한 대부분의 작업은 측두엽의 해마에서 이루어집니다. 기억 형성의 핵심 기관이지요. 해마에서 만들어진 기억은 대뇌피질 중 신피질에 저장됩니다.

단, 여기서 제가 말하는 기억이란 장기기억 중 서술기억을 의미합니다. 운전이나 운동 기술과 같은 절차기억은 제외됩니다. 절차기억은 비서술기억의 일종입니다. 쉽게 말해 몸이 암묵적으로 기억하는 기억이죠.

서술기억이란 사건이나 사실 등 우리가 살아오면서 경험과 학습을 통해 얻었고 언어나 이미지로 서술할 수 있는 기억을 말합니다. 외현기억으로도 불리죠.

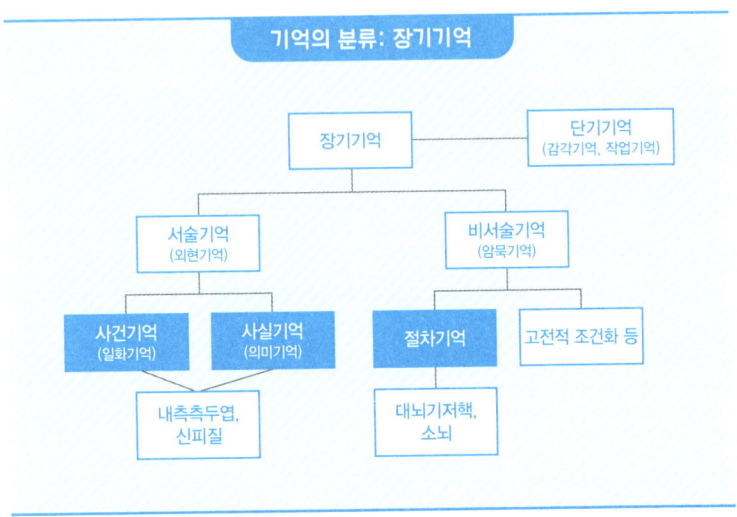

기억이 만들어지는 첫 번째 단계는 부호화입니다. 부호화란 외부 세계의 정보를 우리 뇌에 입력하는 과정입니다. 이때 새로운 정보가 기존에 알고 있던 것들과 연결되거나 의미가 있는 것이라면 부호화 효과는 커집니다.

따라서 교육생들이 이미 알고 있는 지식과 연결하여 강의하면 전달효과가 높아집니다. 기억입력이 용이하거든요. 강사가 교육생들의 지식을 수시로 파악해야 하는 이유이기도 합니다. 교육생들에게 어려운 개념이나 생소한 단어를 설명할 때 '비유'를 활용하는 것도 동일한 원리입니다. 비유란 그들에게 익숙한 개념이나 단어에 연결시키는 것이니까요. 예를 들어, 전두엽을 전혀 모르는 사람에게 전두엽의 기능을 설명하는 경우라면, '전두엽은 공항의 관제탑과 같은 기능을 합니다. 우리 뇌의 모든 것을 지시하고 통제하는 곳입니다'라고 말하는 식이죠. 이렇게 비유를 활용하면 이해가 쉬워집니다. 기존 지식과의 연결을 통해 뇌에 입력, 부호화가 잘되기 때문이죠."

그는 교탁 위에 놓여 있던 물 한잔을 천천히 마시며 우리를 바라보았다.

"한 과장님, 평소 기억력이 어떻다고 생각하시나요?"

"다른 사람들과 비슷할 것 같은데요. 얼마 전 담배를 끊은 뒤로는 머리가 맑아진 기분입니다만."

"그렇다면 과장님의 기억력을 테스트 해볼까요? 제가 화면에 어떤 문자들을 띄울 테니 기억해보세요."

그는 '이, 네, 날, 많, 늘, 가, 씨, 춥, 오'라는 문자들을 2~3초 정도 보여 주고 화면을 닫았다.

"어떤 문자들이 기억나시나요?"

"음~ 이, 네, 오 정도밖에 기억나지 않네요. 기억력이 많이 나빠진 것 같아요."

"너무 자책하진 마세요. 과장님뿐만 아니라 누구라도 마찬가지이니까요. 한 번만 더 해보죠. 잘 보고 기억하세요."

바뀐 화면에는 '오, 늘, 날, 씨, 가, 많, 이, 춥, 네'라는 순서로 문자들이 나열되어 있었다. 이건 누워서 떡먹기지.

"두 가지 화면 중에 어느 쪽이 기억하기 쉬웠나요? 당연히 두 번째 것이겠지요. 그렇다면 둘의 차이는 무엇일까요? 그것이 '의미'입니다. 인간은 컴퓨터와 달리 의미 없는 정보를 대량으로 기억하기 어렵습니다. 아홉 글자 밖에 안되는 '이, 네, 날, 많, 늘, 가, 씨, 춥, 오'라는 문자들도 기억하기 쉽지 않습니다. 하지만 '오늘 날씨가 많이 춥네'라고 순서를 바꿔 의미를 부여하니 어떤가요? 기억하기 쉬워지지요.

강의도 마찬가지입니다. 교육생들이 의미 없는 강의 내용을 기억하기란 쉽지 않습니다. 부호화가 약하니까요. 이런 정보를 기억하게 하려면 비유를 활용하거나, 반복적으로 입력시키는 방법 밖에 없습니다. 약한 부호화도 계속 쌓이면 커지는 법이죠.

부호화가 끝난 외부 정보는 다음 단계로 공고화 과정을 밟게 됩니다. 여기서 잠깐 뇌과학 이야기를 하고 가지요. 뇌과학 관점에서 보면 기억은 우리 뇌의 해마와 신피질이 생물학적으로 상호작용하는 과정에서 만들어집니다.

해마와 신피질의 기억공고화 모델[47]에 따르면 기억의 초기에는 해마와 신피질은 서로 연결이 되어 있습니다. 하지만 신피질에 저장된 기억들 사이의 연결이 강해지면 해마와 신피질 간의 연결이 끊어집니다. 기억이 해마의 영향을 받지 않고 신피질 내에서 안정적으로 저장된 상태이죠. 강의로 보면 강의 내용이 교육생들의 뇌 속에서 장기기억이 된 때입니다. 이렇게 기억을 안정적으로 만드는 과정이 기억의 공고화 과정입니다."

"그렇다면 교육생들이 강의 내용을 잘 기억하게 하려면 기억의 공고화를 도와주면 되겠군요."

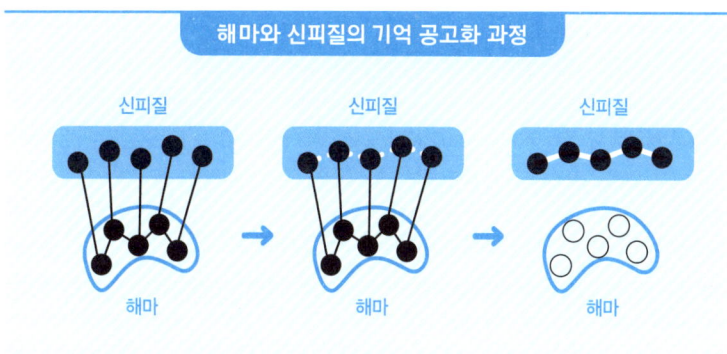

전두엽이란 관제탑의 지시를 받지 않고 말이 나왔다.

"그렇습니다. 공고화란 기억을 만드는 데 아주 중요한 단계입니다. 공고화는 사건이나 경험을 얼마나 많이 되새기느냐rehearsal에 좌우되지요. 여기에서 되새김이란 기억된 사건을 다시 끄집어내서 생각하는 것을 의미합니다.[48]

따라서 강사는 의도적으로 기억 질문이나 반복 등을 통해 교육생들이 강의 내용을 되새길 수 있게 해주어야 합니다. 특히 핵심 메시지는 가능한 자주 되새길 기회를 주세요. 되새김의 효과에 관해서도 퀴즈를 하나 드리죠. 한 과장님, 긴장하지 않으셔도 됩니다. 이번에는 여기 계신 모든 분들과 함께 대답하시면 됩니다.

학습 후 일정 시간이 지난 다음, 그 내용에 대해 시험을 보는 것과 다시 학습하는 것 중 어느 쪽이 기억에 더 효과적일까요? 손으로 본인의 의견을 말씀해 주세요. 1번은 기억 시험을 보는 것, 2번은 재학습을 하는 것입니다."

음, 헷갈리네. 자신 없이 2번에 손을 들었다. 윤 차장님도 나와 같았다.

"우연히도 주니어와 시니어로 의견이 갈렸군요. 워싱턴 대학의 헨리 뢰디거 Henry Roediger와 제프리 카피크 Jeffrey Karpicke는 대학생을 대상으로 실험했습니다. 참가 학생들은 250에서 300개 정도의 단어를 외우는 시간을 먼저 가졌습니다. 그 다음 일정 시간이 지난 후, 학생들을 시험 그룹과 재학습 그룹으로 나누었습니다. 그리고 시험 그룹은 외운 단어 시험을 보게 했고, 재학습 그룹에게는 다시 외울 수 있는 시간을 주었습니다. 어느 그룹이 더 많이 기억했을까요? 일반적인 예상과 달리 시험 그룹이었죠. 결과가 나오기 전, 자신감은 재학습 그룹이 더 컸지만 말입니다.[49]

이렇게 시험이 재학습보다 기억 형성에 유리한 이유는 무엇일까요? 시험이 기억을 인출하는 회상 활동을 더 촉진시키기 때문입니다. 그 결과 정보를 되새길 기회가 더 많아지게 됩니다.

변화 제시는 교육생들의 기억체계 속에 강의 내용이 안정적 기억으로 저장될 때 완성됩니다. 여기서 핵심은 부호화와 되새김입니다. 잊지 마시고 강의에 꼭 활용해 보세요."

기억이란 일회용 나무젓가락과 비슷한 것이 아닐까? 한 개의 젓가락은 약간의 힘만 가해도 쉽게 부러지지만 그것이 모여 다발이 되면 어지간한 힘에도 끄떡없게 된다. 이처럼 한 번의 기억은 쉽게 망각될 수 있지만 그 기억의 되새김이 많을수록 안정적인 장기기억으로 되는 것처럼 말이다.

구조가 튼튼하면 흔들리지 않는다. ④ Support, 실행 지지하기

"강의는 교육생들의 실행력을 높여주는 'Support 단계'로 마무리되어야 합니다. 이전 Suggest 단계로 만들어진 변화를 지지해주는 것이지요.

앞서 시범 강의에서 저는 어떻게 실행을 지지했을까요? 이렇게 말했죠. '강의 목표 달성에 도움이 되는 방법이 퍼실리테이션 스킬입니다. 좋은 강사가 되고 싶다면 반드시 체득해야 합니다' 퍼실리테이션 스킬의 학습 효과를 강조함으로써 여러분들의 실행 욕구를 높이려는 의도로 한 말이죠.

실행을 지지하는 방법은 다양합니다. 제가 한 것처럼 실행을 통해 얻을 수 있는 긍정적 효과를 강조하거나 실행에 도움이 되는 도구나 아이디어를 제공할 수도 있습니다. 중요한 것은 어떤 식으로든 교육생들의 실행을 지지해 줘야 한다는 것이죠.

좋은 강사는 Support 단계에 노력을 많이 기울입니다. 반면 강의 경험이 적은 분일수록 강의 내용 전달에만 공을 들이고 이 단계를 생략하는 경우가 많지요. 그 결과로 강의 효과가 반감될 가능성이 높아집니다. 왜 그럴까요?"

"아무리 좋은 것도 결과를 만들지 못한다면 효과가 떨어지기 때문이 아닐까요? 물론 강의를 통해 습득한 지식이 그 순간에는 좋을 수 있겠죠. 하지만 '구슬이 서 말이라도 꿰어야 보배'이듯 활용하지 못한 지식은 큰 의미가 없다고 생각합니다."

질문을 기다렸다는 듯이 윤 차장님이 대답했다.

"그렇습니다. 이것을 '학습'이란 측면에서 좀 더 얘기해 보죠."
그는 노트북 화면을 스크린에 띄웠다.

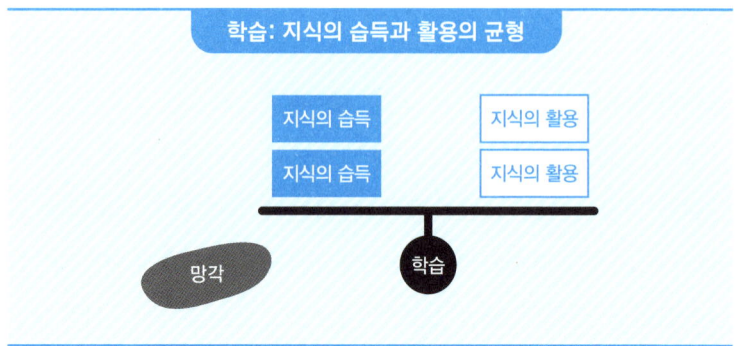

"강의란 학습을 통해 변화를 만들어내는 것을 도와주는 강사의 활동입니다. 학습 과정은 '지식의 습득'과 '지식의 활용'으로 나눌 수 있죠. 변화란 이 두 가지가 그림 속의 시소처럼 균형을 이룰 때 안정적으로 완성됩니다. 그런데 습득된 지식이 활용되지 않는다면 어떻게 될까요?"

그는 화면을 다른 그림으로 전환시켰다.

"균형이 무너지죠. 화면에 보이듯이 습득된 지식은 망각될 가능성이 높아집니다. 기억되지 않은 지식이 변화에 기여할 수는 없겠지요. 결국 학습이 제대로 되지 않은 실패한 강의가 되는 셈이죠.

논어에 '배우기만 하고 스스로 생각하지 않으면 남는 것이 없다(學而不思卽罔)'라는 구절이 있습니다. 저는 이것을 종종 '학이불행즉망(學而不行卽忘)'이라고 변형해서 소개하곤 합니다. 지식을 습득했으나 활용하지 않으면 곧잘 잊어버리게 된다는 점을 강

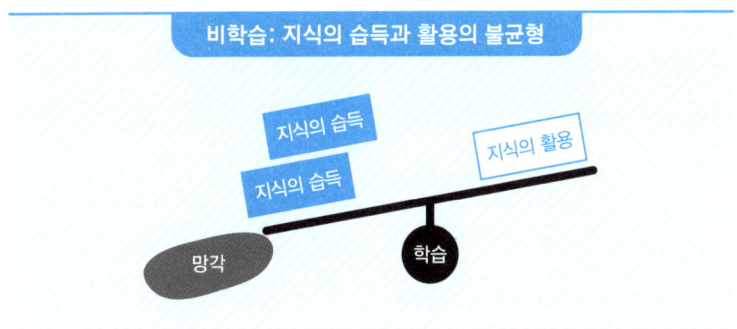

조하려고 만든 말이죠. 강의의 승패는 강의 종료 직후에 판가름 나는 것이 아닙니다. 실제 현장에서 학습한 내용을 얼마나 활용, 즉 실행하는 지에 달려있습니다. 이것이 Support 단계가 반드시 필요한 이유입니다. 강의 전개 구조 BS^3의 마지막 단계이지요."

그는 말을 잠시 멈추고 민선 씨 앞으로 걸어갔다.

"BS^3에 대해서는 민선 씨의 노트로 정리해도 될까요? 아까 살짝 보니 정리가 잘 되어 있더군요."

민선 씨는 약간은 쑥스러워하면서 고개를 끄덕였다. 노트를 보니 그의 퍼실리테이션 강의가 BS^3와 어떻게 연결되는지 명확히 알 수 있었다.

언제 이렇게 정리했지? 정리한 표를 보니 강의 전개 구조에 관한 학습 기억이 더욱 공고해지는 것 같다.

"오늘로 10주로 예정된 강의 코칭 중 벌써 9주가 끝났네요. 지금까지 공통적으로 필요한 기본 강의 스킬은 모두 말씀드린 것 같습니다. 하지만 개별적으로 궁금한 내용도 남아 있을 거라 생각합니다. 교육생 목소리를 들어보라고 강조했으니, 저도 실행해야죠.

강의 전개 구조 및 활용 예시

전개 구조	의미	활용 예시
Break	긴장 제거	"이번엔 제대로 한 번 해보겠습니다." 그는 오른손 주먹을 쥐며 어금니를 깨무는 제스처를 취하며 말했다.
Stimulate	호기심 자극	"구성원들의 참여를 촉진시켜 주는 스킬을 퍼실리테이션 스킬이라고 합니다. 그렇다면 퍼실리테이션 스킬은 어디에 활용할 수 있을까요? 혹시 퍼실리테이션을 워크숍 진행 방법으로만 생각하셨나요?"
Suggest	변화 제시	"자율성입니다. 참가자들이 자율성을 느낄 수 있도록 퍼실리테이터가 지켜야 할 원칙이 있습니다. '프로세스는 관리하되, 개입은 하지 말라'는 것입니다."
Support	실행 지지	"교육생들을 적극적으로 참여하게 만들어 강의 목표 달성을 용이하게 하는 길입니다. 여기에 도움이 되는 방법이 퍼실리테이션 스킬이지요. 좋은 강사가 되고 싶다면 반드시 체득해야 합니다."

다음 주 강의 코칭은 Q&A 위주로 진행해보려 합니다. 여기 계신 분들의 생각은 어떠세요?"

밝은 표정으로 '예'라고 답했다. 그리고 부탁을 드렸다.

"대표님, 다음 주에는 다른 직원들도 함께 참석해도 될까요? 요즈음 부쩍 저에게 강의 스킬을 질문하는 직원들이 많아졌어요. 괜찮으시면 그 직원들에게 대표님이 직접 말씀해주시면 어떨까요? 제가 가지고 있는 지식과 경험은 이미 바닥을 드러냈거든요. 직원들에게도 훨씬 도움이 될 것 같습니다."

그는 나의 요청에 살짝 웃으며 동의했다. 팀원들이 좋아할 모습을 생각하니 세라토닌이 마구 분출되는 것 같다.

오늘 배운 BS[3] 전개 구조로 강의 교안을 다시 정리해야겠다. 그것 또한 지식의 습득과 지식의 활용을 균형있게 만드는 활동이겠지. 유익하고 재미있는 시간이 될 것 같다.

강의스킬을
묻고 답하다

강의 전문성을 높이는 길

　인재개발원 직원들을 대상으로 참가 신청을 받았다. 반응이 예상했던 것보다 훨씬 뜨거웠다. 팀장님들을 포함하여 많은 직원들이 신청을 했다.
　강의 코칭이 시작되기 10여분 전부터 강의장은 빈 자리가 거의 없었다. 그의 자신감 넘치는 말투로 마지막 시간이 시작되었다.
　"오늘 이 자리에 참석해 주신 여러분께 감사드립니다. 정말 많은 분들이 오셨네요. 교육을 담당하는 사람이라면 대부분 강의 스킬에 많은 관심이 있는 것 같습니다. 그런데 관심을 가질 수 밖에 없는 이유는 무엇일까요?"
　그의 특기인 질문으로 지식의 공백 만들기가 시작되었다. 내 머리속의 작업기억이 신피질의 장기기억들을 계속 불렀다. 하지만 뚜렷한 답은 떠오르지 않았다. 다른 사람들도 대답 없이 조용히 있었다.

그는 화이트보드에 'P = D × D'라고 적었다.

"힌트를 드리죠. 교육의 성과_{performance}는 두 개의 D에 좌우됩니다. 그 중 하나가 교육과정의 설계, Design의 D라면 나머지는 무엇일까요?"

"Delivery입니다."

앞줄에 앉아 있던 민선 씨가 오늘도 씩씩하게 대답을 했다.

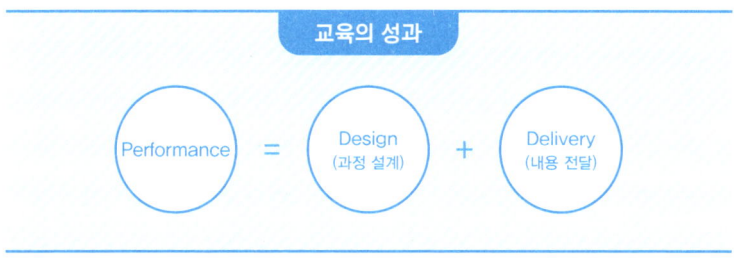

"그렇습니다. 교육의 성과는 과정 설계와 내용을 전달하는 강의에 달려 있습니다. 따라서 교육과정의 설계가 100점이어도 강의가 0점이라면 교육 성과는 0점이 되지요. 이런 이유로 교육 성과를 추구하는 교육담당자가 강의에 관심을 가지는 것은 당연한 일입니다."

아주 짧은 시간이었지만 모두들 그의 말에 몰입되어 갔다. 역시 참가자들의 어텐션을 이끌어내는 그의 능력은 탁월하다.

"지금부터 강의 Q&A을 시작하겠습니다. 어느 분이 먼저 질문하시겠습니까? 강의나 강사에 관한 것이라면 어떤 질문도 좋습니다."

질문하는 것이 아직은 어색한 듯 강의장이 다시 조용해졌다. 주위를 두리번거리며 창석 씨가 자신의 노트를 보며 말문을 열었다.

"저를 포함한 교육담당자들 중에는 강사가 경력목표인 분들도 많습니다. 강사가 되려면 어떤 경로를 밟는 게 좋을까요?"

"결론부터 말씀드리죠. 전 강사가 되기 위해 정해진 경로는 없다고 생각합니다. 강의에 대한 의지만 있다면 누구나 강사가 될 수 있습니다. 다만 들어오기 쉬우면 나가기도 쉬운 법이죠. 그래서 강사가 되기 위한 경로보다 차별화된 강의 전문성 확보가 훨씬 더 중요합니다. 그것이 레드 오션인 강의 분야에서 생존할 수 있는 유일한 길이니까요.

따라서 '강사가 되려면 어떤 경로를 밟아야 할까요?'라는 질문은 '어떻게 해야 차별화된 강의 전문성을 가질 수 있을까요?'라는 질문으로 바꾸는 게 좋을 것 같습니다. 창석 씨, 질문을 이렇게 바꿔서 대답해 드려도 될까요?"

"예, 좋습니다. 강사가 되기 위한 경로도 그 종착지는 '전문성'으로 귀결되니까요. 대표님의 강의를 듣다보면 똑같은 주제인데도 다른 강사들과 전달하는 내용이나 방식이 달라 감탄한 적이 많았습니다. 오늘 그 노하우를 배우고 싶습니다."

"전문성의 발달 단계는 초보자, 입문자, 능숙자, 숙련가, 전문가의 다섯 단계로 진행됩니다.[50] 마지막 단계인 전문가 expert가 되기 위해서는 능숙함뿐만 아니라 차별화로 자신만의 독자적인 영역을 확보해야 합니다.

캘리포니아 대학교 버클리 캠퍼스의 스튜어트 드레이퍼스Stuart Dreyfus와 허버트 드레이퍼스Hubert Dreyfus 교수의 전문성 발달 단계는 스킬 획득 모델skill acquisition model이라고 합니다.[51] 스킬 보유 수준에서 최고의 단계인 전문성까지 도달하는 과

정을 설명하는 모델입니다. 강의도 스킬이니 동일한 과정으로 완성됩니다.

강의를 시작하는 초보자일 때는 기본적인 강의 스킬이 완전히 익숙해질 때까지 반복 연습해야 합니다. 숙련가 단계까지 도달하는 것을 1차 목표로 삼으세요. 단, 이곳에 오래 머물면 곤란합니다. 물론 여기까지 도달하는 것도 힘들고 대단한 일이긴 합니다. 하지만 숙련가 단계에도 여전히 꽤 많은 사람들이 있습니다. 아직도 레드 오션이란 말이죠. 이곳을 벗어나 전문가 단계로 가야 합니다. 특히 전문강사로 활동하고 싶다면 꼭 그렇게 하셔야 하지요. 그렇다면 숙련가 단계에서 어떻게 빠져나갈 수 있을까요?

앞서 말씀드린 차별화입니다. 여기에 제가 권해드리는 방법은 '연관 경험related experience 쌓기'입니다. 컨설팅이나 코칭, 퍼실리테이션 등 강의와 연관된 분야를 경험하고, 거기에서 획득한 지식이나 프로세스를 자신의 강의에 적극적으로 결합하는 것이지요.

강의 차별화에 큰 도움이 됩니다. 숙련가에서 전문가로 나아가는 길이지요.

"그런데 왜 연관 경험인가요? 강의를 잘하기 위해서는 강의만 집중적으로 연습하는 것이 더 효과적일 것 같은데요."

윤 차장님이 모인 사람들을 대신해 궁금한 점을 질문했다.

"뉴욕대학의 멜리사 실링Melissa A. Schilling 교수 등이 수행한 연구결과[52]를 소개하겠습니다. 전문성 개발과 관련해 시사하는 바가 많은 흥미로운 연구입니다. 실링 교수와 연구팀은 바둑을 배우는 사람들을 세 개의 그룹으로 나누어 각각 다른 연습을 시켰습니다.

첫 번째 그룹에게는 특화된 연습specialized practice을 시켰습니다. 이른바 '한 우물 파기'식으로, 계속 바둑만 연습하게 했지요. 두 번째 그룹은 첫 번째 그룹과 달리 바둑뿐만 아니라 바둑과 전혀 관련이 없는 게임도 연습시켰습니다. 잡다한 연습을 시킨 셈이죠. 마지막 세 번째 그룹도 바둑 이외의 것을 연습하게 했습니다. 단, 이번에는 바둑과 무관한 게임은 아니었죠. 바둑과 유사하지만 성격이 다른 보드게임 같은 것들을 바둑과 함께 연습시켰습니다. 연관 경험을 쌓을 기회를 준 것이죠. 어떤 그룹의 학습 성과가 가장 좋았을까요?

예상하셨듯이 연관 경험을 한 그룹의 실력이 가장 많이 향상되었습니다. 수확체감 법칙의 영향을 받는 첫 번째 그룹이나, 활용 가능성이 희박한 지식을 학습한 두 번째 그룹과 달리, 연관분야의 경험은 약간 이질적이지만 공통으로 적용할 수 있는 지식을 제공하기 때문입니다. 수확체감 법칙이 적용되지 않는 지식이지요. 이것이 강사로 성장하기 위해서 컨설팅, 코칭, 퍼실리테이션 등 연관 분야의 경험이 필요한 이유입니다."

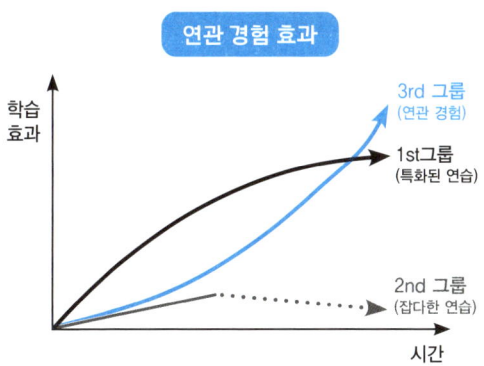

그가 잠시 말을 멈춘 순간, 강의장 뒤편에서 중저음의 목소리가 들렸다.

"총무팀을 맡고 있는 남충석 부장입니다. 전문성을 개발하려면 연관 경험을 쌓으라는 말씀이 참 흥미로웠습니다. 그런데 컨설팅, 코칭 등이 강의와 어떤 식으로 결합될 수 있는지 좀 더 구체적인 설명을 부탁드립니다."

총무팀장님이 참석하실 줄 전혀 예상하지 못했다. 게다가 질문까지 하시다니.

"컨설팅에서는 교육생들의 니즈를 파악하고 명확하게 핵심을 짚는 방법을, 코칭 기법에서는 동기부여와 질문하는 법을 좀 더 깊이 배울 수 있습니다. 또한 교육생들의 참여를 이끌어내거나 아이디어를 도출하는 방법은 퍼실리테이션 스킬이 유용합니다."

"마술 기법으로 교육생들의 흥미를 유발하는 강사도 있던데, 마술도 연관 분야가 될 수 있을까요?"

"네, 그렇습니다. 세상의 어떤 분야라도 강의와 연관성을 찾을 수 있습니다. 스팟spot이나 교육게임들 중 레크레이션에서 아이디어를 얻은 것들이 많은 것처럼 말이죠. 물론 마술에서도 얻을 수 있는 것이고요. 이런 의미에서 강의 연관 분야는 어떻게 적용하는지에 따라 변화가능한 개념입니다.

덧붙여 말씀드리면, 강의와 전혀 어울릴 것 같지 않은 분야의 지식과 기술을 활용할수록 강의 차별성은 더욱 부각됩니다. 제가 신입사원 교육을 받을 때, 기타를 치고 노래를 부르며 강의하셨던 분이 계셨습니다. 주입식 강의에 익숙해져 있던 저에게 그때의 경험은 신선한 충격이었습니다. 강의 내용도 훨씬 기억에 더 많이 남았지요. 한 마디로 그분은 강의와 노래를 결합하여 차별화된 자신만의 가치를 만든 셈입니다. 몇 년 후에 회사를 떠나 전문 강사의 세계로 뛰어들었고, 최고의 강사가 되셨다는 소식을 들었습니다. 강의와 무관하게 보였던 자신의 장점을 강의에 잘 활용한 사례입니다.

'검은 고양이든 흰 고양이든 쥐만 잘 잡으면 된다(黑猫白描)'라는 말이 있습니다. 인민을 잘 살게 해준다면 공산주의든 자본주의든 관계없이 어떤 정책이라도 사용하겠다는 뜻으로 중국의 지도자 등소평이 했던 말입니다.

흑묘백묘처럼 교육생들을 강의에 몰입시켜 그들의 변화에 도움이 된다면, 어떤 기법이든지 적극적으로 활용하세요. 그것이 강의를 차별화시켜 경쟁에서 자유로운 블루 오션으로 가는 길입니다."

인재개발원에서 본 많은 강사들 중에 기억에 남는 사람들은 그들만의 특별함이 있었던 것 같다. 그렇다면 내 강의에는 어떤 것을 접목시켜 볼 수 있을까? 술을 좋아하니 강의 중에 술을 마시게 하면 어떨까? 엉뚱한 생각에 나도 모르게 실웃음이 나왔다. 이때 또 다른 질문이 잠시나마 유쾌했던 생각의 고리를 끊었다.

토피카, 강의 보물창고 만들기

"인재육성팀의 유수진 대리입니다. 강의를 준비할 때 좋은 글이나 사례를 찾는 일이 늘 어렵습니다. 강의 내용과 딱 맞는 것을 찾기도 힘들고 시간도 많이 필요하더군요. 이 문제에 대한 대표님의 노하우를 공유해 주실 수 있나요?"

"자신만의 토피카Topica를 만들어 보세요. 토피카는 아리스토텔레스의 글에서 유래된 말로 우리말로는 '이야기 터' 또는 '말 터'로 번역됩니다.[53] 인용할 만한 좋은 글, 경영이론, 심리 실험, 역사적 사실, 그림이나 그래픽, 고사성어 등 강의에 필요한 모든 자료들이 담겨 있는 일종의 '강의 자료집'을 만드시라는 말입니다.

잘 정리된 토피카는 강의 보물 창고와 같습니다. 강의 예비 자료들이 차곡차곡 정리되어 있어 언제든 필요할 때 사용할 수 있는 아주 유용한 곳이죠. 따라서 강의를 잘 하는 사람은 토피카 관리에 신경을 많이 씁니다. 토피카에 보관된 자료의 질이 강의에 미치는 영향을 잘 알고 있기 때문이죠.

저에게는 독서록과 아이디어 메모장이라는 두 가지 형태의 토피카가 있습니다. 먼저, 제 독서록은 일반적인 것과는 조금 다릅니다. 책을 읽다가 강의에 활용할 만한 문구나 그림을 발견하면 일단 형광펜으로 칠해둡니다. 전자책도 동일하게 합니다. 책을 다 읽은 후에는 하이라이트한 부분들만 그대로 노트북에 입력합니다. 거기에다 책에 대한 아주 간단한 개요를 붙이면 저만의 독서록이 완성됩니다.

이렇게 독서록을 만들면 두 가지 효과를 얻을 수 있습니다. 첫 번째는 기억에 도움이 됩니다. 타이핑하는 동안 하이라이트한 부분이 뇌에 자동적으로 반복 입력되기 때문이지요. 두 번째는 노트북에 입력된 자료는 필요할 때 쉽게 찾을 수 있습니다. 찾고 싶은 주제에 따라 키워드로 검색만 하면 되니까요. 불필요한 정보까지 포함된 인터넷 바다가 아니라 자신의 어장에서 찾는 것이니 원하는 자료를 찾을 가능성도 높아집니다.

다음은 아이디어 메모장입니다. 스마트폰의 메모 앱을 활용합니다. 언제 어디서든 강의 아이디어가 떠오르거나 좋은 자료를 발견하면 스마트폰에 저장합니다. 자료는 소스를 명기합니다. 유용한 팁 하나를 알려드릴게요. 아이디어는 주제별로 폴더를 만들어 저장하세요. 아이디어를 여러 폴더에 중복해서 저장하는 것은 상관없습니다. 하지만 폴더 한 군데에 모두 집어넣지는 마세요. 분류하지 않은 아이디어는 나중에 찾기 어렵거든요."

"저도 아이디어나 좋은 글들을 노트에 적어두긴 합니다. 그런데 문제는 어디에 적어두었는지 잊어버리는 경우가 많다는 것입니다. 그때마다 기억력 탓만 했습니다."

윤 차장님의 자기 고백에 모두들 동의하는 눈초리였다.

"기억이 망각되는 것은 누구도 피할 수 없습니다. 다만, 반복을 통해 망각의 속도는 줄일 수 있습니다. 이때 반복이 일어나는 조건을 미리 설정해 두면 도움이 됩니다. 조건화된 습관을 만드는 것이죠. 저의 경우는 '매일 아침 커피타임'이 독서록이나 아이디어 메모장을 다시 읽어보는 조건입니다. 이런 과정으로 반복된 행동이 기억을 되새김 rehearsal 시키죠. 가끔씩 되새김질하다가 새로운 아이디어라는 쏠쏠한 부수입을 챙기기도 하지요."

그는 천천히 유 대리 쪽으로 걸어갔다.

"유 대리님은 주로 어떤 주제로 강의하시나요?"

"별도로 정해진 주제는 없습니다. 신입사원들이 회사에 적응하는 데 도움이 될 만한 것들을 선배 입장에서 자유롭게 얘기하는 시간입니다."

"만약 유 대리님처럼 강의 주제를 자신이 자유롭게 정할 수 있다면 '순서를 거꾸로 하는 것'도 좋은 방법입니다."

거꾸로 한다고? 무슨 순서를?

"주제를 정한 후 강의 자료를 찾는 것이 아니라, 괜찮은 자료를 먼저 찾은 뒤 그것과 연결할 만한 강의 주제를 생각하는 방식입니다. 교안 작성 순서가 거꾸로라는 말이죠.

재미있는 이야기 하나를 들려드리죠. 어느 고승이 제자들과 길

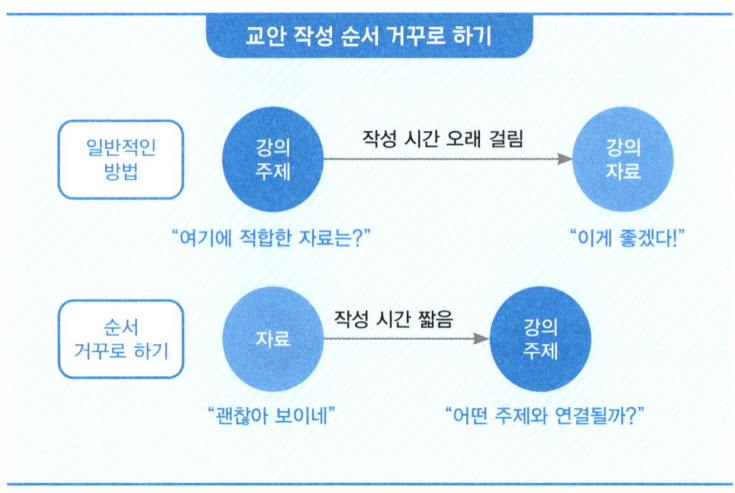

을 가고 있었습니다. 고승은 총알 자국들이 중앙에 몰려있는 과녁을 보았습니다. 보통 솜씨가 아니라 여겨 총을 쏜 사람을 수소문했지요. 그런데 명사수라 생각했던 사람은 허름한 옷을 입은 거지였습니다. 거지가 총을 이렇게 잘 쏘다니? 궁금한 고승은 그에게 총을 잘 쏘게 된 비법을 물었습니다. 이때 거지는 어떤 대답을 했을까요?"

부지런히 연습하는 것 말고 다른 방법이 있을까? 아님, 자신만의 특별한 사격 노하우가 있던지.

"거지는 이렇게 대답했습니다. '저는 사격 훈련을 한 적이 없습니다. 단지 먼저 담벼락에다 총을 쏘고 난 다음, 총알자국이 많이 모인 곳 위에 과녁을 그렸을 뿐입니다' 그 말을 들은 고승은 무릎을 치며 '설교에 맞는 예화를 찾을 때도 있지만, 이제부터 예화에 맞는 설교를 찾기도 해야겠구나'라고 생각했답니다.

이 예화는 심리학에서 유명한 '텍사스 명사수의 오류'를 제가 조금 각색한 것입니다.

강의도 마찬가지입니다. 위의 일화처럼 좋은 사례를 발견하면, 거기에 강의 주제를 거꾸로 연결시킬 수도 있습니다. 일반적인 방법보다 교안을 작성하기도 용이하고, 작성 시간도 단축됩니다. '순서 거꾸로 하기'가 효과를 발휘하기 위해 필요한 작업이 있습니다. 평상시에 다양한 자료를 자신의 토피카에 저장해 두어야 합니다. 토피카에 저장된 자료가 많을수록 연결할 강의 주제도 많아지게 되니까요.

강사로 성장하고 싶다면 반드시 토피카를 만들어 보세요. 형태는 중요하지 않습니다. 어떤 형태이든 자신만의 토피카를 갖고 있다는 것이 중요하지요."

유 대리의 환한 웃음을 보니 그의 말이 도움이 많이 된 듯하다. 이번에도 뒷자리에서 중저음의 목소리가 들려왔다. 뛰어난 강의 실력으로 인재개발원에서 강의를 전담으로 맡고 계신 정 부장님이었다.

영화보듯이 강의를 듣게 하면 곤란!

"정한준 부장입니다. 강의 시간에는 교육생들이 열심히 그리고 재미있게 제 강의를 듣는 것처럼 보입니다. 하지만 강의를 마친 후, 배운 내용을 물어보면 기억하지 못하는 경우가 대부분입니다.

겉모습과는 달리 실제로는 학습이 제대로 되지 않았다는 것이겠죠. 이것이 저의 고민입니다. 어떻게 하면 그들의 학습을 도울 수 있을까요?"

사내강사 중에 최고라는 명성이 자자한 정 부장님이 이런 고민을 가지고 있을 줄은 몰랐다.

"좋은 질문 감사합니다. 이 질문은 강의 경험이 많고, 자기 성찰을 하는 분들만 하실 수 있는 질문이지요. 왜 교육생들은 학습하지 못했을까요? 결론부터 말씀드리면 그들은 학습한 것이 아니라 '영화 보기'를 했기 때문입니다."

모두들 어리둥절한 표정으로 다음 말을 기다렸다.

"새로운 지식이나 경험이 쌓이면 우리 뇌의 신경세포들 간의 연결 상태가 변합니다. 뇌과학에서는 이것을 신경가소성 neuroplasticity이라고 부릅니다. 신경가소성이 있기 때문에 우리 뇌는 학습을 통해 변화할 수 있지요. 그렇다면 이러한 변화를 만들기 위해 강사는 무엇을 해야 할까요? 이 말을 뇌과학적으로는 '어떻게 하면 교육생들의 뇌에 새로운 연결을 만들어 줄 수 있을까요?'라고 표현할 수 있습니다."

그는 잠시 말을 멈추고 우리들을 바라보았다. 말의 여백 속에서 작업기억의 속도가 빨라졌다. 그가 가방에서 나무 막대기 두 개와 접착제를 꺼냈다

"여기 이 나무 막대기들을 서로 연결하려면 어떻게 해야 할까요? 먼저 막대기들 끝에 접착제를 바른 후 주의를 기울여 두 개가 서로 맞닿게 해야겠지요. 그리고 그 연결이 고정될 때까지 계속

반복해서 막대기 끝에 힘을 주어야 합니다. 학습의 과정도 이와 같습니다. 강의 내용에 주의를 기울이고 반복을 통해 기억에 단단히 연결시킬 때, 학습이라는 새로운 신경망 연결이 완성됩니다. '주의'와 '반복', 이 두 가지가 학습의 필수 조건입니다. 학습의 효과는 이것들을 어떻게 관리하느냐에 달려있습니다.

주의를 이끌기 위해서는 교육생들이 강의 내용을 생각하면서 듣게 만들어야 합니다. 영화 보는 것처럼 뇌를 자극하지 않고 편하게 강의를 듣기만 해서는 안 된다는 말입니다. '인지적 효율성'을 추구하는 우리 뇌는 편안하고 익숙한 것에는 주의를 기울이지 않기 때문입니다.

여기 계신 분들께 한 가지 여쭤보겠습니다. 한두 달 전에 본 영화에서 등장인물들의 대사를 10개 이상 떠올릴 수 있는 분 계신가요?"

얼마전 아내와 본 영화가 재미있었는데, 기억나는 대사는 몇 개 없었다. 그것도 아주 짧은 대사만.

"거의 없습니다. 아무리 재미있었던 영화라도 시간이 조금만 지나면 기억나는 건 제목과 몇 개의 짧은 대사와 장면 뿐이지요. 왜 그럴까요? 영화를 볼 때 뇌를 능동적으로 활용하지 않았기 때문입니다. 추리영화는 그렇지 않다고요? 아닙니다. 영화란 본질적으로 스토리들로 이루어져 있습니다. 일단 스토리에 빠져들면 감각 기관으로 들어오는 정보들은 '주의' 과정을 거치지 않습니다. 감독이 설정한 스토리의 흐름에 무의식적으로 따라갈 뿐이죠. 그래서 재미있게 본 영화라도 일정 시간이 지나면 기억나는 것이 별로 없습니다.

이런 의미에서 비록 즐겁고 재미있게 진행되었다 하더라도, 교육생들이 주의를 적극적으로 사용하지 않은 강의는 '영화보기'와 마찬가지라는 것입니다."

"그렇다면 어떻게 하면 교육생들이 주의를 집중해서 학습할 수 있을까요?"

정 부장님은 그의 이야기에 흥미를 느끼며 점점 몰입하는 것 같았다.

"그들의 뇌가 익숙한 곳comfort zone에서 벗어나게 해야 합니다. 학습이란 컴포트 존을 벗어나 새로운 컴포트 존으로 이동하는 과정입니다. 또한 학습에 꼭 필요한 주의도 익숙한 곳에서는 만들어지지 않습니다. 에너지 사용량이 정해진 뇌의 특성 때문입니다. 주의에는 많은 인지 에너지가 필요하거든요.

운전을 배우는 과정을 예로 들어보겠습니다. 운전 학원에 처음 가면 강사는 차량의 전후진 연습부터 시킵니다. 처음으로 운전하는 것이라 모든 것이 불편하고 부담스럽습니다. 그런데 연습을 계

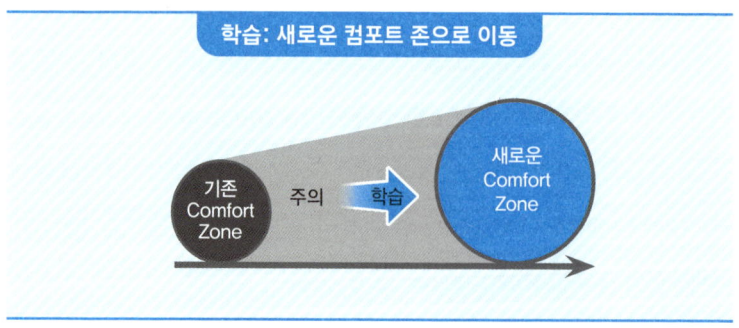

속 하면 어떻게 될까요? 앞뒤로 이동하는 것쯤은 전혀 어렵지 않습니다. 컴포트 존이 만들어진 것이죠. 학습의 완성입니다. 그런데 그 후에도 강사가 동일한 연습만 계속 시킨다면 어떨까요? 운전 능력을 높이는 데 도움이 될까요?"

우리들은 반사적으로 고개를 가로저었다.

"그렇습니다. 다른 과제로 연습시켜야 합니다. 경사로 정지 후 출발이나 S자 후진 같은 새로운 도전과제를 주어야 한다는 말이죠. 물론 교육생의 입장에서는 처음 전후진을 연습할 때처럼 힘들어하겠죠. 컴포트 존을 벗어나 새로운 컴포트 존으로 이동하는 것이니까요.

강의도 다르지 않습니다. 학습의 단계를 세분화하고 각 단계마다 의도적으로 인지적 부담감을 주어야 합니다. 컴포트 존에서 벗어나게 하는 것이죠. 다만, 교육생들의 능력 범위를 너무 벗어나는 과제는 제시하지 않는 편이 좋습니다. 초등학생에게 미적분 문제를 풀라는 것과 마찬가지로 이것 역시 학습 효과를 기대할 수 없기 때문입니다."

그는 정 부장님 쪽으로 천천히 걸어가며 말을 이어나갔다.

"부장님, 교육생들을 학습시키려면 어떻게 해야 하는지 지금까지 제가 말씀드린 것들을 간략하게 요약해 주시겠습니까? 소감도 함께 부탁드립니다."

정 부장님은 갑작스런 요청에도 전혀 당황한 기색이 없었다. 역시 언제나 준비되신 분이다.

"네, 교육생들이 약간의 부담감은 느끼겠지만 그들의 컴포트 존을 벗어나게 해야 합니다. 이 과정에서 학습의 필수 조건인 주의도 만들어지니까요. 저 역시 조금 더 어렵고 도전적인 요소를 가미해 강의를 재설계할 필요성을 느꼈습니다. 지금까지는 별다른 생각없이 들을 수 있는, 말 그대로 편안한 강의였다는 반성도 했습니다. 물론 강의를 다시 설계하는 것이 쉽지는 않겠지만, 이 과정 또한 저의 컴포트 존을 벗어나 좀 더 나은 강사로 성장하는 길이라 생각합니다."

"핵심을 잘 요약해 주셨네요. 감사합니다. 제가 정 부장님에게 요약을 부탁드린 이유는 무엇일까요? 여기 계신 분들의 학습에 도움을 주기 위해서이지요. 어떤 방법이 사용되었을까요?"

강의장 곳곳에서 거의 동시에 '반복'이라는 말이 튀어 나왔다.

"예. 맞습니다. 주의와 함께 학습의 필수 요소인 '반복'입니다. 그런데 유의할 점이 있습니다. 반복이라고 해서 강사가 강의 내용을 기계적으로 되풀이하는 방식은 학습에 도움이 되지 않습니다. 교육생들이 주의를 사용하지 않고 수동적으로 받아들일 가능성이 높거든요. 따라서 반복을 할 때도 교육생들에게 약간의 부담을 주세요. 그들이 강의 내용을 요약하거나, 읽거나, 재해석하거나, 간단한 퀴즈로 내용을 회상하게 하는 방법 등으로 말이죠.[54]

꼬리가 머리를 흔들게 하지 말라

이때, 강의장 가운데에서 밝고 명랑한 목소리가 들렸다. 인재개발팀장님이다. 직원들과 격의 없이 어울리고, 배움에 대한 열정이 많으신 분이다. 신입사원 시절 나의 멘토이기도 했다.

"교육 현장의 가장 흔한 평가 척도 중 하나가 스마일 시트smile sheets로 알려진 '교육 만족도'입니다. 여기에는 교육내용, 교육시설, 강사 만족도 등이 포함되어 있지요. 그런데 만약 교육생들에게 인지적 부담을 주면 교육 만족도가 떨어지지 않을까요? 만족도가 전부는 아니지만 교육 담당자 입장에서는 꽤 신경 쓰이는 건 사실이거든요."

"좋은 질문입니다. 다양한 현장에서 강의하는 저 역시 고민하는 주제이기도 합니다. 가끔 교육생들에게 부담감은 주지 말고 재미있게 강의만 하기를 바라는 교육담당자도 만납니다. 이럴 땐 참 난감하더군요. '강사가 웃기는 사람도 아닌데, 차라리 개그맨이나 레크레이션 강사를 부르지'라는 자괴감이 드는 경우도 있지요. 물론 겉으로 말은 못하고 속으로만 말이죠.

교육 만족도가 교육 효과를 측정하고, 교육과정 개선에 필요한 데이터인 건 분명합니다. 문제는 스마일 시트라는 이름에서도 알 수 있듯이, 교육 만족도는 본래의 학습목표 달성여부와는 상관없이 교육생들의 주관적이고 정서적인 반응에 많이 좌우된다는 것입니다. 그래서 교육내용이 학습목표와는 다소 동떨어진 내용이더라도 좋은 교육시설에서 재미있고 즐겁게 전달하기만 한다면 교육 만족도가 높게 나오는 경우도 많지요.

오늘은 강의에 대해 이야기하는 자리이니 강사 만족도만 이야기해 보죠. 여기 계신 분들은 어떻게 생각하시나요? 강사 만족도를 올리기 위해 교육생들이 편하게 듣기만 해도 되는 강의를 해야 할까요? 아니면 학습목표 달성이 중요하니, 부정적인 평가를 받더라도 그들에게 인지적 부담감을 주는 강의를 해야 할까요?"

어려운 질문이다. 모두들 나와 같은 생각인지 강의장에 어색한 침묵이 흘렀다.

"제가 생각하는 정답은 균형balance입니다. 교육생들이 주의집중하여 학습하는 시간(A)과 그렇지 않은 비학습 시간(B)과의 적절한 균형이 필요합니다. 스팟이나 강의주제와 벗어난 이야기 등이 비학습에 해당합니다.

학습과 비학습 시간이 균형을 이루는 데 고정된 비율은 없습니다. 50:50 같이 동등한 비율은 더욱 아닙니다. 교육생들의 주의력 수준에 따라 달라집니다. 여기에 영향을 미치는 요인으로 내용 난이도, 사전 지식 보유정도, 수업시간 등이 있습니다. 강사는 이런 요인들에 의해 교육생들의 주의력이 떨어져 있다면 B의 비율을 높여야 합니다. 뇌가 잠깐 쉬

면서 주의력을 복원하는 시간으로 활용하는 것이지요.

반드시 지켜야 할 것이 있습니다. 절대로 꼬리가 머리를 흔들게 하면 안됩니다. 주객을 전도시키지 말라는 말이죠. 교육생들이 강의를 듣는 목적이 달성되는 시간은 A입니다. A가 머리입니다. B는 단지 A를 효과적으로 운영하기 위한 부수적인 시간입니다. 꼬리에 불과할 뿐이죠.

교육생들이 재미있어 한다는 이유로 B 위주로 강의하시는 분도 있습니다. 하지만 올바른 길이 아니라고 생각합니다. '재미'는 결코 목적이 될 수 없기 때문입니다. 미사여구로 잘 포장해도 그것은 수단에 불과합니다. 강의의 목적은 '학습'과 '변화'입니다. 그 대상이 지식이든 기술이든 태도이든 말이죠. 오직 A를 통해서만 달성이 가능합니다."

작년에 경험한 어느 강의가 떠올랐다. 복도를 지나고 있었는데 시끌벅적한 소리가 들렸다. 지난 월드컵에서 한국 대표팀 활약들을 편집한 영상이 방영되고 있었다. 골 넣는 장면 위주라 재미는 있었지만 호기심도 생겼다. '강사가 저 동영상으로 무슨 메시지를 전해 주려고 하는 것일까?' 강의장 뒤편에서 끝나길 기다렸다. 20분쯤 지났을까? 꽤 긴 시간이 흐른 후 끝이 났다. 그런데 아무런 의미 있는 피드백을 들을 수 없었다. 영상이 강의 주제와 어떻게 연결되는 지에 대한 어떠한 언급도 없이, '재미있으셨죠?'라는 말 한마디가 전부였다.

너무 어이가 없어 교육이 끝난 후 설문 결과를 찾아 보았다. 예상대로 '동영상 자체는 재미있었지만 왜 봐야 했는지 모르겠어요', '시간만 낭비한 강의입니다'라는 부정적 의견이 많았다. 오늘 그의 말대로 학습으로 연결되지 않는 재미는 말 그대로 꼬리가 머리를 흔든 것에 불과했다. 그의 목소리가 다시 청각 경로를 타고 들어왔다.

"강사 만족도가 학습에 영향을 주는 요인인 것은 분명합니다. 강사에 만족하지 못하면 학습동기가 떨어지고, 만족하면 올라가는 것은 객관적 사실이니까요. 다만, 강의에서 가장 중요한 목적은 학습입니다. 따라서 강사에 대한 평가 역시 만족도보다는 교육생들이 얼마나 학습했는지, 학습 성취도에 비중을 높게 두어야 합니다. 또한 학습 후 변화에 대한 자신감과 자기효능감의 향상도 중요합니다. 학습 성취도와 자기효능감이 높아지면 강사 만족도도 대부분 올라갑니다. 학습을 성공적으로 마쳐서 성취감과 자신감을 느끼고 싶은 것이 성인 학습자의 특성이니까요."

마지막 강의 코칭 세션도 벌써 1시간이 훌쩍 지났다. 집중력 곡선을 고려하여 잠시 휴식 시간을 갖기로 했다. 몇몇 직원들이 그에게 다가가 인사를 하며 명함을 교환했다. 그는 피곤한 기색없이 한 명 한 명 웃으며 응대했다.

매번 느끼는 것이지만 강의장에서 보여주는 그의 열정과 전문성은 대단하다. '저렇게 하다가 쓰러지지 않을까?'라는 생각이 들 정도로 모든 것을 쏟아 붓는 열정과, 차별화된 방법으로 메시지를 전달하는 그의 전문성에는 가끔 경외감마저 느끼곤 한다. 나도 언젠가 그처럼 에너지 넘치고 멋진 강의를 하고 싶다. 그런 날이 언제 올까?

지속적인 프로세스 관리가 성과를 만든다

강의 코칭 두 번째 시간은 성장지원팀장님의 질문으로 시작되었다.

"대표님, 기업이 성장하고 발전할수록 사내강사들의 역할은 더욱 중요해지는 것 같습니다. 기업 고유의 경험과 노하우를 외부강사가 전달할 수 없을 뿐 아니라, 보안 문제가 생길 수도 있으니까요. 저희 회사도 마찬가지입니다. 기업 경쟁력 강화의 핵심 전략으로 사내강사 육성에 대한 경영층의 관심이 매우 큽니다. 어떻게 하면 사내강사들을 빨리 강의 전문가로 육성하여 강의 성과를 내게 할 수 있을까요? 교육을 담당하는 사람으로서 가장 큰 고민거리 중 하나입니다. 여기에 대한 대표님의 조언을 듣고 싶습니다."

그는 성장지원팀장님의 질문에 잠깐 생각하더니 화이트보드에 P로 시작되는 공식을 크게 적었다.

$$P = A \times M$$

"좋은 질문입니다. 성과를 내려면 무엇이 필요할까요? 제가 지금 적은 것은 조직심리학자인 쿠르트 레빈$_{Kurt\ Lewin}$이 제시한 성과 방정식입니다. 성과$_{performance}$는 A와 M에 의해서 결정된다는 것이죠. 여기서 A는 능력$_{ability}$입니다. 강의 능력이 높아지면 강의 성과도 더 좋아지게 되는 것은 당연하지요. 그런데 유의할 점이 있습니다. 능력이 아무리 올라간다고 하더라도 M이 제로(0)이면 성과도 제로라는 것입니다. 대부분 조직에서는 사내강사 능력개발에는 많은 관심을 기울입니다. 하지만 M을 높여주려는 노력은 상대적으로 덜하고 있는 것 같습니다. 여기서의 M은 무엇일까요?"

여기저기서 대답이 나왔다. Mindset부터 Money까지. M으로 시작하는 영어 단어는 다 나오는 것 같다.

"동기motivation입니다. 아무리 능력이 있다 해도 하고 싶은 마음이 없다면 성과를 낼 수 없습니다. 그러므로 조직에서는 사내강사들이 자부심과 의욕을 가지고 강의할 수 있도록 세심하게 관리해야 합니다. 그들에게 강의가 성가시고 귀찮은 부수적인 업무가 아니라, 회사 성장의 핵심전략이라는 것을 명확하게 인식시켜야 합니다. 물론 거기에 걸맞은 충분한 인정과 보상도 함께 제공되어야 합니다. 사내강사 운영이 기대만큼 효과적이지 않은 곳에서는 M의 관리가 제대로 되지 않는 경우가 많습니다.

이제 강의 전문가가 되는 방법을 이야기할 시간이 되었네요. 전문가가 되기 위해서는 두 가지가 필요합니다. 그 두 가지는 강의 뿐만 아니라 전문성이 존재하는 다른 모든 분야에도 적용되는 보편적인 요소들입니다. 무엇일까요? 강의 코칭을 받으셨던 분들은 답을 짐작하고 계실 듯 한데요. 그렇죠?"

그는 잠시 말을 멈추고 빙긋이 웃으며 나를 쳐다 보았다. 그 순간 강의에 능숙해지기 위해서는 시도trial하고 실수error하고 다시 피드백feedback하는 과정을 반복해야 한다는 그의 말이 떠올랐다.

"첫 번째는 '연습의 양(量)'입니다. 연습(練習)은 말 그대로 익히고(練), 또 익히는(習) 것입니다. 여기에 사용되는 대표적인 방법이 시행착오 학습법이지요. 시행착오 연습의 양이 전문성 달성에 필요한 첫 번째 요소이지요.

전문성 연구의 대가인 안데르스 에릭슨Anders Ericsson 교수는 어떤 분야이든 전문가가 되기 위해서는 재능이나 다른 어떤 요소들보다 이 연습량이 가장 큰 영향을 미친다고 합니다.[55] 사내강사들에게 외부 강의 전문가 수준의 강의 전문성을 요구하는 경우는 많지 않습니다. 하지만 강의 역량을 향상시키기 위해서는 그들도 어느 정도 연습할 시간이 필요합니다. 여기에 필요한 환경과 기회를 제공하는 것은 조직의 책임이지요.

두 번째는 '연습의 질'입니다. 연습의 양만 확보한다고 실력이 올라갈까요? 아니죠. 똑같은 연습을 1만시간, 아니 그 이상 하더라도 무의식적으로만 해서는 큰 효과를 보기 힘듭니다. 올바르게 연습을 해야 합니다. 연습의 질이 중요하다는 말이죠.

실제 강의 현장에서는 강의 경력이 10년 이상인 강사보다 경력이 훨씬 짧은 강사의 강의가 뛰어난 경우도 종종 있습니다. 왜 이런 일이 생기는 것일까요? 연습 시간의 양으로만 보면 10년 경력자가 더 많았을텐데 말이죠. 연습이 기계적, 무의식적으로만 진행되었기 때문입니다. 그런 연습으로 얻는 실력 향상 효과는 미미하지요.

연습의 질을 높이는 방법은 전문가의 코칭과 지도를 받는 것입니다. 시행착오를 줄이는 가장 효과적인 방법이지요. 조직 차원에서 사내강사들이 강의법 전문가에게 피드백 받을 수 있는 기회를 주기적으로 제공해야 합니다. 사내강사 역할이 중요하다면 성장을 그들의 책임으로만 돌리지 마세요. 실질적인 지원을 해주셔야 합니다."

"외부 전문가가 도와주면 물론 좋겠죠. 하지만 매번 연습할 때마다 그들을 활용할 수는 없지 않나요? 대부분의 시간은 혼자 연습해야 하는데, 이때는 어떤 방법이 좋을까요?"

정 부장님이 그의 말에 끼어들었다.

"당연히 그 부분도 말씀드려야죠. 그런데 저보다 에릭슨 교수가 대답하는 것이 더 좋을 듯 합니다.

'교사 없이 어떤 기술을 효과적으로 연습하려면, 소위 '3F'를 명심하는 것이 좋다. 집중focus, 피드백feedback, 수정fix이다. 기술을 반복과 효과적인 분석이 가능한 구성 요소로 잘게 쪼갠 다음 자신의 약점을 파악하고 바로잡을 방법을 찾아라'[56]

저 역시 여기에 100% 동의합니다. 강의 스킬을 한 번에 모두 개선하려고 하지 말고 다음 프로세스로 연습해 보세요. 강의 스킬 향상에 아주 효과적인 프로세스입니다.

1. 강의 스킬을 세분화하세요. 아이 컨택, 손동작, 제스처, 동선, 화법 등으로 말이죠.
2. 가장 먼저 연습할 과제를 하나만 선정하세요. 의욕적으로 두 개 이상 선정하지 마세요. 집중이 어려워집니다.
3. 선정된 과제를 집중해서 연습하고 피드백하세요. 주위에 도와주는 사람이 없으면 셀프 피드백도 괜찮습니다.
4. 피드백 결과를 반영해서 다시 연습하세요.
5. 원하는 목표 수준에 도달했다면 다른 연습과제로 이 프로세스를 반복하세요.

이 프로세스를 얼마나 반복하느냐가 전문가와 비전문가라는 성과의 차이를 만듭니다. 이를 위해서 필요한 것이 '끈기grit'이지요. 끈기를 가지고 지속적으로 강의 스킬 연습 프로세스를 관리하세요. 어느 순간 한층 성장한 자신의 모습을 보시게 될 겁니다."

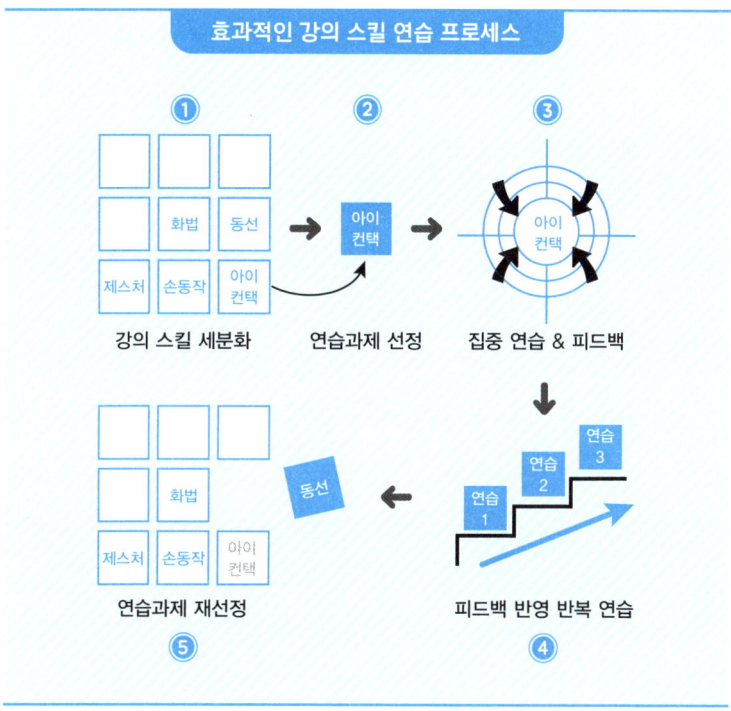

그는 잠시 머뭇거리다 잔잔하지만 아주 열정이 담긴 목소리로 말을 했다.

"이제 강의 코칭을 마무리할 시간이 되었네요. 매번 강의나 코칭할 때마다 느끼지만, 좋은 강의란 좋은 교육생들과 함께 만드는 것 같습니다. 이번에도 여기 계신 분들의 많은 관심과 적극적인 참여로 좋은 강의로 기억될 것 같습니다. 감사합니다. 그에 대한 답례로, 뉴턴의 이야기로 마무리할까 합니다.

누군가 아이작 뉴턴에게 뛰어난 업적을 이룬 방법을 묻자, 뉴턴은 이렇게 대답했다고 합니다. '내가 더 멀리 보았다면 이는 거인들의 어깨 위에 올라서 보았기 때문입니다' 그가 과학사에 남긴 위대한 업적들은 혼자 이룬 것이 아니라 다른 사람들의 도움이 있었기에 가능했다는 말이죠.

간혹 이런 질문을 하는 사내강사들을 만납니다.

'대표님, 제가 무엇을 해야 할 지 앞이 잘 보이지 않아요'

저는 그때마다 이렇게 말합니다.

'거인을 만나보세요. 그 어깨 위에서 보면 무엇을 해야 할지 지금보다 훨씬 잘 보일 겁니다' 여기서 거인이란 존경하는 선배, 동료일 수도 있고 영감을 주는 책이나 외부 전문가일 수도 있습니다. 각자에게 필요한 거인은 모두 다릅니다. 하지만 한 가지 공통점이 있습니다. 무엇일까요? 거인은 여러분이 먼저 다가와 '요청' 하기 전까지는 절대 그 어깨에 당신을 올려주지 않는다는 것이죠. 남들보다 빠른 성장과 발전을 원한다면 거인의 어깨를 빌려보세요. 단, 그러기 위해서는 겸손해야 합니다. 거만한 요청에 응답해 줄 거인은 없기 때문이지요.

그리고 시간이 지나 누군가 다가와 어깨를 빌려달라고 하면, 그때 자신도 거인으로 성장했다는 사실을 깨닫게 되실 겁니다. 오랜 시간 경청해 주셔서 감사합니다. 꼭 거인이 되시기 바랍니다."

🔒 전문가의 비밀 노트 5

교육생 사전 지식 수준별 대응하기

Q: 반복해서 설명했는데도 이해 못하는 교육생들을 가끔 만납니다. 설명할 때는 모두 이해한 것처럼 보입니다. 하지만 시간이 조금 지난 뒤에 질문하면 마치 처음 듣는 사람처럼 답변하네요. 이럴 때는 참 허탈한 기분이 듭니다. 제대로 설명 못한 저의 잘못인가요? 그럼 그들을 명확하게 이해시키려면 어떻게 설명하는 것이 좋을까요? 아니면 주의를 제대로 기울이지 않은 그들의 잘못인가요? 그렇다면 그들이 제대로 주의를 기울이게 하려면 어떻게 해야 할까요?

누구의 잘못도 아닙니다. 이런 경우 대부분은 설명의 문제도 아닙니다. 단, 질문 하나는 정정할 필요가 있습니다. 교육생들이 주의를 기울이지 않았다면 그것은 그들의 잘못이 아닙니다. 주의를 이끌어내지 못한 강사의 책임입니다.

왜 교육생들이 강의에 주의를 기울이지 않았을까요? 여러가지 이유가 있겠죠. 이번에는 그 중에서 사전지식에 대해 말씀드리겠습니다. 주의력에 특히 많은 영향을 미치는 요인이니까요.

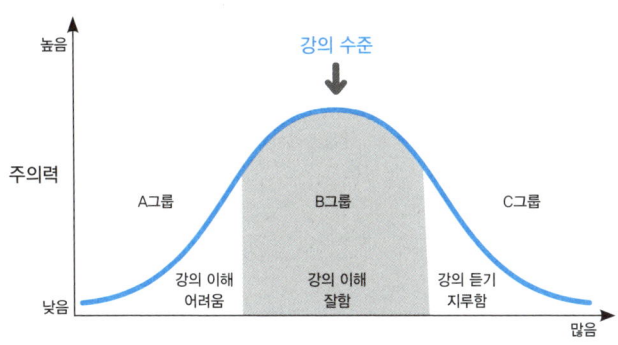

교육생들의 주의력은 그들의 사전지식 보유 정도에 영향을 많이 받습니다. 그런데 여기서 유의할 점이 있습니다. 사전지식이 너무 적거나 많아도 주의력은 떨어진다는 것이죠. 강의 내용과 관련된 사전지식이 너무 적으면(A그룹) 강의를 이해하는 데 어려움을 느끼고, 반대로 너무 많으면(C그룹) 지루함을 느껴 주의력이 떨어집니다.

그렇다면 어떻게 해야 할까요? 먼저 B그룹 수준에 맞춰 강의합니다. 그리고 나머지 A와 C 그룹은 각각 다른 접근 전략으로 주의를 이끌어내야 합니다. 이때 도움이 되는 방법은 다음 표로 정리했습니다.

표에서 언급한 그룹별 주의 유도 방법을 강의에 꼭 적용해보세요. 주의력이 떨어지면 아무리 친절하고 자세히 설명했다 하더라도 강의 효과는 반감되기 때문입니다. 기억으로 남는 것이 별로 없으니 말이죠.

그룹	주의 유도에 도움이 되는 방법	비고
A	핵심 내용은 '다시 말해~', '비유하자면~', '쉽게 풀어보면~' 같은 표현을 사용하여 자연스럽게 반복한다	반복 설명은 A그룹 수준으로 쉽게 한다
A	강의 중 조별로 강의 내용을 정리하는 시간을 갖게 한다. 시간적 여유가 있다면 간단한 발표도 시킨다	조는 A, B, C 그룹을 섞어서 구성한다
A	이해 정도를 확인하는 질문을 하고, 교육생 대답에 보충하는 식으로 다시 설명한다	
C	C그룹 교육생에게 추가 질문하게 한다. 그 질문에 답변할 때 내용을 추가하여 깊이 있게 설명한다	강의 초반부에 이 방법 사용은 피하고, Q&A 시간을 활용한다
C	의견을 물어보거나 강의 내용을 요약해 달라고 요청한다	스스로 생각하고 학습할 수 있는 기회를 제공한다

● **책을 구입하신 분께 드리는 특별한 정보**

이수민 대표가 개발하고 강의하고 있는 〈사내강사에 최적화된 실습 중심 강의역량 향상과정〉을 소개합니다. 기업 및 기관에서 약 100여 차수를 진행하고 검증받은 교육과정입니다.

사내 강사들이 어려움을 느끼는 문제에 대한 솔루션을 개인 맞춤식 코칭으로 제공하여, 교육효과 및 참여자들의 교육만족도가 아주 높습니다.

효과적인 메시지 전달방법을 뇌과학/심리학 원리와 현장 사례 위주로 쉽게 설명하여, 교육 몰입 및 이해도가 최대화됩니다.

이론 강의는 최소화하고, 실습과 피드백 위주로 진행하여 교육 시간 대비 강의스킬 향상 효과가 탁월합니다. 직접 경험해 보세요.

모듈명	주요 내용	방법	시간
강사 마인드 및 인식 변화	▶ 강사의 역할 및 자세 ▶ 강의에 꼭 필요한 뇌과학 지식 – 기억 프로세스, 주의집중 방법 등 ▶ 강의 성과 방정식	발표, 토의, 강의	2h
라포 형성 및 메시지 전달 원리	▶ 초두 효과와 설득의 3요소 ▶ 성인학습자 특성 ▶ 메시지 전달원리 – 명확성, 관련성, 인출반복, 집중력 곡선	Activity, 강의	2h
강의 기본 스킬 실습 및 피드백 ①	▶ 시행착오 학습법 ▶ 강의 기본 스킬 실습 – 아이 컨택, 손동작, 말의 속도, 억양, 동선 등 ▶ 참가자 맞춤식 피드백 및 코칭	Activity, 피드백, 코칭	2h
강의 교안 작성 원리	▶ 교안 작성 원리 – 간결성, 정렬, 강조, 일관성 ▶ 교안 작성 Activity	Activity, 강의	1h
강의 종합 실습 실습 및 피드백 ②	▶ 개별 강의 시연 및 전문가 피드백 – 강의 스킬 + 교안 작성 코칭 ▶ 강의 스킬 Q&A ▶ 강의 전문가가 되는 길	발표, 피드백, 코칭, 강의	4h

● 주석

1. 케빈 애슈턴(2015). 창조의 탄생(이은경 역). 북라이프.
2. 박문호(2013). 박문호의 특별한 뇌과학 특강 6회.
3. 알렉산더 뢰슬러, 필리프 슈테르처(2015). 브레인 오디세이(조경수 역). 돌베개.
4. 제임스 E. 줄(2011). 뇌를 변화시키면 공부가 즐겁다(문수인 역). 돋을새김.
5. 상대에 대한 아무런 사전 정보가 없는 상태에서 상대의 속마음을 간파해내는 기술(출처: 두산백과)
6. 프랑스어로 '다리를 놓는다'는 뜻으로 상대와 자기 사이에 다리가 놓인 상태, 즉 마음이 통해 서로 신뢰하는 상태를 말한다.
7. 이시이 히로유키(2006). 긍정적인 거짓말 콜드 리딩(홍성민 역). 시공사.
8. 테리 도일(2013). 뇌과학과 학습혁명(강신철 역). 돋을새김.
9. EBS 최고의 교수 제작팀(2008). EBS다큐멘터리 최고의 교수.예담.
10. 톰 샌트(2006). 설득의 기획서(안진환 역). 을유문화사.
11. 브라이언 트레이시(2008). 브라이언 트레이시처럼 말하라(이수경 역). 크레듀하우.
12. 박문호(2013). 그림으로 읽는 뇌과학의 모든 것. 휴머니스트.
13. 스테판 M. 코슬린(2009). 8가지 심리학 법칙으로 디자인하는 프레젠테이션 슬라이드(김경태 역). 멘토르.
14. George A. Miller(1956). "The Magical Number Seven, Plus or Minus Two: Some Limits on Our Capacity for Processing Information". Psychological Review.
15. 알렉산더 뢰슬러, 필리프 슈테르처(2015). 브레인 오디세이(조경수 역). 돌베개.
16. Kolb and Fly 1970. Wikipedia. 교육학자인 콜브(Kolb, D. A.)는 학습은 다음 네 단계의 반복적 순환 속에서 일어나는 과정이라고 보았다. 네 단계는 ① 감각을 통해 실제적으로 경험하는 구체적인 경험(Concrete Experience) ② 다양한 관점에서 경험을 돌아보는 성찰적 관찰(Reflective Observation) ③ 성찰한 결과를 통합하여 일반화시키는 추상적 개념화(Abstract Conceptualization), ④ 학습한 것을 다른 구체적인 상황에 적극적으로 적용해보는 적극적 실험(Active Experimentation)으로 구분된다.
17. 제임스 E. 줄(2011). 뇌를 변화시키면 공부가 즐겁다(문수인 역). 돋을새김.
18. 박문호(2013). 그림으로 읽는 뇌과학의 모든 것. 휴머니스트.
19. 박문호(2008). 뇌 생각의 출현. 휴머니스트.
20. 조현준(2013). 왜 팔리는가. 아템포.
21. 박문호(2013). 그림으로 읽는 뇌과학의 모든 것. 휴머니스트.

22 테리 도일(2013). 뇌과학과 학습혁명(강신철 역). 돋을새김.
23 김철호(2014). 어떤 사람이 원하는 것을 얻는가. 토네이도.
24 케빈 넬슨(2013). 뇌의 가장 깊숙한 곳(전대호 역). 해나무.
25 앤서니 라빈스(2008). 거인의 힘 무한능력(조진형 역). 씨앗을뿌리는사람.
26 박문호(2014). 박문호의 특별한 뇌과학 특강 6회.
27 조현준(2013). 왜 팔리는가. 아템포.
28 한국심리학회(2014). 심리학용어사전.
29 스테판 M. 코슬린(2009). 8가지 심리학 법칙으로 디자인하는 프레젠테이션 슬라이드(김경태 역). 멘토르.
30 손자병법 군형(軍形) 편. 승병(勝兵) 선승이후구전(先勝而后求戰), 패병(敗兵) 선전이후구승(先戰而 后求勝)
31 NLP는 Neuro Linguistic Programming의 약자로 신경 언어 프로그래밍이라고 알려져 있는 행동변화에 성과를 내고 있는 실용심리학의 한 분야.
32 박문호(2014). 박문호의 특별한 뇌과학 특강 6회.
33 스테판 M. 코슬린(2009). 8가지 심리학 법칙으로 디자인하는 프레젠테이션 슬라이드(김경태 역). 멘토르.
34 티모시 J. 케이글(2011). 엑설런트 프리젠터를 위한 프레젠테이션 발표의 기술(김경태 역). 멘토르.
35 하코다 유지, 츠즈키 타카시, 가와바타 히데아키, 하기와라 시게루 (2018). 인지심리학(강윤봉, 이광오,이나경 공역). 한국뇌기반교육연구소.
36 칩 히스, 댄 히스(2009). 스틱(안진환, 박슬라 공역). 엘도라도.
37 제임스 E. 줄(2011). 뇌를 변화시키면 공부가 즐겁다(문수인 역). 돋을새김.
38 김상운(2011). 왓칭. 정신세계사.
39 게슈탈트(Gestalt)란 형태, 형상을 의미하는 독일어로, 여기서의 게슈탈트는 형태(form) 또는 양식 (pattern) 그리고 부분 요소들이 일정한 관계에 의하여 조직된 전체를 의미함. 두산백과
40 하코다 유지, 츠즈키 타카시, 가와바타 히데아키, 하기와라 시게루 (2014). 인지심리학(강윤봉, 이광오,이나경 공역). 한국뇌기반교육연구소.
41 이케가야 유지(2005). 교양으로 읽는 뇌과학(이규원 역). 은행나무.
42 로빈 윌리암스(2012). 디자이너가 아닌 사람들을 위한 디자인북(윤재웅 역). 맛있는책.
43 로빈 윌리암스(2012). 디자이너가 아닌 사람들을 위한 디자인북(윤재웅 역). 맛있는책.
44 스테판 M. 코슬린 (2009).8가지 심리학 법칙으로 디자인하는 프레젠테이션 슬라이드(김경태 역). 멘토르.

45 바바라 민토(2004). 논리의 기술(이진원 역). 더난출판사.
46 다니엘 핑크(2011). 드라이브(김주환 역). 청림출판사.
47 박문호(2013). 그림으로 읽는 뇌과학의 모든 것. 휴머니스트.
48 에릭 캔델, 래리 스콰이어(2013). 기억의 비밀(전대호 역). 해나무.
49 에릭 캔델, 래리 스콰이어(2013). 기억의 비밀(전대호 역). 해나무.
50 https://en.wikipedia.org/wiki/Dreyfus_model_of_skill_acquisition
51 Dreyfus, S. E., & Dreyfus, H. L. (1980). A five-stage model of the mental activities involved in directed skill acquisition. Unpublished report, University of California, Berkeley.
52 도널드 설, 캐슬린 M. 아이젠하트(2016). 심플, 결정의 조건(위대선 역). 와이즈베리.
53 김용규(2007). 설득의 논리학. 웅진지식하우스.
54 테리 도일(2013). 뇌과학과 학습혁명(강신철 역). 돋을새김.
55 안데르스 에릭슨(2016). 1만 시간의 재발견(강혜정 역). 비즈니스북스.
56 안데르스 에릭슨(2016). 1만 시간의 재발견(강혜정 역). 비즈니스북스.